U nterrichtsideen Religion NEU

9. 10. Schuljahr
2. Halbband

Ar beitshilfen für den Religionsunterricht
in Hauptschule, Realschule und Gymnasium

He rausgegeben im Auftrag der Religionspädagogischen
Pro jektentwicklung in Baden und Württemberg (RPE)
vo n Uwe Hauser und Stefan Hermann

Re daktionskreis: Uwe Hauser, Stefan Hermann,
Rai ner Kalter, Heinz-Günter Kübler, Herbert Kumpf,
Ha rtmut Rupp, Detlev Schneider und Gerhard Ziener

Cal wer Verlag Stuttgart

Die Unterrichtsideen dieses Halbbands wurden erarbeitet von:
Rainer Kalter, Kurt Konstandin, Heinz-Günter Kübler, Hartmut Rupp,
Detlev Schneider und Gerhard Ziener

Kapitel »Leben in der Einen Welt« unter Verwendung einer Vorlage
von H. Rupp und K. Konstandin

Bibliografische Information der Deutschen Bibliothek
Die Deutsche Bibliothek verzeichnet diese Publikation in der Deutschen National-
bibliografie; detaillierte Daten sind im Internet über *http://dnb.ddb.de* abrufbar.

ISBN 978-3-7668-4291-6
© 2014 Calwer Verlag Stuttgart
Alle Rechte vorbehalten.
Umschlaggestaltung und Layout: Rainer E. Rühl, Alsheim
Herstellung: Karin Class, Calwer Verlag
Druck und Verarbeitung: AZ Druck und Datentechnik, Kempten

E-Mail: info@calwer.com
Internet: www.calwer.com

Inhalt

Hinweis:
Lernkarten zu den einzelnen Unterrichtseinheiten finden Sie als kostenlose Downloads auf der Homepage des Calwer Verlags: www.calwer.com → Calwer Reihen → Unterrichtsideen Religion Neu → Unterrichtsideen Religion Neu 9./10. Schuljahr, 2. Halbband → Materialien/Downloads.

Über menschliches Leben verfügen?
Zu Grenzen medizinischen Handelns Stellung nehmen

Bildungsstandards für Werkrealschule und Realschule

Schwerpunktkompetenz und weitere Kompetenzen

Die Schülerinnen und Schüler
- **können sich mit Fragestellungen, die sich aus den Möglichkeiten technischer Entwicklungen ergeben, auseinandersetzen und können mit anderen Lösungsmöglichkeiten diskutieren (WRS 2.1)**
- können sich mit Konflikten, die sich aus den Möglichkeiten moderner Medizin ergeben, auseinandersetzen, kennen Beratungsangebote und können mit anderen Lösungsmöglichkeiten diskutieren (WRS 1.2)
- kennen den Auftrag und beispielhafte Einsatzfelder der Kirchen in der heutigen Gesellschaft (WRS 6.1).

Die Schülerinnen und Schüler
- **können eine christliche Position zu einem ethischen Bereich darstellen, wie zum Beispiel: Friedenssicherung, Medizin, Biologie, Technik, Wirtschaft, soziale Gerechtigkeit, Diakonie oder Ökologie (RS 2.3)**
- wissen, dass nach dem Verständnis des christlichen Glaubens alle Menschen Ebenbild Gottes sind und deshalb das Recht haben, als eigenständige Persönlichkeiten mit unantastbarer Würde behandelt zu werden (RS 1.1)
- wissen, dass der Mensch zu einer freien, verantwortlichen Gestaltung seines eigenen und des gemeinschaftlichen Lebens berufen ist (RS 1.2)
- wissen, dass nach dem Verständnis des christlichen Glaubens Menschen zu verantwortlichem Handeln bestimmt sind, dass sie scheitern können und ihnen Vergebung zugesagt ist (RS 2.1).

Themenfelder Werkrealschule:
Freiheit und Verantwortung – Über menschliches Leben verfügen
Abtreibung/Sterbehilfe/Mensch nach Maß/Gentechnologie
Mögliche Kooperation mit MNT und WAG

Themenfelder Realschule:
Grenzen des Lebens
- Lebenswert? Begrenztheit, beschädigtes Leben, Menschenwürde
- Ehrfurcht vor dem Leben: ein ethischer Konfliktfall (z.B. Pränatale Diagnostik, Gentechnik, Schwangerschaftsabbruch, Euthanasie)
- Umgang mit Sterben und Tod

Zur Lebensbedeutsamkeit

Das Thema im persönlichen Lebenskontext von Kindern und Jugendlichen
Die Jugendlichen werden mit den durch Medien (Werbung, …) vermittelten und real existenten Leitbildern (u.a. Konsum, ewige Jugend, …) konfrontiert. Diese beinhalten sowohl positive, das Leben fördernde Aspekte (Impfungen, menschliche Erleichterungen im Alltag, Entwicklung und Förderung alternativer Energien, …) als auch negative, das Leben beeinträchtigende Aspekte (Waffentechnik, Verunreinigungen von Luft, Wasser, … trotz Ressourcenknappheit verschwenderischer Umgang mit ihnen). Aufgrund dieser gesellschaftlichen Entwicklungen sind Jugendliche in einem ungleich höheren Ma-

ße als bisher herausgefordert, diese für sich zu beurteilen und dazu Stellung zu nehmen. Um ein begründetes Urteil und somit eine Positionierung vornehmen zu können, bedarf es bestimmter Kriterien (lebensförderlich – lebenseinschränkend, siehe »Ehrfurcht vor dem Leben«, Albert Schweitzer), die letztendlich im Schöpfungsauftrag in Gen 2,4a (»Bebauen und bewahren«) begründet und dem Menschen als Auftrag und Aufgabe gestellt sind. Die Aufgabe, die Balance zwischen den beiden Polen des Schöpfungsauftrages »Bebauen und Bewahren« zu halten, gilt es angesichts neuerer Entwicklungen immer wieder erneut zu überprüfen, um beiden Ansprüchen gerecht zu werden. Die Jugendlichen hoffen, dass der medizinische Fortschritt den Menschen helfen wird und dass die Folgen des wirtschaftlichen Wachstums langfristig und nachhaltig beherrscht und Probleme gelöst werden können.

Im gesellschaftlichen (kulturellen, historischen) Kontext
Unsere Lebenswelten sind immer mehr von technischen Möglichkeiten durchdrungen. Vieles macht das Leben leichter, und wir nutzen Technik ganz selbstverständlich, oft ohne darüber nachzudenken. Aber neben dem scheinbar unerschütterlichen Vertrauen und einiger Euphorie, die Menschen der Technik entgegenbringen, wächst bei manchen die Angst, dass bestimmte Techniken unsere natürlichen Lebensgrundlagen unumkehrbar verändern und zerstören könnten.

Der Fortschritt in den Industrieländern scheint unaufhaltsam voranzuschreiten, umfasst immer mehr Bereiche des Lebens und wird gleichzeitig wie eine Macht erlebt, die nicht mehr zu steuern und der man ausgeliefert ist. Im Zuge der Globalisierung ist dieser Prozess weltweit zu verorten und führt zu unterschiedlichen Auswirkungen. Dieser beschleunigte Prozess der technisch-ökonomischen Entwicklung wird so gestaltet, dass er von den Menschen eine immer größer werdende Anpassungsleistung (Mobilität, Flexibilität, Pluralität von Lebensentwürfen und damit verbunden von Berufskonzepten, …) erfordert. Die Ökonomisierung der Lebensverhältnisse geht in der Regel einher mit Liberalisierung und staatlicher Deregulierung und erfordert somit für den Einzelnen ein immer höheres Maß an Orientierung, Positionierung, Entscheidung und Verantwortung dieser Entscheidung.

In den Natur- und Biowissenschaften gibt es eine enorme Entwicklung, die eine entscheidende Grundlage für den medizinischen und technischen Fortschritt darstellt und die eine umso größere Fähigkeit, verantwortlich mit diesen Errungenschaften umzugehen, erforderlich macht. So kann und darf es nicht allein entscheidend sein, was technisch machbar ist. Mit den Möglichkeiten der Medizin, auf den Beginn und das Ende des Lebens Einfluss zu nehmen, wachsen auch die Probleme in diesem Feld. Das Urteil des Bundesgerichtshofs zur Zulässigkeit von Präimplantationsdiagnostik in bestimmten Fällen, also zur Untersuchung von Embryonen in Familien mit schwerwiegenden erblichen Belastungen, zeigt, dass die gesetzlichen Regelungen zur Fortpflanzungsmedizin und zum Umgang mit Embryonen auf der Tagesordnung bleiben.

Die neuen Möglichkeiten der Präimplantationsdiagnostik, der In-Vitro-Fertilisation sowie der Gentechnik stellen eine neue Kategorie des Fortschritts dar. Bislang galten unsere Bemühungen der Heilung des Menschen und der Verbesserung seiner Lebensbedingungen. Die neuen Möglichkeiten stellen uns nun vor die Frage: Welchen Menschen wollen wir haben? Wie soll der Mensch sein, der geboren wird? Welches Leben ist es wert, gelebt zu werden, und welches nicht? Wie soll der Mensch der Zukunft aussehen? Der Mensch und vor allem der Mensch mit starken Einschränkungen ist nicht mehr unabänderliche Tatsache, sondern steht nun zur Disposition.

Gleiches gilt im Blick auf das Lebensende. Besonders am Ende des Lebens ist es wichtig, den Menschen als Ganzes mit seinen körperlichen und seelischen Bedürfnissen wahrzunehmen und sensibel zu sein für die seelischen Bedürfnisse Sterbender (»Spiritual Care« = Sorge um die Seele). Angehörige unheilbar kranker Menschen und Mediziner stellen die Frage nach dem Wert des Lebens, wenn diese sich den Tod wünschen, und sagen häufig: »Das ist doch kein lebenswertes Leben mehr.« Obwohl zahlreiche Expertisen von Ärztekammern, Juristen und Theologen vorliegen, bleiben Auslegungs- und Anschlussfragen bestehen: Wie weit reicht die Autonomie des Patienten? Wird sie immer hinreichend beachtet? Ist in Grenzfällen ein ärztlich assistierter Suizid vertretbar? Wo endet das »Sterben lassen« und wo wird es zum Töten auf Verlangen?

Im Kontext kirchlicher Tradition
»Als Ebenbild Gottes ist jeder Mensch von Gott gewollt, das heißt von Gott bejaht und angenommen in seiner unverwechselbaren Eigenart.« Die sich daraus ableitende Würde des Menschen sowie sein unverfügbarer Eigenwert bieten den ethischen Kontext, in dem verantwortungsvolle Entscheidungen möglich und zu treffen sind. Jedes menschliche Leben genießt daher Schutzwürdigkeit. Dabei ist es bedeutungslos, ob dieses menschliche Leben noch ungeboren oder bereits geboren ist. Damit Leben vorgeburtlich und dann bis zum Tode geschützt und im Prozess der Globalisierung nicht gefährdet wird, sind dem Menschen von Gott Grenzen gesetzt. Schöpfer, Bewahrer und Vollender des Lebens ist allein Gott. Die neuzeitliche Emanzipation von der Theo-logie führte nicht – wie erwartet – zu einer Befreiung der Menschen, sondern ersetzte lediglich die göttliche Allmacht durch narzisstische Allmachtsphantasien des Menschen. Die Einbuße an Glaubenssicherheit möchte der Mensch mit einem auf die Naturwissenschaft gestützten Herrschaftswillen ersetzen – »Gott sein, statt Gott haben«. Im Schwanken zwischen Ohnmachtsangst und Allmachtswahn droht der wissenschaftlich technischen Revolution die ethische Kontrolle zu entgleiten.
Die dem Menschen von Gott gesetzten Grenzen ermöglichen es, dass der Mensch seinem Schöpfungsauftrag entsprechend – die Schöpfung zu gestalten und zu bewahren – handelt.
Vor dem Hintergrund kirchlicher Positionierung für Gerechtigkeit, Frieden und Bewahrung der Schöpfung müssen sich ethische Entscheidungen überprüfen und verantworten lassen. So widerspricht es dem christlichen Menschenbild, den Menschen ausschließlich unter ökonomischen Gesichtspunkten zu sehen und auf wirtschaftliche Verwertbarkeit zu reduzieren. Es ist für Christen nicht hinnehmbar, dass Nützlichkeit, Machbarkeit und ökonomisches Denken in allen Bereichen unseres Lebens immer mehr die entscheidenden Kriterien werden. Die Kirchen begleiten Menschen in ihrem Leben und beim Sterben und stehen auf der Seite der Leidenden, der Schwachen und der Sterbenden. Hospizarbeit und Palliativ Care zeigen, dass Sterben auch in Würde, in inniger Anteilnahme und ohne Angst gestaltet werden kann.

- Was darf der Mensch, was darf er nicht?
- Was ist eigentlich Fortschritt? (Besser, schneller, höher, mehr, schöner, weiter, profitabler, effektiver …?)
- Ist Technik ein Segen oder eher ein Fluch?
- Bringt der Fortschritt die Menschheit wirklich voran?
- Wofür bin ich verantwortlich?
- Wer kann und soll entscheiden? (Forscher, Markt, Politiker, Gerichte, …?)

- Kann der Mensch machen, was er will?
- Was ist lebensfeindlich und was lebensförderlich?
- Wie sieht Gott die heutigen Menschen?

Leitmedien	■ Miteinander eine Technik-Ausstellung vorbereiten, gestalten und auswerten. Mögliche Ausstellungsobjekte: ältere und moderne Gegenstände, wie z.B. Uhren, Brillen, Koffer, Telefon, Radio, Bücher ...
	■ Bilder sammeln und zu einer Bildkartei zusammenstellen aus den Bereichen: Mobilität, Haushalt, Kommunikation, Medizin, Arbeit, Freizeit ... Die Bilder ergeben Reihungen unter dem Gesichtspunkt: Früher – heute (**M 1a–b**).
	■ Plakat: Forderungskatalog: »Wie menschliches Leben auch in Zukunft möglich ist!« Dieses Medium wird in der Unterrichtseinheit erstellt und fortlaufend ergänzt.
	■ DVD Pränataldiagnostik: Wann ist Leben lebenswert? Dokumentation mit Begleitmaterial, 17 Min, 2011.
	■ DVD/Blueray »Beim Leben meiner Schwester«, 2009, 105 Min. Dieser Spielfilm stellt am Beispiel der sog. »Rettungsbabies« die Frage nach den ethischen Grenzen menschlichen Eingreifens in natürliche Lebensprozesse.
	■ Portfolio zum Thema.

Ein Blick auf katholische Bildungsstandards	Die Schülerinnen und Schüler
	■ kennen christliche Positionen zu ethischen Fragen in einem ausgewählten Bereich wie Medizin, Biologie, Technik, Wirtschaft oder Ökologie (WRS 2.3)
	■ wissen, dass der Glaube Grundlage für einen respektvollen Umgang mit sich selbst und mit anderen sein kann und zur selbstverantwortlichen Lebensgestaltung und Lebensbewältigung befähigt (WRS 1.5)
	■ können Gewissenskonflikte auf der Basis christlicher Werthaltungen bearbeiten und ihre Gewissensentscheidungen vertreten (WRS 1.4)
	■ wissen, dass nach dem Verständnis des christlichen Glaubens Menschen zu verantwortlichem Handeln bestimmt sind, scheitern können und ihnen von Gott in der Vergebung ein Neuanfang eröffnet wird (WRS 2.5)
	■ können die Aussageabsicht der biblischen Texte erkennen, Bezüge zum Leben aufzeigen und Lebenshilfe herleiten (WRS 3.1).
	Themenfelder:
	Für menschliches Leben Verantwortung übernehmen
	• Recht auf Leben vom Anfang bis zum Ende: Abtreibung, Sterbehilfe
	• Eingriffe in die Schöpfung: Gentechnologie; der Mensch nach Maß; Ökonomie gegen Ökologie

Die Schülerinnen und Schüler können zeigen, was sie schon können und kennen	■ Die Schülerinnen und Schüler erzählen von der für sie wichtigsten Erfindung und begründen ihre Meinung. Für die Bereiche »Mobilität, Kommunikation, Haushalt, Arbeit, Freizeit und Medizin« tragen sie weitere Erfindungen in **M 1a** ein und beschreiben, wie sich das Leben der Menschen durch den technischen Fortschritt verändert hat. Anhand der Bildbeispiele in **M 1b** beschreiben sie neben den positiven auch die möglichen negativen Folgen technischen Fortschritts.

- Die Schülerinnen und Schüler ordnen die Bilder der Bildkartei (siehe Leitmedien) nach ihrer zeitlichen Reihenfolge und nach den einzelnen Bereichen des technischen Fortschritts.
- Sie erzählen zu den Bildern von der Vertreibung aus dem Paradies (**M 2**), was zur Vertreibung der Menschen aus dem Paradies geführt hat.
- Die Schülerinnen und Schüler erzählen zum Bild vom Turmbau zu Babel (**M 3a**) und nennen Gründe, warum das Projekt gescheitert ist. Sie vergleichen die beiden Bilder (**M 3a** und **M 3b**) zum Turmbau früher und heute und entdecken Gemeinsamkeiten und Unterschiede.
- Zum Thema »Möglichkeiten und Gefahren des technischen Fortschritts und Wandels« formulieren die Schülerinnen und Schüler ihre Fragen auf Karten.

- Bildergalerie: Ultraschallbild eines ungeborenen Kindes, Schönheits-OP, Sterbebett, Turmbau zu Babel, Gebotstafel. Die Schülerinnen und Schüler können ausgewählte Bilder (**M 3c**) in eine Reihenfolge (z.B. Lebensabschnitte, …) bringen und einen Zusammenhang mit der Turmbaugeschichte und mit den Zehn Geboten herstellen.
- Anhand einzelner Stationen zu ausgewählten Bereichen der technischen Entwicklung (Mobilität, Haushalt, Kommunikation, Medizin, Arbeit, Freizeit, …) artikulieren die Schülerinnen und Schüler ihre Interessen- und Arbeitsschwerpunkte.
- Die Schülerinnen und Schüler sind in der Lage, aktuelle ethische Frage- und Problemstellungen (z.B. Schönheitsoperationen, Piercing, PDA,…) wahrzunehmen, zu benennen und vor dem Hintergrund eigener Positionen sowie christlicher Deutungsmuster zu bewerten.
- Sie können selbständig Informationsquellen erschließen (Zeitschriften, Tageszeitungen, Broschüren von Beratungsstellen, Internet, …), den Quellen relevante Informationen entnehmen, anschaulich präsentieren und so die technische Entwicklung aus einem ausgewählten Bereich beschreiben und darstellen.

Die Schülerinnen und Schüler wissen, welche Kompetenzen es zu erwerben gilt, und können ihren Lernweg mitgestalten

---

Die Ambivalenz technischer Entwicklungen einschätzen und reflektieren
- Die Schülerinnen und Schüler stellen ihre recherchierten Bilder (Internet, Prospektmaterial, Zeitschriften, …) zu technischen Entwicklungen in den verschiedensten Bereichen in einer Ausstellung vor. Durch Bildvergleiche dieser technischen Entwicklungen sollen diese in verschiedene Zeitepochen eingeordnet und verschiedenen Entwicklungsbereichen zugeordnet werden. Die einfache Bewertung: »früher: schlecht/out/schwierig, … – heute: gut/in/leichter … – in Zukunft: besser/trendy/mühelos, …« wird hinterfragt, problematisiert – und die Schülerinnen und Schüler werden zu einer differenzierten Sichtweise und Bewertung angeregt.
- »In and out«-Zuordnungen: Verschiedene Fotos (selbstrecherchiertes Bildmaterial und ggf. **M 1a, b**), die technische Entwicklungen zu unterschiedlichen Zeiten darstellen, werden nach der persönlichen Bedeutung für die Schülerinnen und Schüler bewertet.
- Eingehen auf unterschiedliche technische Entwicklungen – die »Erleichterung« für den Menschen im alltäglichen Leben erläutern, darstellen und einschätzen. Die Einschätzungen der Schülerinnen und Schüler werden mit Hilfe eines »Fortschritts-Barometers« visualisiert und mit Punkten – je nach Nutzen für die Menschen – versehen.

Die Schülerinnen und Schüler können die Ambivalenz technischer Entwicklung darstellen und entwickeln Vorstellungen darüber, wie in Zukunft verantwortlich mit Technik umgegangen werden soll (WRS 2.1; 1.2; 2.2; RS 1.2; 2.1)

- Recherche-Auftrag: Die Schülerinnen und Schüler recherchieren anhand ausgewählter Entwicklungsbereiche (Mobilität, Haushalt, Kommunikation, Medizin ...), Bild-Textmaterials (ggf. Quellenmaterial) sowie Gegenständen und stellen ihre Ergebnisse der Lerngruppe vor. Sie erläutern die technische Entwicklung/Verbesserung in dem jeweiligen Bereich. Dabei berücksichtigen sie auch, wie die jeweilige Weiterentwicklung das Leben der Menschen im Alltag verändert hat. Das dabei durch die Schülerinnen und Schüler erstellte Material wird in ihre Ausstellung (siehe Leitmedien) aufgenommen und ergänzt diese somit fortlaufend. Bereits bei der Präsentation kann die Ambivalenz technischer Entwicklungen dargestellt und miteinander diskutiert werden: z.B. beim Handy mit Fotografiermöglichkeit: Foto als Beweismittel, z.B. bei einem Autounfall, und ein Foto als Möglichkeit, andere zu mobben oder zu erpressen (Cyber-Mobbing).
- Die Schülerinnen und Schüler gestalten »Technik-Ambivalenzbilder« und präsentieren diese in einer Ausstellung (Wand, Tafel, Kreismitte, ...). Nachdem alle Bilder gemeinsam betrachtet wurden, können die Künstler zum Bild befragt werden. Für eine geplante Ausstellung der »Kunstwerke« im Schulhaus überlegen sich die Schülerinnen und Schüler einen passenden Namen.
- Theologisieren zur Fragestellung: Bringt der Fortschritt die Menschheit wirklich voran? Oder befindet sich die Menschheit in einer Fortschrittsfalle, die das Leben auf der Erde eines Tages unmöglich machen wird?

Visionen für menschliches Leben im Jahr 2040 formulieren
- Fiktion: Leben im Jahr 2040: Die Schülerinnen und Schüler entwerfen Visionen weiterer technischer Entwicklungen in unterschiedlichen Bereichen (GA) und stellen diese vor. In einem nächsten Schritt folgt leitfragengestützt eine doppelte Reflexion: 1. Würdet ihr gerne ein Leben in dieser Welt anstelle eines Lebens in der aktuellen Welt vorziehen? 2. Überlegt: 2040 sind eure Kinder so alt wie ihr heute – wünscht ihr euren Kindern ein Leben in dieser Welt?
- Lied von Pink: Dear Mr. President (CD, MP3-Download, YouTube, Spotify) hören. Textarbeit: Worin bestehen die Anklagen der Sängerin? Z.B.: Soziale Kälte, Ignoranz, ungleiche Verteilung von Gütern, ... Aufgrund der im Lied darstellten Missstände erstellen die Schülerinnen und Schüler einen Forderungskatalog: Sie formulieren Forderungen aus unterschiedlichen Perspektiven (Umweltschützer, eine werdende Mutter, Chef eines Großbetriebes, ein(e) Jugendliche(r), eine Person aus einem Entwicklungsland, ...) wie menschliches Leben auch in Zukunft (2015 bis 2040) möglich sein kann.
- Die einzelnen Gruppen formulieren auf Plakaten fünf Forderungen, wie menschliches Leben auch in Zukunft möglich ist, diskutieren deren Rangfolge und halten diese auf einem Plakat fest. Die Präsentation und Diskussion der Forderungskataloge kann in verschiedenen methodischen Settings erfolgen:
- Die Gruppen präsentieren ihre Forderungen, erläutern diese und können auf Nachfrage begründet Stellung nehmen.
- Expertenhearing: Die Gruppen bestimmen einen Experten ihrer Wahl, der in einer Art Podiumsdiskussion die erarbeitete Position der Gruppe vorstellt. Nach der Präsentation dieser Positionen kann das »Publikum« Rückfragen stellen.
- Kooperatives Lernen: Gruppenpuzzle. Experten informieren sich gegenseitig und tauschen sich aus.

- Fishbowl (Innenkreis mit wahlweise einem oder zwei Experten pro Gruppe, die dann im Verlauf mit Experten aus dem Außenkreis wechseln).
- Positionierungsspiel: Jede Gruppe reduziert ihre Argumente von fünf auf drei und entsendet eine Expertin/einen Experten. Diese nehmen im Raum einen exponierten Platz ein (Ecke), die übrigen Schülerinnen und Schüler verteilen sich frei im Raum. Reihum tragen die Expert/innen jeweils ein Argument vor, die Schülerinnen und Schüler bekunden ihre Zustimmung/Ablehnung durch räumliche Nähe/Distanz zum Experten. Einfrieren und kurze Wahrnehmung. Abschlusspositionierung: Jede Schülerin/jeder Schüler ist aufgefordert, sich abschließend für eine der angebotenen Positionen zu entscheiden, und bezieht Position – Abschlussanordnung digital fotografieren und dem Plakat »Forderungskatalog« zuordnen. UG: Warum ist es euch schwer/leicht gefallen, euch für eine Position zu entscheiden? Die abschließende Reflexion soll es den Schülerinnen und Schülern ermöglichen, eine differenzierte Sicht auf die Berechtigung der verschiedenen Interessen und Bedürfnisse der einzelnen Positionen zu gewinnen, um zu erkennen, dass diese bei zukünftigen Entwicklungen und Entscheidungen ihre entsprechende Berücksichtigung erhalten sollten.

Interviews zur Zukunft menschlichen Lebens planen, durchführen und auswerten

- Interviews mit Menschen unterschiedlichen Alters zur Frage »Segen oder Fluch technischer Entwicklungen?«. Die Interviews werden nach den Bereichen der technischen Entwicklung und nach den an den Interviews beteiligten Altersgruppen (und nach Geschlecht) ausgewertet und zu dem bisher Erarbeiteten in Beziehung gesetzt.
- Interview: »Vision Zukunft«: Die Schülerinnen und Schüler interviewen ältere Menschen und bitten diese, ihre Ideen und Ratschläge, wie die Welt von morgen aussehen könnte, in der ein verantwortlicher Umgang mit Forschung, Technik und Wirtschaft möglich und realisiert wird, darzustellen. Auswertung der Interviews. Vergleich der Schülerforderungskataloge (siehe Leben im Jahr 2040) mit den Ideen und Ratschlägen älterer Menschen. Auswertungshinweis: Übereinstimmungen, Unterschiede, Akzentuierungen, unter Berücksichtigung der Genderperspektive, erarbeiten und reflektieren.
- Theologisieren anhand des Satzes: »Wer nicht über die Zukunft nachdenkt, wird keine haben.«

»Körperübungen und -erfahrungen zur Erfordernis und Bedeutung menschlicher Be-Grenzung«
- Körperübung: »No limits!?« Das Überschreiten von (Raum-) Grenzen und Begrenzung jeglicher Art ist ein schwer vermittelbares Phänomen. Die folgende Körperübung soll die Schülerinnen und Schüler dafür sensibilisieren, was es heißt, vorgegebene Grenzen zu »überschreiten«, Räume anderer zu »verletzen« und Schwellen zu »übertreten«:
  Etwa zehn Schüler pro Kleingruppe bilden einen Kreis, der so groß sein sollte, dass der Schüler/die Schülerin in der Kreismitte sich im Kreis mit ausgestreckten Armen bewegen, entgrenzen kann. Die Schülerinnen und Schüler im Kreis verändern dabei ihre Position nicht. Reflexion: Was bedeutet es für den Schüler/die Schülerin in der Kreismitte, sich »Raum zu verschaffen«? Was bedeutet es für diejenigen, die den Kreis bilden? Mögliche Äußerungen des Schülers/der Schülerin in der Kreismitte: Ich hätte

Die Schülerinnen und Schüler können die Notwendigkeit und Bedeutung menschlicher Begrenzung darstellen und im Kontext biblisch-christlicher Tradition (Dekalog) begründen (WRS 2.1; RS 2.3; 1.1; 1.2)

gerne mehr Platz gehabt, aber die bewegten sich nicht von der Stelle. Ich habe versucht, meine Mitschüler/innen nach außen zu schieben, aber es ging nicht ...; Mögliche Äußerungen der Schülerinnen und Schüler, die den Kreis bilden: Er hat nicht versucht, sich mehr Platz zu verschaffen; er hat unsere Grenze akzeptiert, er hat versucht, uns als Grenze zu bewegen, er hat versucht, unsere Gemeinschaft (Gleichgewicht, Balance, ...) zu (zer-) stören.

- Alle Schülerinnen und Schüler bilden einen Kreis. Auf der Kreislinie versuchen nun alle, sich auf ihrem Platz nonverbal »Raum zu verschaffen«, ihre Räume auszudehnen. Reflexion: Das geht nicht, ich kann mich nicht unbegrenzt – ohne meine Position zu verändern – ausbreiten, ohne die anderen zu beeinträchtigen. Wenn man sich dazu nicht bewegt, misslingt das Experiment. – Die Schülerinnen und Schüler formulieren Bedingungen und Regeln, z.B.: Was muss verboten sein? Wie kann das Experiment dennoch gelingen? Z.B.: Die anderen müssen sich bewegen; man braucht mehr Raum; der Kreis muss größer werden ...

- Die Schülerinnen und Schüler bilden erneut einen Kreis, der so groß ist, wie es der Raum im Klassenzimmer zulässt. Auftrag: Dreht euch bitte um 180 Grad und geht drei Schritte nach vorne. Mögliche Problemlösungsansätze durch die Schülerinnen und Schüler: Türen öffnen, auf den Gang treten, in ein anderes Klassenzimmer gehen, Fenster öffnen, verharren, aber auch verneinen jeglicher Lösungsmöglichkeit. Einfrieren der Schülerpositionierungen; Lösungsansätze werden sichtbar. Mögliche Fragen für das nachfolgende Auswertungsgespräch: 1. Welche Positionen habt ihr eingenommen? (auf der Schwelle, draußen (Gang – begehbar, aber unter Umständen gefährlich), Sackgasse (vor dem Fenster, vor der Wand, vor der Tafel, ...); hinter dem Fenster (Absturz!) 2. Wer von euch hat die »Raum«-Grenze, die Begrenzung überschritten und wer hat sie akzeptiert? 3. Welche Vor- und Nachteile hat es, in einer Position stehen zu bleiben, die bestehende Grenze zu überschreiten und sich einen neuen Raum zu erschließen?

- Lehrkraft zeigt großformatige Bilder, auf denen bestimmte Situationen in der Klasse dargestellt sind (z.B. grüner Bereich: Abstimmungssituation im Klassenrat; gelber Bereich: Schülerin/Schüler wird beleidigt, verletzt – man entschuldigt sich aber bei ihm; roter Bereich: Eine Schülerin/ein Schüler wird offensichtlich gemobbt, geschlagen. In Kleingruppen soll jeweils anhand eines Bildes oder auch von zwei Bildern überlegt werden, ob das jeweilige Bild im Raum, auf der (Tür-)Schwelle/oder grenzüberschreitend und grenzverletzend außerhalb des Raumes (hinter dem Fenster, hinter der Tür) platziert werden soll. Die Kleinengruppen begründen ihre Entscheidung (lebenserleichternd, und/oder -förderlich, -behindernd, -einschränkend, -bedrohlich, -gefährdend, -vernichtend, weil ...). Alternativ: Die Schülerinnen und Schüler stellen Situationen dar (Standbild, Rollenspiel ,...). Plenum errät die dargestellte Situation und ordnet diese einer der o.g. drei Kategorien zu und begründet ihre Entscheidung.

- Der zur Verfügung stehende Raum im Klassenzimmer wird durch ein Seil verdeutlicht und dadurch begrenzt. Präsentation einer Bildkartei (die Wahl der Bilder erfolgt nach den Kriterien lebensschützend/lebensförderlich und lebensbedrohlich/lebenszerstörend). Die Schülerinnen und Schüler wählen je zwei Bilder aus und positionieren diese entsprechend entweder im/auf dem Kreis oder außerhalb des Kreises. In einem sich anschließenden UG begründen die Schülerinnen und Schüler ihre beiden Positionierungsentscheidungen und benennen an ihren Beispielen/Bildern, was geschützt/nicht geschützt wird, z.B. Leben, Freiheit, Frieden, Menschenwürde, … Präsentation der Zehn Gebote auf Karten – mehrmals kopiert (**M 4**). Die Schülerinnen und Schüler wählen die Gebote, die zu ihren Bildern passen, und begründen ihre Zuordnung, z.B. Kriegsbild – Gebot: Du sollst nicht töten, Du sollst nicht begehren …

- Präsentation der Zehn Gebote in ihrer jeweiligen Schutzfunktion formuliert, z.B.: 1. Gebot: Freiheit; 2. Gebot: Würde; 3. Gebot: Arbeitsruhe, 4. Gebot: Fürsorge; 5. Gebot: Leben; 6. Gebot: Partnerschaft; … Die Schülerinnen und Schüler ordnen die Zehn Gebote ihren entsprechenden Schutzfunktionen zu. In einem letzten Schritt werden die Gebote mit ihren Schutzfunktionen von den Schülerinnen und Schülern entweder in den Kreis, auf den Kreis oder außerhalb des Kreises positioniert. In einem UG erläutern die Schülerinnen und Schüler ihre Zuordnungen. Zielfoto: Alle Gebote mit deren Schutzfunktionen liegen im Kreis!

- Theologisieren: Wäre ein Leben ohne Grenzen (»Begrenzung«; ohne das Bild vom Kreis) nicht besser? Dazu Zeichen- und Frage-Impuls: In die Kreismitte wird eine Bibel gelegt und eine Kerze entzündet. Was haben Kerze, Bibel, Gebotskarten mit ihren Schutzfunktionen und die Bilder miteinander zu tun? Mögliche Antworten der Schülerinnen und Schüler: Die Gebote stehen in der Bibel, Gott meint es gut mit den Menschen, Gott ist ein Gott der Freiheit …

- Satzpuzzle: »Du stellst meine Füße auf weiten Raum« (Ps 31,9b) und Theologisieren.
  Mögliche Gesprächsimpulse:
  • Stimmt dieser Satz mit dem bisher Erarbeiteten (Ergebnis) überein?
  • Hat unbegrenzte Freiheit ihre Grenzen?
  • Gibt es unbegrenzte Freiheit ohne Grenzen?
  • Grenzen ermöglichen Freiheit!
  • Freiheit und Verantwortung – Geht das eine nicht ohne das andere?
  Zur Veranschaulichung kann erneut auf das Bild des Kreises eingegangen werden. Welche Bilder lagen außerhalb des Kreises? – Wie gebrauchen Menschen ihre Freiheit, die außerhalb des Kreises leben?

Wohin die Allmacht des Menschen führt? Biblische Beispielerzählungen für Grenzüberschreitungen und deren Folgen

- Bildbetrachtung »Die Sehnsucht zu erkennen« (**M 5**): Mögliche Fragen und Antworten: Wo schaut der Mensch auf dem Bild hin? In das Land der unbegrenzten »(Erkenntnis-) Möglichkeiten« – aus dem »Jugendland« ins »Reich der Erwachsenen«)?; Was verlässt er – lässt er zurück? Wo schaut er hin? – Was könnte er sehen? – Was glaubt er zu sehen? – Was reizt ihn wohl daran? Z.B. neues Zeitalter, neue Denk-, Erfahrungs- und Handlungsmöglichkeiten, … Warum wendet er sich von der »bisherigen« ihm bekannten Welt ab? Reizt das Verbotene? Das Grundbedürfnis des Menschen nach Exploration: Die Sehnsucht, Neues zu entdecken, Neues zu erfahren, nach grenzenloser Freiheit …) Schülerinnen und Schüler erzählen von eigenen Erfahrungen mit diesem Grundbedürfnis, Neues zu entdecken, und wägen dabei Chancen, Risiken und Grenzen ab. Ich will über die gesetzten Grenzen hinaus schauen, Neues erkennen – entdecken.

- Gestaltungsaufgabe: Die Schülerinnen und Schüler gestalten eigene Übergangssituationen (siehe **M 5**) auf ihrem Lebensweg (Schule – Beruf; Kindheit – Jugend – Erwachsener; Singleleben – Partnerschaft; Familie – Peergroups, …)

Die Schülerinnen und Schüler können anhand biblischer Geschichten (Der Sündenfall, Turmbau zu Babel, Versuchung Jesu) die möglichen Folgen für das Leben der Menschen in Gottes Schöpfung darstellen, wenn die Notwendigkeit und Bedeutung menschlicher Begrenzung missachtet wird und Grenzen überschritten werden (Gen 3,1–13; Mt 4,1–11) (WRS 4.2; RS 1.1; 1.2; 2.1)

- UG zum Impuls: Muss man alles machen, was man machen kann?
- Die biblische Geschichte vom so genannten »Sündenfall« (Gen 3,1–13) wird erzählt bzw. von den Schülerinnen und Schülern mit verteilten Rollen (Gott, Adam, Eva) vorgetragen. Die Schülerinnen und Schüler ergänzen folgende Satzanfänge: Mir fällt mir auf …/Ich frage mich …/Ich vermute …/Ich glaube …
- Die Schülerinnen und Schüler lesen neben dem Bibeltext die »Neuerzählung« der Sündenfallgeschichte »Adam und Eva verlassen das Paradies« von Martina Steinkühler (**M 6a**), vergleichen die beiden »Entwicklungsgeschichten« und benennen gemeinsame Themen, Aspekte, zentrale Aussagen, Anliegen, Motive, z.B. Wachstum, Entwicklung, erwachsen- bzw. unabhängig werden, Neues entdecken, neugierig sein, …
- Die Schülerinnen und Schüler nehmen begründet Stellung zu der Aussage: »Es ist auch eine Gnade, nicht so sein zu müssen wie Gott.«
  Kreative Gestaltung: Collage erstellen (Bild »Neue Welt« ergänzen – Was könnte der Mann sehen? Wildes – uneingeschränktes – grenzenloses – intensives – »geiles« Leben: die Nacht zum Tag machen mit allen Facetten; Mobilität, Geld, Genüsse aller Art, sich über Konventionen [aller Art] hinwegsetzen, …)

Woran ich mein Herz hänge – Was mir heilig ist?
- Collage/Bild in GA/PA: Einen modernen Baum der Erkenntnis (Format: 2x DIN A3) erstellen (alternativ kann auch in Anlehnung an die Turmbau-Perikopen ein moderner Turm gestaltet werden): Die Schülerinnen und Schüler überlegen sich in Partner- oder Gruppenarbeit, was die »verführerischen Früchte« im heutigen Leben sein könnten: Sexualität ohne Tabus; Körperkult, Statussymbole, Leben ohne Grenzen, shoppen ohne Ende … Dazu erstellen sie einen Baum mit modernen Collage-Früchten (in Apfelform!) der Verführung (mögliche Beispiele): Reichtum, Geld, Villa mit Pool, Sportwagen, Markenartikel, Bodybuilding, Piercings, Casting-Shows, Bräune, gutes Aussehen, viele Freunde, Clique, Familie, aber auch: Selbstsicherheit, Anerkennung, gute Ausbildung, sicherer Job, … und heften diese an ihren Baum der Erkenntnis. Nach der Fertigstellung suchen sich die Teams im Klassenzimmer einen Platz für ihren Baum der Erkenntnis. Gang durch die ›Galerie‹ – Wahrnehmung und Würdigung der erstellten Plakate.
- Eine eigene Obstschale mit »Lebensfrüchten« gestalten: »Stellt euch vor, ihr könntet euch eine eigene Lebens-Obstschale mit Früchten zusammenstellen! Ihr könnt maximal sechs ›Früchte‹ für eure Schale auswählen. Welche dieser Früchte sind für euer Leben am wichtigsten? Welche eher nicht?« Die Schülerinnen und Schüler erhalten von den erstellten Bäumen (siehe oben) im Format (2x DIN A3) Kopien als Ausschneidevorlage und gestalten eine Obstschale (**M 7**) in ihrem Heft. Sie begründen ihre Auswahl: Welche Güter, Einstellungen, Haltungen, Werte, Lebensziele wähle ich aus? Weiterführende Fragen / Impulse: Was bringen diese Früchte für mich? Für andere? Mit welchen Konsequenzen, Folgen für mein Leben kann/muss ich rechnen?
- Impuls: Aus den verbleibenden Collage-Resten wählt die Lehrkraft verschiedene »Früchte« aus und legt diese in die Kreismitte. Jemand setzt in seinem Leben alles (nur) auf eine »Karte«! Was bedeutet das? Was wäre ein »Full-House« – ein »Royal Flush«, ein »erfülltes«, ein »gutes« Leben? Jemand spielt sein Leben mit unendlich vielen Karten – was würde das bedeuten? Z.B.: man »verzettelt« sich, will allen gerecht werden, nieman-

dem wehtun, nicht »Nein« sagen können, … Mögliche biblische Textbezüge: Gleichnis vom reichen Kornbauern; Gleichnis vom reichen Jüngling.

- UG: Problemstellung und Problemlösungsansätze: In der Verabsolutierung einzelner Elemente sind diese verhängnisvoll, da viele andere »Früchte« (Lebensmöglichkeiten) ausgeblendet werden und bei der Betonung nur einer Frucht deren Kehrseite zum Problem werden kann.

- Vertiefung: Die Schülerinnen und Schüler wählen in PA eine oder mehrere Wortbildkarten in Apfelform aus dem Baum der Erkenntnis aus und formulieren gemeinsam die mögliche »Kehrseite« der Medaille (der einzelnen Frucht). Z.B. Reichtum – die mögliche Kehrseite: soziale Beziehungen könnten verloren gehen, Gefahr der Egozentrik, »Wirklichkeitsverlust«; Freiheit – die mögliche Kehrseite: Einschränkung der Freiheit anderer, mögliche fehlende Bereitschaft zur Übernahme von Verantwortung, Gefahr der Egozentrik, …

- Wer ist die Nummer 1, der König in meinem Leben? Wer oder was bestimmt (beherrscht) mich und mein Leben? Wer ist der Bestimmer, der Beherrscher in meinem Leben?
  In der Mitte des Raumes steht ein Stuhl, der mit einem schönen Tuch bedeckt ist. Auf dem Stuhl liegt als Zeichen königlicher Macht und Herrschaft eine Krone. Im Raum sind Bilder bzw. Fotos, die aber noch mit einem Blatt Papier verdeckt sind, zum Thema Herrschaft ausgelegt, z.B. Macht, Geld, Fußball, PC, Handy, IPad etc.).
  Wahrnehmungsübung: Wie geht man, als König / als Herrscher / als Bestimmer, … ? Z.B. aufrecht, überheblich, den anderen die Richtung weisend, … Wie steht und geht man, wenn man jemandem die Ehre gibt? Z.B. niederschauen, sich verbeugen, niederbücken, auf dem Boden knien, …

- Fotostationen: Wer oder was bestimmt mich als die »Nummer 1« in meinem Leben? – Im Raum sind von den Schülerinnen und Schülern gestaltete Bilder/Fotos/Symbole ausgelegt, z.B. König, Fußball, PC, Handy, B. Spears als Königin, Zimmer als Altar, auferstandener Jesus, … In einem Rundgang schauen sich die Schülerinnen und Schüler die Bilder noch einmal genau an und positionieren sich dann bei der Foto-Station, von der sie denken, dass diese als ihre »Nummer 1« sie am meisten bestimmt. Die Gruppen tauschen sich kurz aus, setzen sich dann zusammen und schreiben auf einen roten Pfeil, warum sie von diesen Dingen, die ihnen wichtig sind, beeinflusst und bestimmt werden bzw. davon abhängig sind.

- Alternativ: Die Schülerinnen und Schüler malen auf eine ihrer Heftseiten vier ineinander liegende Kreise von unterschiedlicher Größe. In den ersten Kreis (Innenkreis) tragen sie das ein, ohne das in ihrem Leben überhaupt nichts geht, in den zweiten Kreis das, was ihnen für ihr Leben wichtig ist; in den dritten Kreis das, was für sie manchmal erstrebenswert ist, und in den vierten Kreis (Außenkreis) das, was ihnen nicht so wichtig bzw. erstrebenswert ist. Sie tauschen sich in Kleingruppen über ihre Ergebnisse aus.

Verschiedene Möglichkeiten der Beziehungen zwischen Gott, den Menschen und den »Herren« dieser Welt entdecken und reflektieren

- Theologisieren mit Hilfe von Wortkarten: Lehrperson legt die beiden Wortkarten »Gott« – »Götter« in die Kreismitte. Die Schülerinnen und Schüler assoziieren zuerst zur Wortkarte »Gott«, dann zur Wortkarte »Götter«. Mögliche Assoziationen zur Wortkarte Gott: Chef, Herrscher, Schöpfer, Retter, unsichtbar, unbekannt, nicht existent, … Mögliche Assoziationen zur Wortkarte Götter und den Fragen: Was ist mir sehr wichtig? Woran hänge ich mein Herz? Was vergöttere ich? Z.B.: Spaß, Fun, Event, Chillen,

Geld, Outfit (Designerklamotten), Pop-Idole, Technik (TV, PC, Playstation), Reichtum, Karriere, Ruhm, Sport (FC Bayern München, Borussia Dortmund ...), Macht, ...

Mögliches Gesprächsergebnis: Wir werden, ob bewusst oder unbewusst, bestimmt bzw. beherrscht von Menschen und Dingen.

■ Von der Verführbarkeit des Menschen. Impuls: Versucht werden – sich versuchen lassen, der Versuchung widerstehen. Die Schülerinnen und Schüler erzählen von eigenen Versuchungserfahrungen (z.B. Risikoverhalten: Drogen, Extremsport, ...), aber auch von Erfahrungen, der Versuchung widerstehen zu können (»... er wird seinen Engeln befehlen ...«), stellen diese in Standbildern oder Szenen nach und vergleichen ihre Erfahrungen mit der Versuchungserfahrung Jesu in der Wüste (**M 8a**). Auf der Grundlage der Bilderschließung und der Erarbeitung des Textes »Jesu Versuchung« (**M 8b**) klären die Schülerinnen und Schüler die Frage: Wer oder was gab Jesus die Kraft, den Versuchungen zu widerstehen (Engel, Glaube, Liebe, Nähe Gottes, ...). Wer oder was gibt mir die Kraft, Versuchungen widerstehen zu können? Z.B. (Freunde, Eltern, innere Stärke, Persönlichkeit, Glaube, ...) Als mögliche Vertiefung können die Schülerinnen und Schüler von eigenen »Versuchungssituationen« (z.B. Einfluss, Ansehen, Erfolg, Macht, Haben wollen, ...) erzählen. In einem Standbildarrangement flüstern die Mitschüler/innen dem Protagonisten Sätze zu, die ihn stärken, der Versuchungssituation aktuell und zukünftig zu widerstehen. Der Protagonist wiederholt die Sätze, die er als besonders hilfreich erfahren hat.

Die Schülerinnen und Schüler lesen den Text »Von der Verführbarkeit des Menschen« von Margot Kässmann (**M 8c**), erarbeiten je einen Grund der Verführbarkeit in Kleingruppen und präsentieren ihr Ergebnis in einem Plakatbild, einer Szene, einem Standbild, ... Mitschüler/innen benennen den in der Präsentation dargestellten Grund der Verführbarkeit des Menschen. Gemeinsam überlegen die Schülerinnen und Schüler weitere mögliche Gründe der Verführbarkeit des Menschen.

■ Präsentation des ersten Gebots als Plakat oder als TA (**M 9bc**): Die Lehrkraft präsentiert zunächst das Bild (**M 9a**) von einem scheinbar über sich selbst hinauswachsenden Menschen. Nachdem die Schülerinnen und Schüler erste Assoziationen zum »Menschen-Bild« geäußert haben, wird ihnen das »erste Gebot« in der Formulierung von Robert Gernhardt (**M 9b**) präsentiert. Die Schülerinnen und Schüler äußern sich zu diesem Gebot, nehmen Stellung zu Inhalt und Bedeutung des Textes und formulieren das erste Gebot »neu«. Sie schreiben auf Karten ihre Assoziationen zum ersten Gebot (**M 9c**), nachdem die Lehrkraft die Unterscheidung »Der Herr der Welt« und »die Herren dieser Welt« auf Karten eingeführt hat.

Der Herr der Welt Gott	Die »Herren« dieser Welt – Wie Gott sein zu wollen bzw. zu müssen – »Götzen«
Einzigartigkeit, Beziehung, Freiheit, Liebe, Eifersucht, Treue, ...	Materielle Güter, Macht, Geld, Wachstum, Abhängigkeit, beherrscht werden, Sucht, ...

- Die Schülerinnen und Schüler ordnen ihre Assoziationskarten den beiden Überschriften zu und legen sie entsprechend ihrer Bedeutung (ganz wichtig = nahe an die Überschrift; weniger wichtig = etwas entfernter von der Überschrift) ab. Gäbe es eine oder auch zwei bis drei Assoziationskarten, die ihr am wichtigsten für das erste Gebot findet?

  Theologisieren: Worin unterscheiden sich »Die Herren dieser Welt« und »Der Herr der Welt« in ihrer Wirkung auf den Menschen? Mögliches Fazit der Schülerinnen und Schüler: Wenn etwas zu meinem Ein und Alles wird, dann ist es ein Götze.

  – Lehrkraft legt die beiden Wortkarten »Gott – Götter« mit einem gewissen Abstand voneinander auf gleicher Höhe aus. Frage der Lehrkraft: Seid ihr mit meiner Positionierung der Karten einverstanden? Wie nah / wie weit voneinander entfernt wollt ihr diese beiden Karten legen? Zusätzlich zur Dimension Nähe / Distanz (horizontale Ebene) könnten die beiden Karten auch sich überschneidend über- bzw. untereinander gelegt werden. Denkbar ist auch, dass eine Karte die andere völlig überdeckt (Beispiel: Gott wird von den Göttern »verdeckt« – ist somit nicht relevant; Gott verdeckt die Götter – Götter sind bedeutungslos; Nähe: Götter nähern sich Gott an, gewinnen immer mehr gottähnlichen Status; Distanz: beide haben einen eigenständigen Status und Bereich; übergeordnet / untergeordnet (vertikale Ebene): Modell der Ko-Existenz mit Anteilen von Unter- und Überordnung.

  – Mögliches Fazit: Gott (der Herr der Welt) ist ein Gott, der befreit, Götter bzw. Götzen (die »Herren die Welt«) sind Dinge, Wesen, Personen, die versklaven. Gott ist exklusiv – nicht einmal unter ihm sind andere Götter, die Freiheit (nur) in Abhängigkeit verwandeln, die von der Freiheit in die Unfreiheit und Abhängigkeit führen, letztendlich den Menschen versklaven: »Das könnte ja den Herren dieser Welt so passen!« Was macht mich frei? Was droht mich zu versklaven? Z.B.: Ich will sein wie ein Fußballstar; Ich stürze mich in Arbeit; … Warum steht Gott (nicht) an erster Stelle in meinem Leben? Warum setze ich auf den Gott des Geldes, der uneingeschränkten Bedürfnisbefriedigung, …

  – Theologisieren mit Jugendlichen: Weiterarbeit in Kleingruppen und gleichzeitige Erweiterung der Thematik Gott (Herr der Welt) und Götter / Götzen (die »Herren« dieser Welt) um die Dimension »Mensch«. Die Schülergruppen klären und bestimmen ihre Ausgangsposition der beiden Wortkarten »Gott« (Herr der Welt) und »Götter« (die »Herren« dieser Welt). Die dabei entstehenden möglichen Konstellationen, z.B. nebeneinander, übereinander, überschneidend – verdeckt – weit auseinander / nahe beieinander werden von den Schülerinnen und Schülern begründet.

  Zu den Wortkartenkonstellationen »Gott« (Herr der Welt) und »Götter / Götzen« (die »Herren« dieser Welt) der Gruppen wird nun die Wortkarte »Mensch« eingespielt.

  Impulsfrage an die Gruppen: »Wo würdet ihr die Wortkarte »Mensch« in Bezug auf die beiden anderen Wortkarten ›Gott‹ und ›Götter‹ platzieren?« (richtiger Ort?)

  Rundgang und Betrachtung der Gruppenarbeitsergebnisse. Die einzelnen Gruppen erläutern anhand von Beispielen ihre gewählte Positionierung und begründen diese. Hinweis: Durch die neu hinzugekommene Karte »Mensch« kann sich die zuvor getroffene Positionierung der beiden Wortkarten »Gott« und »Götter« verändern.

Jede Gruppe erhält von der Lehrkraft drei Satzstreifen mit den Bibeltexten:

1. *Ich bin der Herr, dein Gott. Du sollst keine anderen Götter neben mir haben* (Ex 20,2f; vgl. **M 9c**).
2. *Kein Diener kann zwei Herren dienen. Denn entweder wird er den einen vernachlässigen und den anderen bevorzugen. Er wird dem einen treu sein und den anderen hintergehen. Ihr könnt nicht beiden zugleich dienen: Gott und dem Geld* (Lk 16,13, Gute Nachricht).
3. *Er hat den Menschen wenig niedriger gemacht als sich selbst ...«* (Psalm 8, doppelte Botschaft: wenig niedriger + was ist der Mensch, dass du [überhaupt] an ihn denkst?).

Anhand der Bibelverse überprüfen die Schülerinnen und Schüler erneut ihre zuvor getroffenen Zuordnungen und verändern diese gegebenenfalls.

Präsentation und Auswertung: Die Schülerinnen und Schüler übertragen ihre Zuordnungen auf ein Plakat, stellen ihre Plakate der Klasse vor und begründen ihre aktuelle Konstellation (Plakate für alle sichtbar an der Tafel, in der Kreismitte oder an der Wand).

Die Schülerinnen und Schüler stellen fest, dass die Konstellationen sich unterscheiden, und diskutieren die unterschiedlichen Ergebnisse unter besonderer Berücksichtigung der Aussagen sowie der Bedeutung der Bibelverse.

– In dem Lied »Jesus Christus herrscht als König« (EG 123) wird Christus als Herrscher (Mt 28,18) dargestellt. Die Schülerinnen und Schüler bauen zum dritten Vers des Liedes ein Standbild, das die Aussage des Verses zum Ausdruck bringt. Anschließend nennt jede Gruppe Abhängigkeiten, wie z.B. König Fußball, PC, Internet, Handy ..., und überlegt sich, wie ihr Standbild mit dem Bild und den beiden Texten in **M 9a–c** in Beziehung gesetzt werden kann.

Mein Lebensentwurf

■ Spiel mit unterschiedlichen Lebensentwurf-Segmenten. Folgende Lebensentwurfskarten (**M 10a**) können dabei eine Rolle spielen: Schönheit als Nr. 1. – Fußball als Nr. 1. – Genuss als Nr. 1. – Handy als Nr. 1. – PC-Nutzung als Nr. 1. – Geld als Nr. 1 – Musik als Nr. 1 – Karriere als Nr. 1. Die Schülerinnen und Schüler schreiben in Partnerarbeit/Gruppenarbeit einen imaginierten Tagesablauf einer Person ihrer Wahl, die ihr Leben komplett nur auf eine Lebensentwurf-Karte setzt, auf ein Plakat (z.B.: Manager: Karriere; Banker: Geld, ...) Die Schülerinnen und Schüler »präsentieren« ihren Tagesablauf als diese Person – gestalten unter Umständen ein kleines szenisches Spiel hierzu. Sie bewerten die verschiedenen Tagesabläufe mit »+« und »–« (grünen und roten) Punkten: Welcher Tagesablauf gefällt mir – welcher eher nicht. Jeder Schüler kann jeden Tagesablauf mit einem roten oder grünen Punkt bewerten. Die Plakate und somit deren Karten werden nach ihrer Beliebtheit (welches Plakat hat die meisten grünen und die wenigsten roten Punkte erreicht?) geordnet. Impuls: Was sind die Stärken und Schwächen eines Lebens mit dieser (einzigen) Lebensentwurf-Karte? Was bedeutet es, »alles auf eine Karte zu setzen« – diese Karte ist mein (einziger) Trumpf? Nur mit einer Karte zu spielen – alles dieser Karte unterzuordnen?

– Meine Lebens-Trumpfkarten: Jede Schülerin/jeder Schüler erhält ein Blanko-Kartenset (**M 10b**). Auftrag: Erstellen eines individuellen »Traumblattes«, das die von den Schülerinnen und Schülern gewählten »Trumpfkarten« darstellt, sowie deren Begründung der jeweiligen Zusammenstellung. Mögliche Stichworte könnten sein: Freunde, zusammensein mit anderen, Freizeit, Medien, Hobbies, Partnerschaft, viel Geld, angenehmes Leben, Gott, … ! Impuls: Was würde es bedeuten, alle diese Karten in der Hand zu haben. Geht das? Wenn ja – Wie? Mögliche Anschlussfragen: Was haben die Karten (**M 10c**) »mit anderen zusammen sein«, »einander helfen« und »Freundschaft« mit Gott zu tun? – Z.B. Mt 25,40: »Was ihr einem meiner geringsten Brüder, …« Was trägt mein Leben, was macht mein Leben aus? Warum ist die Trumpfkarte Gott / Gott zu lieben für »mein« Leben: verzichtbar – unverzichtbar – nicht so wichtig – wichtig?

– Was sagt ihr einem Mitschüler / einer Mitschülerin, der / die behauptet: »Ich habe für mein Leben nur »Arschkarten« bekommen!« 1. Gemeinsames Nachdenken über den Satz. 2. Was antworte ich dem Mitschüler auf seinen Satz?

– PA / GA: Präsentation der Wortkarten (**M 10d**) Selbstliebe (»Ich«) – Nächstenliebe (»Du / Wir«) – Gottesliebe (Gott; das Dreifachgebot der Liebe«) sowie drei Karten mit Doppelpfeilen. Die Schülerinnen und Schüler legen die Wort- und Pfeilkarten so aus, dass damit ein Zusammenhang zwischen den Wortkarten Selbstliebe, Nächstenliebe und Gottesliebe hergestellt und zum Ausdruck gebracht wird. Die Schülerinnen und Schüler ordnen ihre Karten in dieses so gestaltete »System« ein. Dabei können Ambivalenzen in der Zuordnung auftreten. Beispiel: Lebensentwurf-Karte »Schönheit: Orientierung am eigenen Ich oder Orientierung an den anderen (»Du / Wir«; anderen gefallen wollen) oder Orientierung an einem verantwortungsvollen Umgang mit mir selbst (meinem Körper und meiner Seele) als Teil der »Schöpfung«.

Suche nach Glück

- Think-Pair-Share-Methode: Was ist Glück (für mich)? Die eigenen Aussagen mit den Aussagen der Befragten im offiziellen Videoclip »Himmel auf« der Gruppe »Silbermond« vergleichen (→ YouTube).

  Die Schülerinnen und Schüler nennen Menschen bzw. Personengruppen in Deutschland / Europa, die besonders glücklich sind: »Glücklich sind, die …« und begründen, warum es diesen Menschen so richtig gut geht. Z.B.: »Glücklich sind, die …« den Jackpot im Lotto knacken, denn sie müssen nicht mehr arbeiten und können das Leben in vollen Zügen genießen!?? (**M 10e**), in sozialen Beziehungen leben, materiell abgesichert sind, … Die Schülerinnen und Schüler lesen die Seligpreisungen der Bergpredigt – »Glücklich (selig) sind, die …« – vergleichen ihre Aussagen mit den Aussagen Jesu in den Seligpreisungen und begründen die Wahl der Menschen bzw. Personengruppen, die Jesus als glücklich preist.

  Die Schülerinnen und Schüler gestalten kontrastierende Collagen mit Menschen(-gruppen), die Jesus glücklich preist, und Menschen(gruppen), die heute eher als glücklich gelten. Z.B.: Reiche – Arme; arme Reiche – reiche Arme; …

- UG zum Motto-Impuls: »Take away – take a way!« Die Schülerinnen und Schüler überlegen, was und wen sie auf ihren Lebensweg mitnehmen möchten, z.B. Familie, Verwandte, Freunde, Liebe, Gott, Selbstvertrauen, Mut, Freude am Leben, ihre Erfahrungen, dass sie es schaffen, Ziele zu erreichen, …

Die Schülerinnen und Schüler können am Beispiel aktueller Verfahren vorgeburtlicher Diagnostik Möglichkeiten und Gefahren einer »zweiten Schöpfung« durch die Menschen darstellen und zu Fragen und Problemlagen, die aus der Inanspruchnahme pränataler Diagnostik entstehen können, begründet Stellung nehmen (WRS 2.1; 1.2; 4.2; 6.1; RS 2.3; 1.1; 1.2; 2.1)

Mensch nach Maß? – Über den Lebensbeginn von Menschen verfügen?

- Karikaturen zum Thema »Mensch nach Maß?« (**M 11b**) und UG über den Wunsch vieler Paare, ein gesundes Kind zu bekommen.
  - Mein Wunschkind ist, ... – Die Schülerinnen und Schüler formulieren leitfragengestützt mögliche Eigenschaften für ihr Wunschkind: Wäre es ein Junge oder ein Mädchen? Welche Körpergröße, Augen- und Haarfarbe würde es haben? Welche Begabungen würde es auszeichnen? Dürfte es eine genetisch bedingte Erkrankung aufweisen oder nicht?
    Die Schülerinnen und Schüler stellen dann in Kleingruppen oder im Plenum ihr »Kind nach Maß« vor und stellen Vor- und Nachteile der Vision, Menschen nach Wunsch und eigenem Maß als »Schöpfer Mensch« zu formen, dar.
  - Vor- und Nachteile einer künstlichen Befruchtung am Beispiel »Retortenbaby« (**M 11a**) darstellen, diskutieren und bewerten.

Chancen und Risiken einer vorgeburtlichen und voraussagenden Medizin

- Erzähl-Impuls zur Pränataldiagnostik: »Eltern unter Entscheidungsdruck«. Wer heute Mutter oder Vater wird, der wird sich fragen: »Möchten wir überhaupt wissen, ob unser Kind möglicherweise krank oder behindert sein wird? Und was tun wir, wenn das Kind mit hoher Wahrscheinlichkeit tatsächlich krank oder behindert sein wird? Soll unser Kind geboren werden oder wollen wir uns und dem Kind diese Last ersparen?« Solche oder ähnliche Fragen stellen sich vielen werdenden Eltern.
- Die Lehrerin / der Lehrer stellt in einem kurzen Lehrervortrag die Methode der PID vor und macht so deutlich, dass ein ›Kind nach Maß‹ in Grenzen heute bereits möglich ist. Die Schülerinnen und Schüler informieren sich auf der Webseite
  http://de.wikipedia.org/wikiPr%C3%A4implantationsdiagnostik ergänzend und vertiefend über die Methode der PID, deren Möglichkeiten, offene Fragen und Problemanzeigen. Ergänzende Informationen können von den Schülerinnen und Schülern anhand des Videoclips
  http://www.youtube.com/watch?v=jLT9OGVnEwY und der DVD »Pränataldiagnostik: Wann ist Leben lebenswert?« erarbeitet und präsentiert werden.
- Meinungsdiagramm: Auf einer gedachten Linie im Raum mit den gekennzeichneten Positionen »stimme zu« – »bin eher noch unentschieden« – »stimme nicht zu«, nehmen die Schülerinnen und Schüler zu der Frage Stellung, ob man menschliche Embryonen nach bestimmten Kriterien auswählen bzw. töten darf. Entsprechend der gedachten Meinungslinie positionieren sie sich ihrer Meinung entsprechend und kommen in den gewählten Positionsgruppen als »Gleichgesinnte« miteinander ins Gespräch. Im Plenum stellen die einzelnen Gruppen ihre verschiedenen Positionen / Meinungen vor, begründen diese und tauschen sich darüber im Plenum miteinander aus.
- Ein schwangeres Mädchen erhält während ihrer Schwangerschaft die Prognose: Sie werden möglicherweise ein Kind mit Behinderung bekommen. UG zu den Fragen: Welche Gründe könnte das Mädchen gehabt haben, sich für eine vorgeburtliche Untersuchung zu entscheiden? Z.B.: Ich möchte ein gesundes Kind; ich habe das Recht zu erfahren, ob ich ein Kind mit Behinderung bekommen werde, ... Welche Gründe könnte es geben, sich ganz bewusst gegen eine vorgeburtliche Untersuchung zu entscheiden? Z.B.: Ich habe auch ein Recht auf Nichtwissen und bin auch nicht verpflichtet, jede Untersuchung durchführen zu lassen, kommen doch 97 Prozent aller Kinder völlig gesund zur Welt. Ich möchte mein Kind auch mit Behinderung auf jeden Fall bekommen, ... Die Schülerinnen und

Schüler stellen in einer Tabelle die Gründe für und gegen eine vorgeburtliche Diagnostik gegenüber und diskutieren über das Für und Wider der beiden Positionen.

- Alle Schülerinnen und Schüler der Klasse bilden einen Ethikrat und erarbeiten materialgestützt (**M 12a–c**) in Gruppen verschiedene Dilemmasituationen zum Thema »ein Kind mit Behinderung bekommen oder nicht?«. Jede Gruppe liest ihren »Fall« und erarbeitet in den beiden Rollen als Ankläger und Verteidiger die Begründung der jeweiligen Entscheidungsoptionen. Ankläger und Verteidiger der Gruppen tragen im Plenum ihre Begründungen vor. Die Klasse (die anderen 3 Gruppen) diskutiert dann die beiden von der Einzelgruppe dargestellten Positionen und fällt in einer Abstimmung als Ethikrat eine Entscheidung.

  1. Erzähl-Impuls für die Einführung in die Dilemmasituation: »Ich weiß nun – in der Mitte meiner Schwangerschaft –, dass ich wahrscheinlich ein Kind mit Behinderung (z.B. mit Down-Syndrom) bekommen werde. Auf dem Ultraschallbild kann ich mein Kind mit seinen bereits ausgebildeten Ärmchen und Beinchen sehen und erste Bewegungen des Kindes in meinem Bauch spüren. Wie soll ich mich, wie sollen wir uns entscheiden? Möchte ich das Kind, das kaum ohne fremde Hilfe leben kann und möglicherweise nur eine sehr kurze Lebenserwartung hat? Kann ich/können wir das schaffen? Hält das unsere Partnerschaft aus? Wie reagiert die Umwelt und warum reagiert sie so? Wer steht dann (noch) zu uns? Oder entscheide ich mich für den Abbruch, der in diesem Stadium bedeuten kann, das Kind tot auf die Welt zu bringen. Bin ich dann an dem Tod meines Kindes schuld? Werde ich damit fertig?« Die Schülerinnen und Schüler äußern sich zur Entscheidungssituation der jungen Frau und bearbeiten das Dilemma anhand von **M 12a**.

  2. Die Schülerinnen und Schüler betrachten das Bild auf dem Materialblatt »Leben mit einem toten Kind« (**M 12b**), erarbeiten die Entscheidungssituation der Mutter (»Spätabbruch ihrer Schwangerschaft?«) und erörtern Vor- und Nachteile der Entscheidungsoptionen für alle Familienmitglieder (das ungeborene Kind, Mutter, Vater, Geschwister, …)

  3. www.tim-lebt.de (**M 12c**).

- Impuls: »Für gut befunden und geboren – Für nicht gut befunden und abgetrieben.« Soll der Mensch darüber entscheiden können, welches Leben sich entwickeln darf und welches nicht? Die Schülerinnen und Schüler äußern sich zu dem Impuls und der Frage (Gender beachten!) und benennen mögliche Gründe für die beiden konträren Entscheidungsoptionen.

- Diskussion der Fragen: Ist eine neue medizinische Methode ein Segen, weil etwas durch sie sichtbar und machbar wird? Sind »keine Befunde« mit »Garantien« gleich zu setzen, oder täuschen diese Sicherheiten vor, die es so nicht geben kann? Welche Diagnose müsste vorliegen, damit etwas unternommen werden sollte und, falls ja, was?

Beratungsangebote kirchlicher Einrichtungen

- Information/Recherche: Psychosoziale Beratungsangebote der Kirche und der Diakonie (z.B.: www.dw-karlsruhe.de) durch Seelsorger und Sozialarbeiterinnen, deren Aufgaben und Leistungen recherchieren und darstellen: z.B. in Fragen möglicher Auswirkungen der Entscheidung für oder gegen das Kind auf die Mutter, das Paar, die Familie und ihr Umfeld sowie grundlegende Sachinformationen über die aktuell bestehenden Methoden einer vorgeburtlichen Diagnostik, z.B. einer automatischen Blutuntersuchung, und deren Folgen einer anlaufenden »Maschinerie«, die kaum mehr zu stoppen ist.

- Einladung/Besuch (Interview/Fragebogen vorbereiten) einer Mitarbeiterin/einer Beratungsstelle und gemeinsame Auswertung des Gesprächs.
- Ein schwangeres Mädchen in einem persönlichen Brief mit Rat und Tat bei der Suche nach dem eigenen Weg und der Entscheidung sowie im Umgang mit den eigenen Gefühlen (Angst, Verzweiflung, Schuldgefühle, ...) unterstützen. Alternativ oder auch ergänzend: einen Brief an den Partner des schwangeren Mädchens schreiben.

Lebenswertes Leben – Leben annehmen statt auswählen

- Verantwortung für das Leben – Theologisieren mit Jugendlichen: 1. Ab wann ist Leben Leben? Mögliche Schülerantworten: Mit der Zeugung, im Mutterleib – wenn man es sieht, mit der Geburt, ...; 2. Ab wann ist Leben lebenswert? Was macht mein Leben lebenswert? Mein Leben ist lebenswert, weil ... Mögliche Schülerantworten: Weil ich mich oft glücklich fühle; weil ich mich geliebt weiß; weil ich Familie und Freunde habe; weil ich eine Aufgabe habe; weil ich (meistens) gesund bin; weil ich »nur« gering in meinen Möglichkeiten begrenzt bin; ... 3. Gibt es überhaupt ein Leben, das es nicht wert ist, gelebt zu werden? 4. Perspektivwechsel: Wie würdest du als ein Mensch mit Behinderung die Frage beantworten, warum dein Leben lebenswert ist? Nenne Gründe dafür, warum du dein Leben und dich als Person als wertvoll erachtest.
- Mit Grenzen erfüllt leben. – Die Lebensgeschichte eines körperbehinderten Spitzensportlers kennenlernen:
  1. Die Schülerinnen und Schüler äußern sich zu der Selbstaussage eines Menschen mit einer Körperbehinderung »Lieber Arm ab als arm dran«, überlegen, mit welchen Möglichkeiten und Grenzen ein Mensch ohne Arme und Hände wohl lebt. Der Frage nachgehen, ob ein Leben ohne Arme und Hände ein erfülltes Leben sein kann.
  2. Die Schülerinnen und Schüler lesen den Text von Rainer Schmidt (**M 13a**), in dem er von seinem Weg zum Tischtennissport erzählt, sehen in einem Youtube-Video (http://www.clipfish.de/video/2245067) wie Rainer Schmidt das Tischtennis-Finale der WM in Athen gewinnt, und vergleichen ihre Eindrücke vom Finalspiel mit dem, was Rainer Schmidt vom Gewinn des Finales in Barcelona (**M 13b**) schildert.
  3. Die Schülerinnen und Schüler lesen Rainer Schmidts »Traum von einer Welt, in der ...« (**M 13c**), gestalten die Visionen des Traums von einer neuen Welt in kontrastiven Bildern, Collagen, Standbildern, Szenen, ... und formulieren fünf Bedingungen für ein gelingendes Zusammenleben von Menschen ohne und mit Behinderung. Als mögliche Ergänzung und Vertiefung: Rainer Schmidt erzählt von einem Schlüsselerlebnis aus seinem Leben (**M 13d**).
- Theologisieren mit Jugendlichen: Ist jeder Mensch ein ›Bild Gottes‹? (1. Mose 1,26 u. 30). Auch ein Mensch mit einer Behinderung? (1. Samuel 16,7)
  – Ist Gott ein Gott mit Behinderungen? Deutungen von Ebenbildlichkeit anhand des Textimpulses Psalm 139,13–16: »Ich danke dir, dass du mich so wunderbar und einzigartig gemacht hast ...« erarbeiten.
  – (**M 14**): Der ausgewählte Psalmvers wird mittels WordArt zu einem Kreis/Halbkreis in der Blattmitte gestaltet, um den Vers herum werden verschiedene Bilder angeordnet: behindertes Kind, ein schwarzes Kind, Paralympics, Schönheitskönigin, Bild einer misslungenen OP, alte Oma,

Popstar, lachendes Kind, Managertyp … Der Psalmtext ist zunächst in der Mitte abgedeckt.

Impulse für PA/Kleingruppenarbeit: Betrachtet die Bilder auf dem Arbeitsblatt. Überlegt euch: Welche der Personen wärt ihr gerne? Welche nicht so gerne – welche auf gar keinen Fall. Begründet eure Wahl/Abwahl; Erwartungshorizont: Schön, reich, gesund, leistungsfähig, … Krank, behindert, auf Hilfe angewiesen, kein schönes Leben, …

- Aufdecken des Psalmtextes: Die Schülerinnen und Schüler lesen den Psalmtext. Impuls: Der Psalmvers gibt jedem Menschen die Zusage, den Zuspruch, dass er von Gott wunderbar gemacht ist. Gilt der Psalmvers für alle Menschen? Und können alle Menschen an die Zusage Gottes glauben? Die Schülerinnen und Schüler überprüfen angesichts der Aussage des Psalmverses ihre Wahl oder Abwahl. Kann diese Zusage Gottes für Menschen in jeder Lebensphase und in verschiedenen Lebenslagen gelten? (Scheidung, Trennung, Krankheit, Arbeitslosigkeit, …).

- Mögliche Weiterarbeit (als HA): Die Schülerinnen und Schüler erhalten den Auftrag, diesen Psalmvers einem Menschen (siehe **M 14**) zu sagen und diesen nach der möglichen Bedeutung des Psalmverses für sein eigenes Leben/seine momentane Lebenssituation zu befragen. Die Schülerinnen und Schüler stellen die Ergebnisse ihrer Befragung vor.

■ UG zu den drei folgenden Frage-Impulsen: 1. Darf der Mensch alles, nur weil es technisch machbar ist? Nennt Begründungen für eure Position? 2. Warum ist alles, was machbar ist, richtig und gut bzw. nicht richtig und nicht gut? 3. Fortschritt mit/oder ohne Verantwortung? 4. Welche Grenzen in der Forschung sollte es geben, die nicht überschritten werden sollten, um den Schutz des Lebens an dessen Beginn zu garantieren? Z.B.: Der Glaube an Gott den Schöpfer bedeutet auch, die Grenzen seiner Geschöpfe anzuerkennen, begrenzter vs. entgrenzter Mensch, …

- Beispiel 1: DVD Plug & Pray – Von Computern und anderen Menschen, Dokumentarfilm von Jens Schanze, Deutschland 2010, 91 Minuten, Matthias-Film. In »Plug & Pray« eröffnet der Regisseur Jens Schanze einen Dialog zwischen den euphorischen Forschern und dem altersweisen Professor über die Frage, worin Menschsein eigentlich besteht. Dieser Dialog mit den Fragen »Wie weit wollen wir gehen? Wann gehen wir zu weit? Und wenn, wer wird uns stoppen?« mündet schließlich in ein eindringliches Plädoyer für Humanität und die Ehrfurcht vor dem natürlichen Mysterium von Leben und Tod.

- Beispiel 2: DVD/Blue-ray »Beim Leben meiner Schwester«, 2009. Der Film erzählt von der elfjährigen Anna Fitzgerald, die nur gezeugt wurde, um ihrer leukämiekranken Schwester Körperteile zu spenden. Doch eines Tages verlangt Anna Selbstbestimmung über ihren eigenen Körper.

Schönheit um jeden Preis? – Schönheitsoperationen, Diätwahn und digitale Bildmanipulation

■ Videoclip 1: Für mehr Schönheit auf den OP-Tisch und/oder hungern? http://www.youtube.com/watch?v=Ei6JvK0W60I. Leitfragengestütztes UG: 1. Wie (mit welchen Mitteln) wird der menschliche Körper im Videoclip verändert? Welchen Titel würdest du dem Film geben?

■ Die Schülerinnen und Schüler sammeln Argumente, die für bzw. gegen Schönheitsoperationen sprechen, diskutieren über die Möglichkeiten und Risiken der Schönheitschirurgie, z.B. Komplikationen und chirurgische Fehler können zu dauerhaften Erkrankungen und Behinderungen führen.

Sie formulieren eine eigene Position zu Schönheits-OPs, Diätwahn und digitaler Bildmanipulation.

Bildbetrachtung: »Wa(h)re Schönheit« (**M 15a**), Einschätzung der Selbstaussagen der beiden Frauen und des Arztes und Nennung weiterer möglicher Bildüberschriften.

- Videoclip 2: Digitale Bildbearbeitung. Das Video zeigt, wie Werbeplakate entstehen und so jungen Frauen Schönheitsideale vorgegaukelt werden! http://www.youtube.com/watch?v=iYhCn0jf46U&feature=player_embedded Leitfragengestütztes UG: 1. Wie wird das Gesicht der jungen Frau im Videoclip verändert? Welchen Titel würdest du dem Film geben?

- Anhand von **M 15b** und **15c** informieren sich die Schülerinnen und Schüler über »Beauty Pressure«, die Sucht nach Schönheit und die Möglichkeiten, Grenzen und Risiken der Schönheitschirurgie.

DVD educativ: Picture Me – Tagebuch eines Topmodels. Dokumentation von Ole Schell und Sara Ziff, USA 2009, 82 Minuten, Matthias Film 2012. Der Filmemacher Ole Schell begleitete die Model-Anfängerin Sara Ziff, seine damalige Freundin, jahrelang beim Aufstieg zum internationalen Topmodel. Sara Ziff und Ole Schell gewähren mit »Picture Me« einen ungeschönten Blick in die Modewelt.

Die Schülerinnen und Schüler können Formen und Aufgaben der Sterbebegleitung, der Palliativmedizin und der Sterbehilfe, die die Würde des Menschen am Lebensende sichern wollen, darstellen	**Über den Umgang mit dem Sterben und dem Lebensende von Menschen** - Bild- und Textimpuls 1: Valentine Gode-Darel auf dem Sterbebett, von Ferdinand Hodler: »Ich habe Angst vor meinen unerträglichen Schmerzen!« Unheilbar krank und leben bis zum Schluss? Was hilft schwer- und unheilbar kranken Menschen? (**M 16a**; siehe auch: www.hospiz-schwerte.blogspot.de → Gode-Darel). – »Oscar und die Dame in Rosa« (Bild-Film/DVD-Impuls): Die Schülerinnen und Schüler betrachten das Bild/Cover zum Film/der DVD oder zum gleichnamigen Buch und formulieren ihre ersten Eindrücke zur Darstellung der (vermuteten) Thematik »Sterben und Tod«. Die DVD zum Buch, das Hörspiel zum Buch oder das Buch als Ganzschriftlektüre empfehlen sich für die Weiterarbeit am Thema. Lehrerkurzinfo zu Buch und Film: Der zehnjährige Oskar ist schwer krebskrank und hat nur noch wenige Tage zu leben. Seine Eltern sagen ihm die bittere Wahrheit nicht, und auch die anderen Erwachsenen flüchten sich nur in Phrasen, wenn er ihnen ernste Fragen stellt. Da trifft er auf die resolute, schrille Pizzalieferantin Rose. Sie soll sich um ihn kümmern, ihm letzten Lebensmut geben. Sie motiviert ihn, Briefe an Gott zu schreiben und sich jeden Tag einen Wunsch zu erfüllen. - Lehrer-Info: Bei der Palliativmedizin handelt es sich um Lebens- und nicht um Sterbehilfe. UG: Was kann die Palliativmedizin – eine lindernd-begleitende und nicht primär heilende Medizin – leisten? Z.B. Linderung von Schmerzen, einfühlsame Zuwendung, ... – Erfahrungsbericht/Experteninterview/Dokumentarfilm /...: Wie stirbt man würdevoll? Ein Tag auf der Palliativstation aus der Sicht eines Krankenpflegers und eines Seelsorgers (z.B. im Marienhospital, im Robert-Bosch-Krankenhaus in Stuttgart und Palliativstationen an weiteren Krankenhäusern). Die Betreuung umfasst die Bereiche medizinische Hilfe und Linderung von konkreten Leiden wie Schmerzen, Übelkeit oder Atemnot sowie die intensive pflegerisch-psychologische Zuwendung in einer tiefgreifenden Lebenskrise.

- Ein Interview mit Sitzwachen, ›grünen Damen‹, Krankenhausseelsorgern vorbereiten (einen Fragenkatalog erstellen), Interview durchführen (im Klassenzimmer oder vor Ort im Krankenhaus) und auswerten.

■ Gesprächsimpuls: Was braucht ein sterbender Mensch, der alles bekommt, was medizinisch-technisch möglich ist, darüber hinaus? Z.B.: menschliche Zuwendung, Begleitung, Verständnis, Trost, Zeit, …

■ Aufgaben und Strategien für die Angehörigen von schwer kranken Menschen benennen und diskutieren, z.B.: Im Gespräch mit Schwerkranken vor allem zuhören und nicht gegen ihre Ängste anreden, sondern ihre Bedürfnisse heraushören und sich mit der eigenen Betroffenheit und Endlichkeit auseinandersetzen, …

■ Recherche-Auftrag/Experteninterview (z.B. mit Hospizmitarbeiter/innen) über ein menschliches Leben vor dem Tod und ein Sterben in Würde im Hospiz (vgl. auch http://www.hospiz.net/). Die Schüler/innen wählen ein Hospiz in ihrer Nähe, informieren sich dort über das Anliegen und die Schwerpunkte der Hospizarbeit (**M 16b**), gestalten ein Informationsplakat, einen Flyer, eine PowerPoint-Präsentation, die Verschriftlichung von durchgeführten Interviews, … und präsentieren ihre Ergebnisse der Klasse.
Ergänzende Recherche: »Ein letzter Tag in Würde« http://www.focus.de/gesundheit/arzt-klinik/reha-pflege/tid-18799/sterbehilfe-ein-letzter-weg-in-wuerde_aid_523231.html von FOCUS-Online-Autorin Nicole Lauscher, 25.06.2010; Wie Dana es wollte http://chrismon.evangelisch.de/artikel/2010/wiedanaeswollte5852; »Hältst du Schmerzen aus? Willst du Schläuche?« http://chrismon.evangelisch.de/artikel/2010/haeltst-du-schmerzen-aus-willst-du-schlaeuche-5751. Wertvolle Materialien bieten auch: W. Schwendemann/M. Stahlmann, Ethik für das Leben – Sterben – Sterbehilfe – Leben mit dem Tod, Stuttgart 2011, S. 103–136 (»Sterben im Hospiz«).

Christliche Patientenverfügung

■ Schülerinnen und Schüler erhalten das Formular einer christlichen Patientenverfügung (in einer gekürzten Version, **M 17**) sowie eine knappe Information darüber, was eine Patientenverfügung ist: Mit einer Patientenverfügung legt eine Person vorsorglich fest, welche Behandlung sie in bestimmten Krankheitssituationen wünscht, in denen sie selbst ihren Willen nicht mehr bilden oder äußern kann. Die Schülerinnen und Schüler werden dann von der Lehrkraft aufgefordert, das Formular zu lesen, auszufüllen und zu unterschreiben. Folgende Schülerreaktionen wären denkbar: 1. Erledigung der Aufgabe, 2. (kritisches) Nachfragen (Was soll der Sch…) und 3. Totalverweigerung. Nach einer bestimmten Zeitspanne bricht die Lehrkraft ab. Arbeitsteilige GA: Die Schülerinnen und Schüler werden gebeten, je nach eigener Reaktion auf den Arbeitsauftrag eine Gruppe zu bilden und in dieser Argumente für die entsprechende Reaktion zu sammeln und im Plenum den anderen vorzustellen und zu erläutern. Mögliches Diskussionsergebnis: Da viele Schülerinnen und Schüler es nach wie vor nicht einsehen, das Formular auszufüllen und zu unterschreiben, fordert die Lehrkraft sie »entnervt« auf, das Formular zu zerreißen und in den Papierkorb zu werfen. Einige kommen dieser Aufforderung gerne nach, andere wiederum weigern sich standhaft.
Die Schülerinnen und Schüler sammeln nun Argumente für oder gegen eine Patientenverfügung (z.B. selbstbestimmtes Sterben, Sterben in Würde, Sterbehilfe, …), stellen diese gegenüber, gewichten und bewerten sie.

Für und Wider Organspende

- Präsentation des Deutschen Organspendeausweises als Folie, Arbeitsblatt,… (**M 18a**) verbunden mit der Fragestellung: Würdest du dich bereit erklären, Organe zu spenden, und den Antrag auf einen Organspendeausweis unterschreiben? Die Schülerinnen und Schüler klären die Fragestellung im Think-Pair-Share Verfahren: Selbstklärung anhand des Fragebogens (**M 18b**), Klärung mit einem Partner und Präsentation der eigenen Stellungnahme in der Klasse.

  In Kleingruppen erarbeiten die Schülerinnen und Schüler je eines der drei Fallbeispiele (**M 18c**), die Stellungnahme der Kirchen zur Organspende (**M 18d**), die Bereitschaft der deutschen Bevölkerung zur Organspende (siehe **M 18d**); außerdem informieren sie sich zum Thema Organspende anhand der Links:

  http://www.transplantation-information.de/;

  http://www.dso.de/; http://www.organspende-info.de/;

  http://www.transplantation-verstehen.de/home/;

  http://fuers-leben.devt3.de/home.html;

  http://www.eurotransplant.org/cms/index.php?page=pat_germany;

  http://fuers-leben.devt3.de/informieren/links/selbsthilfegruppen-und-verbaende.html

  http://www.transplantation-verstehen.de/service/glossar.html;

  http://www.transplantation-verstehen.de/home/ (Etappen, Erfahrungsberichte, Organe, Spezialthemen und Service). Im Plenum stellen die Schülergruppen ihre Fälle und deren Einschätzung auf der Grundlage der erarbeiteten Informationen vor.

Die Schülerinnen und Schüler können darstellen, was neu gelernt wurde	<ul><li>Technische Entwicklungen anhand von Bildern (Folien, PowerPoint, …) benennen sowie Vor- und Nachteile dieser Entwicklungen für Mensch und Schöpfung aufzeigen.</li><li>Selbstgestaltete Technik-Ambivalenz-Bilder: die Ambivalenz technischer Entwicklungen präsentieren, beschreiben und erklären.</li><li>Erarbeitung und Darstellung von Rollenspielszenen, die jeweils unterschiedliche Bereiche technischer Entwicklungen im Jahr 2040 visionär beleuchten. Dabei können positive wie auch kritische Inhalte in der Darstellung zum Ausdruck gebracht werden. Beispiele: Medizin: Glückspille – aber: Wegfall anderer zentraler Emotionen (Wut, Angst, …); Leben ohne Krankheit, Leid und Tod; Haushalt ohne Arbeit; Reisen – unbegrenzt; Leben ohne Arbeit; …</li><li>Die Schülerinnen und Schüler erinnern die im Lied »Dear Mr. President« von Pink genannten Missstände und verfassen einen eigenen Text, in dem sie fünf Forderungen für eine bessere Welt, ein besseres Leben für alle Menschen an »Mr. President« formulieren. Sie tragen ihren Song als Text und/oder Musik der Klasse vor.</li><li>Die Schülerinnen und Schüler stellen in einer Körperübung dar, warum es Menschen verletzen kann, wenn für sie wichtige Grenzen (Nähe – Distanz; Körperverletzungen, Gewalt, Mobbing, …) überschritten werden.</li><li>Schüler und Schülerinnen können eine ethische Problemstellung und die sich daraus ergebende Entscheidungssituation (PDA, Schönheitsoperationen, Schwangerschaftsabbruch, Gentechnik, Palliativmedizin, …) aus verschiedenen Perspektiven (betroffene Hauptperson, Arzt, beste Freundin, Mutter, Religionslehrende, …) darstellen. In einer ersten Sequenz stellen sich die o.g. Personen in ihren Rollen vor und nehmen aus ihrer Position</li></ul>

begründet Stellung zu dem Wunsch der Hauptperson. In einer zweiten Runde kommen alle Beteiligten in ein Gespräch über die zu treffende Entscheidung. Danach befragen alle Schülerinnen und Schüler die am Gespräch bisher Beteiligten nach den Normen und Werten ihrer Entscheidungsoptionen, für die sie votiert haben, z.B.: Gottebenbildlichkeit des Menschen, Geschöpflichkeit des Menschen, Gott schenkt und nimmt Leben, der Mensch ist nicht Gott, Selbstbestimmungsrecht des Menschen, Attraktivität, …

- Schülerinnen und Schüler wählen ihre Lebens-Trumpfkarten aus, stellen diese vor und begründen auf Nachfrage ihre Wahl vor der Klasse.
- Schülerinnen und Schüler können einen biblischen Text wiedergeben und diesen zu einem ausgewählten inhaltlichen Aspekt des Themas in Beziehung setzen.
- Sie können ausgewählte Kriterien der biblisch-christlichen Tradition (christliches Menschenbild, christliche Ethik: Würde des Menschen, Schutz des [ungeborenen] Lebens; christliche Werte: die Zehn Gebote, Dreifachgebot der Liebe, Frieden, Gerechtigkeit, Bewahrung der Schöpfung) benennen, auf Frage- und Problemstellungen (»Über menschliches Leben verfügen«?) beziehen und die sich daraus ergebenden möglichen Handlungsoptionen begründet darstellen.

Fachwissenschaftliche Literatur

Bundeszentrale für politische Bildung (Hg.): Biopolitik im Diskurs, Bonn 2006.

Dabrock, Peter / Klinnert, Lars / Schardien, Stefanie: Menschenwürde und Lebensschutz, Gütersloh 2004.

Damschen, Gregor / Schönecker, Dieter: Der moralische Status menschlicher Embryonen. Pro und contra Spezies-, Kontinuums-, Identitäts- und Potentialitätsargument, Berlin 2002.

Richter, Horst-Eberhard: Der Gotteskomplex. Die Geburt und die Krise des Glaubens an die Allmacht des Menschen, Gießen 2005.

Düwell, Marcus / Stiegleder, Klaus: Bioethik – Eine Einführung, Frankfurt a.M. 2002.

EKD-Papier: Wieviel Wissen tut uns gut? Chancen und Risiken der voraussagenden Medizin, 1997.

Evangelische Medizin- und Bioethik: http://www.ev-medizinethik.de/pages/index.html.

Gebhard, U. / Hößle, C. / Johannsen, F.: Eingriffe in das vorgeburtliche menschliche Leben – Naturwissenschaftliche Grundlagen und ethische Reflektionen, Neukirchen-Vluyn 2005.

Instruktion »Dignitas Personae« über einige Fragen der Bioethik – Dokument der vatikanischen Glaubenskongregation, 8. September 2008. Als pdf-Datei zum Download unter http://www.dbk.de/schriften/verlautbarungen/index.html# oder zum Bestellen unter http://www.dbk.de/shop/warenkorb.php?check_session=1&lang=de.

Jahrespublikation der Zeitschrift EU 10/2002: Humane Genetik?, Thematischer Schwerpunkt: PID.

Körtner, Ulrich: »Lasset uns Menschen machen«. Christliche Anthropologie im biotechnologischen Zeitalter, München 2005.

Napiwotzky, Annedore (Hg.): Was braucht der Mensch am Lebensende? Ethisches Handeln und medizinische Machbarkeit, Stuttgart 2007.

Nationaler Ethikrat (Hg.): Genetische Diagnostik vor und während der Schwangerschaft. Stellungnahme, Berlin 2003.

Literatur und Medien zur Unterrichtsgestaltung

Fachdidaktische Literatur

Bioethik: Themenheft entwurf. Religionspädagogische Mitteilungen Heft 3/2000.

Block, Nelly/Nolting, Constanze: Tabea und Lea – die siamesischen Zwillinge aus Lemgo, Holzgerlingen ³2006.

Bürig-Heinze, Susanne: Mensch macht Mensch. Christliche Ethik und Gentechnologie. Unterrichtsentwürfe und Arbeitshilfen für die Sek II (= Religionsunterricht praktisch Sek II), Göttingen 2005.

Dober, Rolf: Ein Unterrichtsprojekt zum Thema Organspende. http://www.dober.de/ethik-organspende/.

entwurf 3-2000, Bioethik.

Ernst, S./Engel, Ä.: Christliche Ethik konkret. Werkbuch für Schule, Gemeinde und Erwachsenenbildung, München 2001, S. 17–88 und 251–310.

Gross, Werner: Was erlebt ein Kind im Mutterleib? – Ergebnisse und Folgerungen der pränatalen Psychologie, Freiburg i.Br. 2003.

Hauptsache gesund? – Pränataldiagnostik, Themenheft: Religion betrifft uns 3/2004 mit dazu gehöriger CD-ROM (u.a. mit PowerPoint-Präsentation zum Thema), Aachen.

:in Religion: Blueprint, 9/2005.

Lebenswert – Arbeitshilfe zur Bioethik für Gemeinden, Schulen und Erwachsenenbildung, Wuppertal 2004. Hg. von und zu bestellen bei Reformierter Bund, Vogelsangstraße 20, 42109 Wuppertal.

Müller-Kent, Jens: Bioethik – Schöpfer Mensch – 20 Arbeitsblätter mit didaktisch-methodischen Kommentaren, Stuttgart 1999.

Organspende:
http://www.dso.de/infomaterial/unterrichtsmaterialien/main_bottom.html;
http://www.lehrer-online.de/organspende.php?s
id=929000507039464400530850635063570;
http://www.transplantation-verstehen.de/home/; http://www.hospiz.net/

Religion betrifft uns: Hauptsache gesund? Pränataldiagnostik, 3/2004.

Religion betrifft uns: Heilen durch BioTechnik? Machbarkeit und Menschenwürde, 6/2002.

ru 3/2003: Bioethik.

Religion betrifft uns: Bioethik – Regeln für die zweite Schöpfung?, 4/2000.

Schmidt, Rainer: Lieber Arm ab als arm dran. Grenzen haben – erfüllt leben, Gütersloh 2004.

Schwendemann, Wilhelm/Stahlmann, Matthias: Ethik für das Leben, 2. Auflage, Stuttgart 2006.

Schwendemann, Wilhelm/Stahlmann, Matthias: Ethik für das Leben: Neue Aspekte der Biomedizin. Ein Materialheft für die Oberstufe, Schülerheft (64 Seiten) und Lehrermaterial, Stuttgart 2005.

Schwendemann, Wilhelm/Stahlmann, Matthias: Ethik für das Leben: Sterben – Sterbehilfe – Leben mit dem Tod, Stuttgart 2011.

Stanford, Susan: Werde ich morgen weinen? – Das Trauma einer Abtreibung und seine Heilung«, Marburg 2005.

Medien

DVD Plug & Pray – Von Computern und anderen Menschen, Dokumentarfilm von Jens Schanze, Deutschland 2010, 91 Minuten, Matthias-Film, Stuttgart.

DVD Basiswissen: Genforschung und Fortpflanzungsmedizin, kfw 2001, 20 Min., DVD (096)

Der geklonte Mensch, kfw 1998, 27 Min.

DVD Blueprint Blaupause, www.filme.de/film_2004/blueprint/

DVD Skandalon, kfw 2004, Kurzspielfilm, 26 Min.

DVD Das Meer in mir. Katholisches Filmwerk GmbH, Frankfurt, 2004, Laufzeit ca. 121 Min. Oscar-gekröntes Melodram vom spanischen Erfolgsregisseur Alejandro Amenábar (»The Others«, »Open Your Eyes«) über einen authentischen Fall von Sterbehilfe.

DVD Schwanger mit 16, Kurzspielfilm von Gerhard Thiel, 15 Min., Matthias-Film, Stuttgart 1998.

DVD Pränataldiagnostik: Wann ist Leben lebenswert? Dokumentation, 17 Min., 2011.

Auf You tube gibt es einen Videclip zur selben Thematik http://www.youtube.com/watch?v=jLT9OGVnEwY

DVD/Blue-ray »Beim Leben meiner Schwester«, 2009, 109 Min., DVD »Unsere 10 Gebote«

DVD »Wa(h)re Schönheit« – hier: Sequenz: Pink: Stupid Girl

DVD educativ: Picture Me – Tagebuch eines Topmodels. Dokumentation von Ole Schell und Sara Ziff, USA 2009, 82 Minuten, Matthias Film, Stuttgart 2012.

DVD educative »Oskar und die Dame in Rosa«, Belgien 2009, 104 Min., Literaturverfilmung des Buches von Eric-Emmanuel Schmitt: Oskar und die Dame in Rosa, 5. Auflage, Frankfurt a.M. 2010.

Geklonte Zukunft, USA 1998 (nach Aldous Huxleys »Schöne neue Welt«).

Die Insel, USA 2005.

Videoclips – Zwei Videoclips von dove film (dove evolution)

Schönheits-OPs und Diätwahn (1:20 Min.) : http://www.youtube.com/watch?v=Ei6JvK0W60I

Digitale Bildmanipulation (1:15 Min.) http://www.youtube.com/watch?v=iYhCn0jf46U&feature=player_embedded

Menschliches Leben wird durch Technik erleichtert

	Früher	Heute
Mobilität		
Kommunikation		
Haushalt		
Arbeit		
Freizeit		
Medizin		

Technik: Segen oder Fluch?

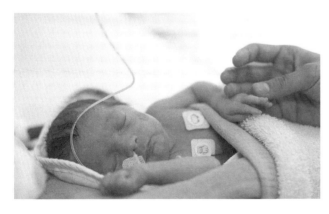 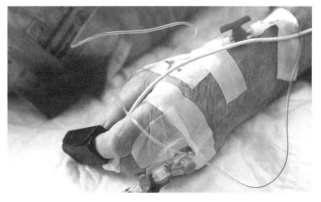

Fotos: links oben ICE von vorne: © picture-alliance / Zentralbild / Wolfgang Thieme; rechts oben ICE verunglückt: © imago / Hans Blossey; Lufthansa Flugzeug: © picture-alliance; Flugzeugabsturz: © dpa / Susan Ebel; Schiff und Matrosen: © dpa-Zentralbild / Bernd Wüstneck; Deutsche Soldaten in Afghanistan: © picture-alliance / AP / Anja Niedringhaus; Kinderintensivstation: © dpa / Jochen Lübke; Intensivmedizin: © dpa-Zentralbild / Jan-Peter Kasper

Vertreibung aus dem Paradies

Vertreibung aus dem Paradies, Giovanni di Paolo (1445)

Sündenfall und Vertreibung aus dem Paradies, Michelangelo Buonarroti (1475–1564)

Vertreibung aus dem Paradies, Benvenuto di Giovanni (ca. 1470). In der Mitte der Erzengel Michael

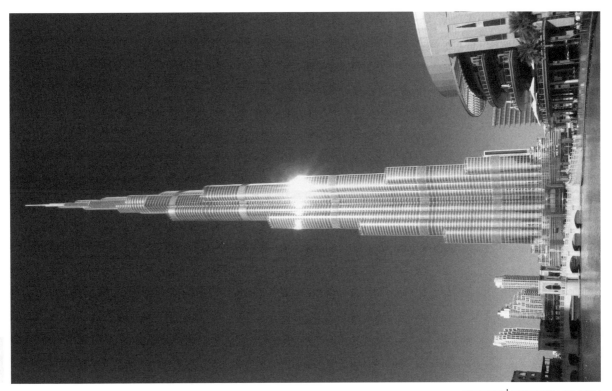

Foto: M. Hermsdorf/pixelio.de

M 3a

Pieter Bruegel: Turmbau zu Babel

Mögliche Fragen:

1. Betrachtet die beiden Bilder und benennt Gemeinsamkeiten und Unterschiede.
2. Lest in der Bibel 1. Mose 11,1–8
3. Findet eine passende Überschrift für das 2. Turmbaubild!
4. An welchem Ort/an welchen Orten könnten heute weitere »Türme« wohl stehen?
5. Was sagt das gescheiterte Projekt »Turmbau« über das Verhältnis Gott – Mensch aus?

Über menschliches Leben verfügen? – Zu Grenzen medizinischen Handelns Stellung nehmen

Grenzen und Folgen des technischen Fortschritts

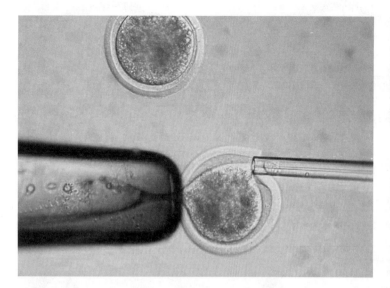
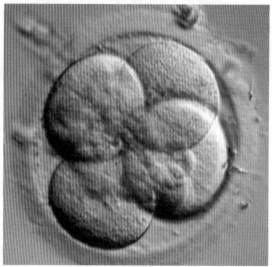

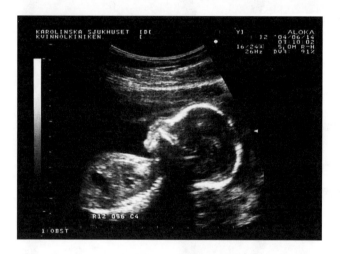
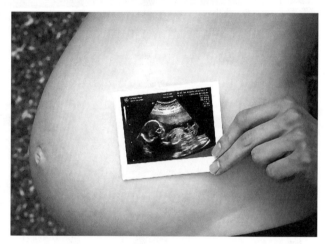

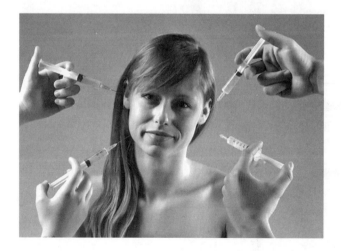

Die Zehn Gebote

1.
Ich bin der Herr, dein Gott. Du sollst keine anderen Götter neben mir haben.

Persönliche Freiheit und Unabhängigkeit

2.
Du sollst den Namen des Herrn, deines Gottes, nicht missbrauchen!

Schutz der Würde Gottes

3.
Du sollst den Feiertag heiligen

Schutz der Sonntagsruhe

4.
Du sollst deinen Vater und deine Mutter ehren

Würde der Eltern und Fürsorge für die alten Eltern

5.
Du sollst nicht töten!

Schutz des Lebens

6.
Du sollst nicht ehebrechen!

Schutz der Partnerschaft

7.
Du sollst nicht stehlen!

Schutz des Eigentums

8.
Du sollst nicht falsch über andere reden!

Schutz der Würde der Person

9.
Begehre nicht deines Nächsten Haus.

Schutz vor Neid, Missgunst und Habsucht

10.
Du sollst nicht begehren deines Nächsten Frau, Knecht, Magd, Rind, Esel, noch alles, was dein Nächster hat.

Schutz von Hab und Gut

Die Sehnsucht zu erkennen

Camille Flammarion, 1888

Aufgaben:

1. Wo schaut der Mensch hin? Was könnte er sehen?
2. Was glaubt er zu sehen – Was reizt ihn wohl daran? Was möchte er sehen?
3. Was verlässt er – lässt er zurück?
4. Warum wendet er sich wohl von der »bisherigen« ihm bekannten Welt ab?
5. Beschreibe und erkläre die Sehnsucht des Menschen, Neues zu entdecken, Neues zu erfahren, nach grenzenloser Freiheit …

Gott will die Menschen behüten, aber den Menschen ist Gottes Garten zu eng

Aus Erde vom Acker hat Gott einen Menschen geformt. Adam nannte er ihn, Erd-Mann, und gab ihm Atem von seinem Atem, damit er lebe. »Du sollst es gut haben«, sprach Gott zu Adam. »Lass uns sehen: Was brauchst du? Leben sollst du, wo es schön ist. Essen sollst du, was dir schmeckt. Schlafen sollst du auf weichem Moos und im Wachen das Nichtstun genießen.«

Gott machte einen Garten für Adam, mit Bäumen und Sträuchern, mit Früchten und Blüten. Ringsum machte er einen Zaun. Denn er wusste, dass draußen auch Dornen wuchsen. Als der Garten fertig war und alles sicher, gemütlich und gut, da rief Gott nach Adam und sagte: »Sieh! Für dich. Dies ist das Paradies. Du hast, was du brauchst, und kannst alles fröhlich genießen. Bleib immer hier drinnen. Dann kann dir nichts Schlimmes geschehen.«

Adam und die Tiere

Und Adam liebte den Garten. Er freute sich seines Lebens und dankte es Gott. Eines Tages aber sah Gott, als er Adam suchte, dass Adams Gesicht traurig war und dass er nicht lachte wie sonst. »Was hast du denn, Adam?«, fragte Gott voller Sorge. »Ich sehe, dass du nicht fröhlich bist.« »Tut mir leid, Gott«, sprach Adam. »Ich weiß, ich sollte mich freuen.

Adam	Gott
Jedoch: Dieser Garten ist mir zu eng. Ich habe schon alles gesehen. Ich habe schon alle Früchte probiert. Ja, wenn ich über den Zaun klettern dürfte ... Da draußen gibt es mehr zu entdecken.«	»Um Himmels Willen!«, rief Gott. »Klettere nicht über den Zaun. Draußen sind Dornen. Du könntest dir wehtun.«

Nein. Sondern ich will dir Freunde machen. Dann kannst du mit ihnen spielen und sehnst dich nicht länger nach draußen.« Aus Erde machte Gott viele Tiere und Vögel in allen Farben und Formen und brachte sie zu Adam und sprach: »Sieh her: deine Freunde. Gib ihnen Namen, ruf sie und spiele mit ihnen.« Adam klatschte in die Hände und rief: »Das ist toll!« Und er freute sich wieder an seinem Leben und dankte es Gott.

Adam und Eva

Eines Tages aber sah Gott, als er Adam suchte, dass Adams Gesicht traurig war und dass er nicht lachte wie sonst. »Was hast du denn, Adam?«, fragte Gott voller Sorge. »Ich sehe, dass du nicht fröhlich bist.«

»Tut mir leid, Gott«, sprach Adam. »Ich weiß, ich sollte mich freuen. Die Tiere sind meine Freunde geworden.

Adam	Gott
Jedoch: Dieser Garten ist eng. Wir haben schon alles gesehen. Wir haben schon alle Früchte probiert. Ja, wenn wir über den Zaun klettern dürften ... Da draußen gibt es mehr zu entdecken.«	»Um Himmels Willen!«, rief Gott. »Klettert nicht über den Zaun. Draußen sind Dornen und wilde Tiere könnten euch fressen.«

Nein, sondern ich schenke dir eine Frau. Dann bist du nie mehr allein und sehnst dich nicht länger nach draußen.« Gott nahm von Adam selbst eine Rippe. Adam hat es nicht gemerkt, denn er hat fest geschlafen. Aus dieser Rippe machte Gott Eva, die Frau, die Adam im Herzen verwandt war. Und er weckte Adam und sagte: »Sieh, das ist Eva. Sei gut zu ihr und achte auf sie. Ich habe sie lieb so wie dich.«

Adam umarmte Eva und küsste sie und sagte: »Jetzt bin ich nie mehr allein.« Und er freute sich wieder an seinem Leben und dankte es Gott.

Adam und Eva verlassen das Paradies

Eines Tages aber sah Adam, als er Eva suchte, dass Evas Gesicht traurig war und dass sie nicht lachte wie sonst. »Was hast du denn, Eva?«, fragte Adam voll Sorge. »Ich sehe, dass du nicht fröhlich bist.« »Tut mir leid, Adam«, sprach Eva. »Ich weiß, ich sollte mich freuen. Wir haben, was wir brauchen. Wir sind nicht allein und ich habe dich lieb.

Eva	Gott
1. Jedoch: Dieser Garten ist zu eng. Ich habe schon alles gesehen. Ich habe schon alle Früchte probiert. Ich bin alle Wege so oft schon gegangen. Ja, wenn wir über den Zaun klettern dürften ... Da draußen gibt es mehr zu entdecken.«	2. »Um Gottes Willen!«, rief Adam. »Gott hat mich immer gewarnt. **Da draußen sind Dornen und wilde Tiere und auch eine Schlange mit giftigem Biss.**«
3. »Es macht mir nichts aus, wenn es weh tut«, sprach Eva. »Aber der Zaun, Adam, der Zaun macht mich krank.«	

Da machte sich Adam eine Axt und schlug den Zaun kurz und klein. Gott schaute zu und sein Herz wurde schwer, aber er sagte kein Wort. »Ihr werdet schon sehen«, dachte er nur. »Wisst ihr denn, was ihr da tut?«

Jenseits von Eden

Stumm sah Gott zu, wie Adam und Eva einander die Hände reichten und mit einem großen Schritt aus dem Garten traten. Sie gingen durch Dornen. Wilde Tiere bedrohten sie. Und die Schlange zischelte ihnen entgegen.

Sie weinten vor Schmerz und fielen vor Müdigkeit um. Sie hatten Hunger. Sie litten Durst. Sie mussten rennen und sich verstecken. Sie verirrten sich oft und manchmal wussten sie nicht mehr weiter. Aber sie wandten sich niemals zurück und machten nur umso größere Schritte.

»Adam, wo bist du?«, rief Gott, als er ihn nicht mehr sah. Da wandte Adam sich um und lachte. »Sieh mal, Gott«, rief er. »Was wir alles können! Dein Garten war gut. Aber hier draußen – da ist es besser.«

»Wir bitten dich aber, Gott«, sprach Eva. »Wie wäre es denn: Kommst du mit?«

Einst schenkte Gott uns das Paradies.
Es war aber ein Zaun drum rum und den ertrugen wir nicht.

Aus: Martina Steinkühler: Von der Schöpfung bis zum Turmbau. Wie alles angefangen hat, © Vandenhoeck & Ruprecht, Göttingen 2008, S. 16–22.

Aufgaben:

1. Beschreibe, wie es im Garten ist und wie es draußen ist:

Im Garten ist es …

- _____

- _____

- _____

Draußen ist es …

- _____

- _____

- _____

2. Erkläre Gott, warum es Adam und Eva im Garten zu eng wurde und sie den Zaun nicht mehr ertragen konnten:

> Lieber Gott, ….

3. Nun hast du die Geschichte von Adam und Eva zweimal gehört:
   Einmal mit dem Bild des Zauns und einmal mit dem Bild eines Baumes mit verbotenen Früchten.

Was haben die beiden Bilder gemeinsam?

> Sie drücken aus, dass …

Fotos: Günther Soral /pixelio.de (Zaun); Marianne J. /pixelio.de (Apfelbaum)

In Babel wird erst eine Stadt und dann ein Turm gebaut

Eine Stadt wird gebaut	**Ein Turm wird gebaut**

Eine Stadt wird gebaut

Die Menschen waren schon zahlreich geworden und zogen umher und suchten ein größeres Land. Weit und offen lag da im Osten die Ebene Babel, fruchtbar und einladend anzuschauen. »Hier wollen wir bleiben«, sagten sie untereinander. Sie konnten sich alle verstehen. »Wir bauen uns eine schöne, feste Stadt mit Häusern, Wegen und einem schützenden Wall.«

Gott sah ihnen zu, als sie zu bauen begannen. Er hörte sie Lieder singen und fröhlich lachen. »Gut«, dachte er, »es freut mich von Herzen, dass sie einander so prächtig verstehen.«

Die Häuser waren bald fertig und sie bauten auch eine Mauer, um sicher in Frieden und in Ruhe zu leben. Dann feierten sie voller Freude und voller Stolz auf ihr Werk.

Gott, in der Ferne, feierte auch. Wie die Menschen stolz waren auf ihre Stadt, so freute sich Gott an den Menschen. »Mein Werk«, sagte er zu sich selbst, »und seht, was sie alles können!«

Ein Turm wird gebaut

Das Fest dauerte viele Tage. Dann war es zu Ende. »Nun können wir's gut sein lassen«, dachten die Menschen, »und leben mit dem, was wir haben.« Doch so sehr sie auch wollten, es gelang ihnen nicht.

»Nun sind wir so gute Baumeister geworden«, sagten sie untereinander. »Sollten wir nicht auch noch Größeres schaffen? So groß, dass es noch bleibt, wenn wir tot sind?«

Und sie beschlossen, einen Turm zu bauen, groß und prächtig und so hoch, dass er bis in den Himmel reichte. »Wir werden berühmt«, sagten sie sich, »überall in Himmel und Erde.«

Den Turm zu bauen war schwer. Es kostete unsagbar viel Kraft und machte entsetzlich viel Mühe. Sie schufteten Tag und Nacht, aber sie wurden und wurden nicht fertig.

Gott sah ihnen zu, als sie den Turm bauten, höher und höher hinauf und bis zu den Wolken. Er hörte sie keine Lieder mehr singen. Sie stöhnten stattdessen, schimpften und fluchten. »Meine Güte«, dachte er. »Wenn das nur gut geht. Wenn sie nur nicht vor lauter Eifer vergessen, dass ihre Kraft nicht für alles reicht! Wenn sie nur die Geduld nicht verlieren!«

Und Gott hatte Recht. Der Turm wuchs. Aber so wie der Turm wuchs auch die Ungeduld unter den Menschen. »Du Faulpelz«, sagte der eine zum anderen. »Nichtstuer. Schlafmütze. Dummkopf.«

So kam es, dass niemand mehr hörte, wenn einer was sagte. Wer will schon hören, dass er faul ist und dumm? Dann sagte auch keiner mehr was. Wer will denn reden, wenn keiner mehr hört?

Am Ende waren sie stumm und auch taub. Sie verstanden nicht mehr den Sinn, weder der Stadt noch des Turms. Einer nach dem anderen packte und ging.

»Schade«, sagte Gott. »Sie haben es nicht verstanden. Jetzt ziehen sie weiter, doch jeder für sich. Und kehren erst um, wenn sie an Grenzen stoßen, später, am anderen Ende der Welt.«

Die Geschichte vom Frosch	**Zur Geschichte vom Turmbau**

Die Geschichte vom Frosch

Einmal begegnete ein Frosch einem Ochsen. Und er sah, wie groß und wie stark der Ochse war. Und er dachte: Das kann ich auch. Er atmete tief ein. Seine Brust schwoll an. Sein Leib schwoll an. Er wurde dicker und dicker. »Siehst du«, wollte er gerade zu dem Ochsen sagen. »Jetzt bin ich so groß wie du.« Aber er hielt lieber den Mund. Denn er sah, dass es nicht stimmte. Außerdem musste er den Atem anhalten. Er atmete noch tiefer ein. Und er wurde noch dicker. Wieder sah er den Ochsen an. Und noch immer war der Ochse größer. Da atmete unser Frosch ein drittes Mal tief ein. Und dann? Ja, dann ist er leider geplatzt …

Zur Geschichte vom Turmbau

Da liegt ein Turm in Trümmern. Er muss einmal gewaltig hoch gewesen sein, prächtig und stark. Da liegt er nun. Eingestürzt? Abgebrochen? War es dein Wille, Gott? Passt es dir nicht, wenn wir bauen? – Hör zu, sagt der zweite Erzähler der Bibel, man kann es auch übertreiben. Höher als hoch macht schwindlig, und wer schwindlig ist, dreht sich bloß um sich selbst.

Aus: Martina Steinkühler: Von der Schöpfung bis zum Turmbau. Wie alles angefangen hat, © Vandenhoeck & Ruprecht, Göttingen 2008, S. 42–44.

Aufgaben:

Vergleiche die Geschichte vom Frosch mit der Geschichte vom Turmbau und erkläre, was die beiden Geschichten miteinander zu tun haben.

Lebensfrüchte, die mir wichtig sind

Die Versuchung Jesu

Annegert Fuchshuber, Versuchung Jesu in der Wüste; © Verlag Ernst Kaufmann, Lahr

Aufgaben:

1. Beschreibt die Situation und Stimmung des Bildes.
2. Malt Denk- und Sprechblasen in das Bild hinein und was die beiden Männer denken und sagen könnten.
3. Wer ist die zweite Person hinter der Hauptperson? – Freund, Weggefährte, Jünger, Gewissen, Schatten, Zwillingsbruder, Teil von ihm, …? – Sprecht erst zu zweit, dann zu viert darüber und einigt euch auf eine Lösung.
4. Gebt dem Bild eine passende Überschrift.
5. Vergleicht die beiden Versuchungsbilder und beschreibt Gemeinsamkeiten und Unterschiede.

Die Versuchung Jesu

I. Einmal sagte der Sohn zu Gott, seinem Vater: »Ich will mit göttlicher Macht zu den Menschen gehen und will ihnen helfen.« Der Vater dachte lange nach. »Gut«, sagte er dann. »Geh zu den Menschen und nimm unsere Macht mit. Du kannst damit viel Gutes tun.« Der Sohn nickte und machte sich bereit.

Der Vater aber sprach: »Hör zu, mein Sohn: Du musst mir ein Versprechen geben.« »Alles, was du willst«, versprach der Sohn. »Du musst auf unsere Macht gut Acht geben«, sagte der Vater. »Dass sie dir nicht verdirbt.«

»Aber Vater«, rief der Sohn. »Wie kann denn göttliche Macht verderben?« Der Vater war sehr ernst geworden. »Wenn du sie falsch gebrauchst.« »Falsch, Vater?«, fragte der Sohn. »Gebrauche sie für die Menschen, mein Sohn«, sagte der Vater. »Aber niemals für dich selbst.« »Gut, Vater«, sprach der Sohn. »Das will ich beachten.«

II. Gott, der Vater, sah seinem Sohn nach, als er zu den Menschen ging. Er gab ihm göttliche Macht mit und begleitete ihn mit seinem guten Geist. Es heißt, er habe den Himmel geöffnet und laut gerufen: »Dies ist mein lieber Sohn. Er tut meinen Willen. Verlasst euch auf ihn.«

III. Einer aber, der es böse meinte, hatte das Gespräch mit angehört. »Das wollen wir doch mal sehen«, sprach er zu sich, »ob dieser Sohn sein Versprechen halten kann. Was, wenn er in Not wäre? Was, wenn ich ihn lockte?« Er lachte vor Schadenfreude, als er sich überlegte, wie er Gottes Sohn versuchen könnte …

IV. Zuerst ging der Sohn in die Wüste. Er sagte sich: Da ist es still und einsam. Da will ich mich auf die Menschen vorbereiten. Und wirklich:

In der Wüste war es sehr einsam. Kein Mensch war da. Niemand.

Und der Sohn merkte, dass er vergessen hatte, sich Brot mitzunehmen. Da rieb sich der Versucher die Hände. »Jetzt wird es sich zeigen!«, rief er.

Er ging zu dem Sohn und lächelte. »Hast du denn gar keinen Hunger?«, fragte er. Der Sohn antwortete nicht. »Sieh doch, da sind Steine«, sprach der Versucher. »Mach dir Brot aus den Steinen. Mach schon. Die göttliche Macht wird dir helfen!« Aber der Sohn dachte an sein Versprechen. Und schüttelte den Kopf.

V. Dann ging der Sohn zu den Menschen. Er sagte sich: Ich will ihnen helfen. Mit göttlicher Macht will ich sie heilen. Sie können sich auf mich verlassen. Und wirklich: Es gab viele, die er heilen konnte. Andere aber sagten: »Er macht euch bloß was vor. Ihr könnt euch nicht auf ihn verlassen.« Da rieb sich der Versucher wieder die Hände. »Jetzt wird es sich zeigen!«, rief er. Er ging zu dem Sohn und lachte. »Hast du denn gar keinen Stolz?«, fragte er. Der Sohn antwortete nicht. »Sieh doch, da oben, das Dach des Tempels«, sprach der Versucher. »Steig hinauf und ruf den Leuten zu: Seht, was ich machen kann! – Dann spring hinunter. Die göttliche Macht fängt dich auf.« Aber der Sohn dachte an sein Versprechen und schüttelte den Kopf.

VI. Der Sohn wanderte im Land umher und suchte Kranke und Verlorene. Er sagte sich: Die, die nicht kommen können, muss ich suchen. Und die, die verloren sind, muss ich finden. Und wirklich: Es gab viele auf den Straßen und in den Häusern, die auf Hilfe warteten. Aber die Wege waren weit. Staubig und mühsam. Und manchmal, wenn er klopfte, stand er vor verschlossenen Türen. Nicht überall ist so ein Wanderer willkommen.

Da klatschte der Versucher in die Hände. »Jetzt aber!«, rief er grimmig.

Er trat dem Sohn in den Weg und brachte ihm eine Krone. »Ist Gottes Sohn nicht willkommen bei den Menschen?«, fragte er. »Sieh, diese Krone öffnet alle Türen. Komm, nimm sie dir aus meinen Händen!« »Lieber sterbe ich«, sprach der Sohn.

Und ging weiter auf seinem mühsamen, staubigen Weg.

© Martina Steinkühler

Von der Verführbarkeit des Menschen

Was ist der Mensch? Wie bestimmen wir das Wesen des Menschen? Wie sieht das christliche Menschenbild aus? Diese Fragen haben mich, haben uns, haben unsere Kirche wie unsere Gesellschaft in den letzten Monaten und auch gestern intensiv umgetrieben. Natürlich könnten wir kurz und knapp antworten: Der Mensch besteht aus Fett, Zucker und zu 75 Prozent aus Wasser. Oder: Ein durchschnittlicher Europäer oder eine Europäerin verbringt in 75 Lebensjahren 3½ Jahre mit Essen, 12 vor dem Fernseher und produziert in dieser Zeit 40 000 Liter Urin. Oder wir definieren emotional: Der Mensch ist ein Wunder wie das Kind, das gerade geboren wurde. […]

Was ist der Mensch? Aus christlicher Perspektive gibt es dazu einiges beizutragen. Im hebräischen Teil der Bibel finden wir die Rede von der Ebenbildlichkeit des Menschen mit dem Schöpfer. […]

Da ist zum einen der Schöpfungsbericht: »Und Gott schuf den Menschen zu seinem Bilde, zum Bilde Gottes schuf er ihn.« (1. Mose 1,27). […] In der Theologie ist die in der Schöpfungsgeschichte verankerte Gottebenbildlichkeit die Voraussetzung dafür, dass Gott und Mensch in Beziehung treten können. Ja, Gott hat den Menschen geschaffen, weil Gott Beziehung sucht und wünscht. […]

Aber: Gerade wir wissen, dass Menschen fehlbare Wesen sind. Das christliche Menschenbild ist ja ein sehr realistisches! Der Mensch neigt zur Gewalt, das wissen wir seit Kain und Abel. Er möchte ständig selbst Gott sein, das wissen wir seit dem Turmbau zu Babel. Und er ist verführbar, das wissen wir nun wirklich seit Adam und Eva. Deshalb versagen Menschen immer wieder daran, das Ebenbild Gottes in jedem Menschen zu sehen. Und auch die Kirche hat in dieser Frage in ihrer Geschichte immer wieder versagt. Vielleicht ist deshalb das Ringen um Pro und Contra in Sachen Gentechnologie auch so heftig; wir wollen nicht in Versuchung geraten, Leben preiszugeben. Dieses Ringen gehört nun wahrhaftig zum Protestantismus. […] Der Streit um die Wahrheit ist Teil unserer Kirche, es gibt kein definitives Lehramt, das die Antworten vorgibt. […]

Mit Blick auf das christliche Menschenbild ist gerade jene Verführbarkeit von entscheidender Bedeutung. Der Mensch möchte gern selbst Gott sein. Immer wieder ist diese Versuchung in der Bibel thematisiert. Gerade weil Gott ihn zum eigenen Bilde geschaffen hat, will der Mensch selbst zum Schöpfer werden. Ob hier auch die große Dynamik der Gentechnologie liegt: heilen können, den Tod endgültig überwinden, ja den Menschen (neu) schaffen? […]

Embryonen besitzen, Leben sozusagen in der Tasche bzw. tiefgefroren im Gefrierschrank haben, das ist Macht. Krankheiten besiegen, vom Leiden und vielleicht vom Tod erlösen, das ist tatsächlich dann wohl eine ganz andere Form der Gottebenbildlichkeit, nämlich das Sein-Wollen wie Gott. Hierin liegt eine ungeheure Dynamik und Verführbarkeit, die vielen Menschen Angst und Hoffnung zugleich macht. […]

1. Die erste Verführung liegt also darin, den Menschen freizugeben für die Forschung, am werdenden Menschen »verbrauchend« – welch ein Begriff! – zu forschen und damit die Gottebenbildlichkeit des Menschen anzutasten.
2. Eine zweite Verführbarkeit liegt darin, sich selbst zum Schöpfer des Lebens zu machen, nicht gottebenbildlich, sondern gottgleich.
3. Die dritte Verführung liegt darin zu glauben, Leiden und Tod überwinden zu können, die wir als Christinnen und Christen als Teil des Lebens sehen, so sehr wir um Heilung und Heilsein ringen.
4. Und die vierte Verführung, die sehe ich darin, dass wir den perfekten Menschen schaffen wollen. Den Menschen, der nicht nach Gottes Bild geschaffen ist, sondern den Menschen, den wir nach unserem Bilde schaffen, nach unseren Idealbildern nämlich.

Margot Käßmann

Andacht von Dr. Margot Käßmann auf dem Bioethik-Kongress der EKD in Berlin am 29. Januar 2002: http://www.ekd.de/predigten/kaessmann/7234.html (gekürzt).

Lieber Gott, nimm es hin,
dass ich was Besond'res bin.
Und gib ruhig einmal zu,
dass ich klüger bin als du.
Preise künftig meinen Namen,
denn sonst setzt es etwas.
Amen.

Robert Gernhardt

Ich bin der Herr dein Gott. Du sollst keine anderen Götter neben mir haben!

Meine Nummer 1

Fotos von links nach rechts: Joachim Kirchner/pixelio.de; La Liana/pixelio.de; Rainer Sturm/pixelio.de; Andreas Hermsdorf/pixelio.de; MSB Music Group/pixelio.de; Konstantin Gastmann/pixelio.de; Konstantin Gastmann/pixelio.de

MEINE NR. 1

HANDY

MEINE NR. 1

MUSIK

MEINE NR. 1

FUSSBALL

MEINE NR. 1

GELD

MEINE NR. 1

STYLE

MEINE NR. 1

AUSSEHEN

MEINE NR. 1

KARIERRE

MEINE NR. 1

MEINE NR. 1

Meine Nummer 1

MEINE NR. 1	MEINE NR. 1	MEINE NR. 1

MIT ANDEREN ZUSAMMEN SEIN	EINANDER HELFEN	FREUNDSCHAFT

MEINE NR. 1	MEINE NR. 1	MEINE NR. 1

MEINE NR. 1	MEINE NR. 1	MEINE NR. 1

**Die eigenen Lebensentwurf-Karten
dem Dreifachgebot der Liebe zuordnen**

SELBST-LIEBE	NÄCHSTEN-LIEBE	GOTTES-LIEBE
ICH	DU/WIR	GOTT

Über menschliches Leben verfügen? – Zu Grenzen medizinischen Handelns Stellung nehmen

Arme, reiche Lottogewinner

Was verändert sich, wenn man plötzlich von einem auf den anderen Tag reich wird? Kann man seine Träume verwirklichen oder verliert man plötzlich das aus den Augen, was einem mal wichtig war? Eines ist jedenfalls klar: nach einem hohen Lottogewinn wird sich dein Leben verändern. Jedoch, ob es ein Glücksfall war oder ob sich dein Leben verschlechtern wird, liegt daran, wie man mit dem plötzlichen Gewinn von so viel Geld umgeht.

Der berühmteste Lottogewinner in Deutschland ist der ehemalige Gabelstaplermonteur Karl König aus Hamburg. 1995 gewann er 42 Millionen Mark im Lotto. Mit dem Geld erfüllte er sich zunächst seinen Traum, Musiker zu werden, und gründete eine Band. Heute kennt ihn in Deutschland jeder unter seinem Künstlernamen »Lotto King Karl«. Mit seiner Band hat er bis heute bereits mehrere Platten herausgebracht und ist sowohl als Stadionsprecher beim HSV als auch als Kommentator oder Co-Moderator im deutschen Fernsehen tätig.

Ganz anders erging es einem Parkettverleger, der 1994 einen Gewinn von 1,9 Millionen Mark beim Lottospielen erzielte. Der arme Mann vertraute den falschen Beratern und setzte den größten Teil seines neuen Vermögens mit der Investition in wertlose Immobilien in den Sand. Und noch schlimmer kam es für den armen Mann, als er mit dem kläglichen Rest seines Lottogewinnes eine Firma kaufte, mit der er leider nach ein paar Wochen bereits Pleite ging. So leicht kann man seinen erzielten Lottogewinn innerhalb kürzester Zeit wieder verspielen.

Es gibt so viele Geschichten über Lottogewinner und Verlierer, …

Auszug aus: http://www.6-aus-49.com/news/1917-arme-reiche-lottogewinner.html Abruf: 04.03.2011

Britische Retortenbabys feiern Geburtstag
Louise Brown, das erste durch künstliche Befruchtung gezeugte Kind, ist 25 Jahre alt

LONDON (AP). Louise Brown, das erste Retortenbaby der Geschichte, hat am Samstag mit einer großen Party ihren 25. Geburtstag gefeiert. Zum Fest haben sich mehr als 1000 künstlich gezeugte Menschen eingefunden.

Das Fest fand in der Klinik Bourn Hall in der Nähe von Cambridge statt. Die Ärzte Robert Edwards und Patrick Steptoe hatten diese Zeugungsklinik zwei Jahre nach der Geburt von Louise gegründet. Ihre neue Methode, einen außerhalb des Körpers künstlich befruchteten Embryo in die Gebärmutter einzupflanzen, machte zahlreichen Paaren ihren Kinderwunsch möglich und war seinerzeit eine Revolution der Fruchtbarkeitsmedizin. Inzwischen sind weltweit etwa 1 Million bis 1,5 Millionen Babys durch künstliche Befruchtung gezeugt worden.

»Verrückt«, sagte Louise, die am 25. Juli 1978 in Oldham bei Manchester zur Welt kam und mittlerweile als Postangestellte arbeitet. »Ich bin ganz ergriffen.« Louise, die als öffentlichkeitsscheu gilt, sagte, sie gebe nicht gern Interviews und habe auch diesmal nichts Aufregendes zu erzählen. Aber auf diesen Tag habe sie sich sehr gefreut: »Es ist so schön, heute hier zu sein und all die anderen Retortenbabys zu sehen.«

Edwards – sein Kollege Steptoe starb bereits 1988 – zeigte sich bei einer gemeinsamen Pressekonferenz mit »seinen« Kindern Louise Brown und Alastair Macdonald, dem zweiten Invitro-Baby, zufrieden. »Wenn ich mal sehr eigennützig sein darf: Ich freue mich sehr, dass dieselbe Technik auf der ganzen Welt angewandt wird.« Die Chance, mit Hilfe künstlicher Befruchtung ein Kind zu bekommen, ist inzwischen im Schnitt genauso groß wie auf natürlichem Wege, allerdings ist die In-vitro-Methode kostspielig.

Und nur 20 Prozent der Embryonen – ob natürlich gezeugt oder später in die Gebärmutter eingepflanzt – entwickelten sich zu einem lebensfähigen Menschen, erklärte Edwards. Er machte auf die »frustrierenden« Grenzen der künstlichen Befruchtung aufmerksam: »Wir müssen unbedingt weiter Embryonenforschung betreiben«, sagte er. Ziel sei, zu verstehen, wie die Embryonen in der Anfangsphase wüchsen.

Lesley Brown, die Mutter des Jubiläumsbabys, ist sich ihrer Pionierrolle bewusst. »Ich hatte von Beginn an volles Vertrauen in die bahnbrechende Methode von Edwards und Steptoe. Wenn man eine ganze Reihe von Sachen ausprobiert hat, ohne dass etwas funktioniert, und jemand kommt mit einer neuen

Chance, dann greift man mit beiden Händen zu.« Die erste Erfahrung habe ihr Vertrauen bestätigt: Ihre zweite Tochter Nathalie wurde als 40. Retortenbaby ebenfalls künstlich gezeugt.

Vor 25 Jahren war es eine Sensation: Ein Baby, das außerhalb des Mutterleibes gezeugt worden war. Ein Vierteljahrhundert später leben allein in der Bundesrepublik ungefähr 100.000 Menschen, die nie geboren worden wären, gäbe es die medizinische Technik der sogenannten In-Vitro-Fertilisation nicht. Dabei werden das Ei der Mutter und der Samen des Vaters in einer Schale zusammengebracht. Das befruchtete Ei wird dann in die Gebärmutter eingesetzt und das Kind kommt nach einer normalen Schwangerschaft zur Welt. Das Verfahren verhilft also Eltern zu einem Kind, die ohne diesen Eingriff niemals Mutter und Vater werden könnten. Eigentlich eine schöne und gute Sache.

Der englische Reproduktionsmediziner Professor Robert Edwards, der »Geburtshelfer« des ersten Retortenbabys Louise Brown, bestätigt indes im Nachhinein die Befürchtungen, die christliche Ethiker schon 1978 geäußert hatten. »Seit sich die künstliche Befruchtung ausgebreitet hat, ist sie zum pharmazeutischen Unfug verkommen«, sagt Edwards heute. Er habe nicht voraussehen können, dass Frauen gegen satte Honorare als »Leihmütter« die Kinder anderer Eltern austragen – eine in den USA durch kein Gesetz behinderte Praxis. In Deutschland und den meisten europäischen Ländern ist sie Gott sei Dank verboten. »Ich habe einen Geist aus der Flasche gelassen, dem wir nicht mehr Herr werden«, bekennt Edwards angesichts der Praxis, gleich mehrere Eier zu befruchten und dann den Embryo auszuwählen, dessen Erbanlagen den Wünschen der Eltern entsprechen. Von »Kannibalismus« spricht der Wissenschaftler gar, wenn Embryonen nur deshalb gezeugt werden, um aus ihren Stammzellen Transplantate für erkrankte Geschwister zu gewinnen.

Vorerst letzte Stufe dieser Entwicklung: In den USA untersuchen Forscher, ob es möglich ist, die Eizellen abgetriebener Mädchen für künstliche Befruchtungen zu nutzen. Die biologische Mutter eines so gezeugten Kindes wäre also nie geboren.

Doktor Frankensteins Gruselkabinett wird angesichts solcher Visionen zur Wellness-Oase. Und die Gestalt von Professor Edwards wird zur tragischen Figur – so wie jener Chemiker Alfred Nobel, der durch die Erfindung des Dynamits eigentlich nur den Steinbrucharbeitern den Umgang mit dem hochgefährlichen Nitroglyzerin ersparen wollte – und mit seinem neuen Sprengstoff ohne es zu wollen die Materialschlachten des Ersten Weltkrieges ermöglichte.

Edwards und Nobel – zwei prominente Beispiele für denselben Tatbestand: Wissenschaft darf nicht betrieben werden, ohne über die ethischen Konsequenzen nachzudenken. Wir dürfen nicht alles, was wir können. Aus gutem Grund steht das auf den ersten Seiten der Bibel. Im Paradies gibt es einen Baum, von dem die Menschen nach Gottes Willen die Finger zu lassen haben: den Baum der Erkenntnis. Natürlich heißt das nicht, dass wir dumm zu bleiben haben. Menschlicher Forschergeist ist ohne Zweifel ein Gottesgeschenk. Denn er hat die Möglichkeiten geschaffen, menschheitsbedrohende Seuchen auszurotten. Und wir sind theoretisch in der Lage, die gesamte Menschheit ausreichend zu ernähren.

Allerdings sind wir praktisch in der Lage, uns selber auszurotten. Immer lauter werden angesichts solcher Perspektiven die Forderungen nach einer »Weltethik«, die die moralischen Maximen aller Religionen vereint – quasi ein moralischer Grundkonsens, der für alle Menschen verbindlich sein soll. Aber eine solche Ethik kann und wird es nicht geben. Solange es eine Religion gibt, die »Heilige Kriege« legitimiert, solange es Zyniker und Pseudo-Apokalyptiker gibt, die mit Inbrunst auf den »großen Knall« warten und sogar darauf hinarbeiten, ist die »Weltethik« eine Fata Morgana.

Kein Trugbild hingegen ist die Aussage von Jesus: »Ich bin der Weg, die Wahrheit und das Leben.« Dieser Satz gilt auch und gerade für alle, die durch ihre Forschungsarbeit das menschliche Wissen und Können in ungeahnte Dimensionen vorantreiben. Dieser Satz stellt auch die Wissenschaft unter den Anspruch Jesu. Wer forscht, muss wissen: Er tut es im Angesicht Gottes. Gott wird auch darüber das Urteil in letzter Instanz fällen.

Und über all dem steht dann die gewaltige Zusage von Jesus: »Ich bin bei Euch alle Tage bis an der Welt Ende.« Dieser letzte Satz des Matthäusevangeliums bietet allein die Gewähr dafür, dass für diese Schöpfung nicht »Matthäi am letzten« ist.

Aus: Stuttgarter Zeitung vom 28. Juli 2003;
© AP Associated Press

M 11b   **Mensch nach Maß**

Schwangerschaft

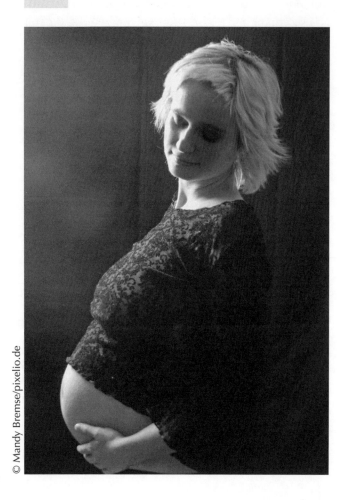

Ich bin schwanger und wünsche mir für mein Kind:

_____

Wie lässt es sich feststellen, ob mein Kind gesund zur Welt kommen wird?

Blick in den Mutterleib   Pränataldiagnostik

Ultraschalluntersuchung   Fruchtwasseruntersuchung

Diagnose:
Mein Kind wird mit einer Behinderung oder Krankheit auf die Welt kommen. Zu dieser Diagnose mache ich mir folgende Gedanken:

_____

_____

und fühle mich

_____

Schwangerschaftskonflikt – Dilemma:

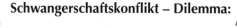

Ich behalte mein Kind und bringe es mit einer Behinderung oder einer Krankheit zur Welt.

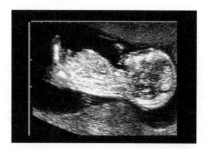

Ich möchte mein Kind abtreiben. Mit einer Spritze in sein Herz wird es getötet und ich werde mein Kind tot zur Welt bringen.

Entscheidung – Was lässt mein Gewissen zu?
Soll ich mich für oder gegen mein Kind entscheiden?

Ich entscheide mich für mein Kind, weil ...	Ich entscheide mich gegen mein Kind, weil ...

Leben mit einem toten Kind

© Werner Kuhnle

Abtreibungen in der späten Schwangerschaft

Eine Mutter hat nur wissen wollen, ob es ihrem ungeborenen Kind gutgeht. Doch am Ende eines Untersuchungsmarathons musste sie sich gegen ihr Baby entscheiden. Seit dem Spätabbruch kämpft sie mit Schuldgefühlen – und beklagt die Missachtung ihres Patientenrechts.

Für den kleinen Frank (alle Namen geändert) ist die Sache nicht sehr kompliziert. Er hat zwei Brüder und eine Schwester. Aber die lebt nicht mehr, weil sie nicht atmen konnte. So haben ihm das seine Eltern erklärt. In der Welt des Achtjährigen gibt es keine Schuldgefühle. Für ihn ist der 14. Februar kein besonderer Tag. Er weiß nicht, dass seine Mutter an diesem Wintertag vor drei Jahren vor der »schlimmsten Entscheidung ihres Lebens« stand. Und morgen werden Franks Eltern wieder in der Kapelle des Krankenhauses sitzen, in dem die dritte Schwangerschaft der Mutter in der 20. Woche abrupt endete. Auf der Basis einer medizinischen Indikation ist ein solcher Eingriff nach der zwölften Woche möglich, wenn eine Gefahr für das Leben der Mutter oder ihre seelische Gesundheit besteht. Die Statistik zählt 200 solcher Eingriffe pro Jahr.

In der Politik besteht der Wunsch, diese sogenannten Spätabbrüche neu zu regeln. Mit dem Ziel, deren Zahl zu senken. Von einer Beratungspflicht bis hin zur Geldstrafe bei Missachtung durch den behandelnden Frauenarzt und einer generellen Beratung schon vor der pränatalen Diagnostik bewegen sich die unterschiedlichen Entwürfe. Wie wichtig eine Beratung zum richtigen Zeitpunkt sein kann, zeigt Annette Wenzels Geschichte. Doch sie verdeutlicht auch, dass es keinen Königsweg aus dem Gefühlschaos gibt, das entsteht, wenn das Wunschkind allen medizinischen Prognosen nach nicht gesund auf die Welt kommen wird.

Annette Wenzel ist beileibe keine Frau, die der Alltag schnell aus der Bahn wirft. Sie versorgt gemeinsam mit ihrem Ehemann drei Kinder, hat gerade wieder angefangen, Teilzeit zu arbeiten. Das ist ein Balanceakt, bei dem man nicht die Nerven verlieren darf und den sie täglich besteht. Wo sie im Leben steht, das war der dreifachen Mutter klar. Im Zweifel auf der Seite der Kinder. Denn Annette Wenzel hat sich bewusst für eine große Familie entschieden. Sie weiß, dass Kinder neben Freude auch jede Menge Sorgen bereiten. An diesem Tag vor drei Jahren verschoben sich für sie jedoch die Maßstäbe ihres moralischen Handelns. »Ich habe immer geglaubt zu wissen, was gut und was böse ist.« Doch diese Gewissheit hat sie verloren.

An diesem Tag nämlich sollte sie endgültig in den vorzeitigen Tod ihres ungeborenen Kindes einwilligen. Denn diesem Wunschkind hatte eine von seiner Mutter gar nicht erwünschte Vorsorgeuntersuchung und die sich daraus ergebende Diagnostik eine überaus seltene Chromosomenabnormität bescheinigt. Dieses Kind wich von der Norm ab, wie sehr – das konnte Annette Wenzel jedoch niemand genau sagen. Bis zur letzten Minute war sie unentschieden, hatte den mit der Klinik vereinbarten Termin nicht als Zeichen einer definitiven Entscheidung gegen die ungeborene Tochter gesehen. Ihr Körper lief Amok an diesem Tag, der Kreislauf spielte verrückt. Im Grunde war sie nicht geschäftsfähig. »Es waren nicht nur die bösen Ärzte«, wehrt sie vorschnelle Schuldzuweisungen ab. »Ich war auch Täterin«, sagt sie. Das klingt sehr moralisch, bringt aber zum Ausdruck, dass sie in dieser Phase eigenen Ansprüchen nicht gerecht werden konnte.

Verwandte üben Druck aus

»Das war eine Grenzerfahrung, die Übertretung einer Schwelle«, sagt sie heute. Die Zeit hat die Wunden nicht geheilt. Der Schmerz ist geblieben. Er wird nur erträglicher, indem sie erzählt und damit vielleicht anderen hilft, denn es gibt Lücken im System. Niemand schickte Annette Wenzel vor dem Eingriff in eine psychosoziale Beratungsstelle mit Schwerpunkt Pränataldiagnostik wie die PUA-Stelle des Diakonischen Werks in Stuttgart für pränatale Untersuchung und Aufklärung. Niemand kam auf die Idee, ihr Informationen zum Leben mit einem behinderten Kind zu geben, keiner schaltete einen Kinderarzt ein oder breitete die Palette der Hilfsangebote vor ihr aus. Und niemand sagte ihr den Satz, den sie als große Beruhigung empfunden hätte: »Sie sind nicht in Lebensgefahr, wenn Sie dieses wahrscheinlich wenig lebensfähige Kind austragen.«

Alle Informationen zielten darauf ab, das Leben ihres Kindes noch im Mutterleib zu beenden. Es gab keine Strukturen, die die Schwangere aufgefangen hätten. Sie war auf Informationen angewiesen, die sie im Internet und bei einer Elterninitiative erhielt und mit ihrem Mann besprach. Aber auch den hatte die Diagnose aus der Bahn geworfen.

Annette Wenzel hatte an diesem Tag im Februar einen dreiwöchigen Kampf mit sich selbst hinter sich, in dem sie sich immer fragte: »Was hat dieses Kind vom Leben?« Viele hatten auf sie eingeredet, enge Verwandte hatten versucht, sie unter Druck zu setzen. »Das kannst du uns nicht antun«, hielten sie ihr entgegen und meinten das Leben mit einem behinderten Kind. Man warf Annette Wenzel Egoismus vor. »Ich war die einzige Anwältin meines Kindes.«

Aber wer kann sagen, wann er in einen Sog gerät, wann der Moment ist, von dem an sich die Dinge in eine Richtung entwickeln, die ins Abseits führt? Es war Annette Wenzel natürlich klar, dass ihr Frauenarzt sie auf die Möglichkeit einer Fruchtwasseruntersuchung hinweisen würde. Sie war 36 Jahre alt und schwanger. Ab dem 35. Lebensjahr ist diese Form der vorgeburtlichen Diagnostik für die meisten Ärzte und ihre Patientinnen Routine. Nicht so für Annette Wenzel. Es war nicht das erste Kind, das sie erwartete. Sie hatte bereits zwei Söhne. Beim zweiten hatten alle geglaubt, die Schwangerschaft werde mit einer Fehlgeburt enden. Am Ende, brachte sie ein gesundes Kind zur Welt. Sie wusste also, was auf sie zukommt. Die Ängste der zweiten Schwangerschaft wollte die Frau aus Mannheim nicht noch einmal erleben. Sie war entschlossen, für ihre dritte Schwangerschaft im Herbst 2005 nur wissen zu wollen, ob es dem Kind gutgehe. Nicht, ob es ein gesundes Kind sein würde. »Nie«, so hat sie später in einem Brief an ihren Frauenarzt geschrieben, »wollte ich Ihnen eines meiner Kinder ausliefern, um sein Leben in Frage zu stellen.« Aus den Worten spricht die Wut über ihren Frauenarzt, der ihre Wünsche nicht respektierte. Inzwischen lässt sie eine Anwältin eine Schadenersatzklage gegen ihn prüfen.

»Ich will keine Fruchtwasseruntersuchung«, hatte sie ihrem Arzt gleich zu Beginn der Schwangerschaft gesagt. Annette Wenzel dachte, so ihr Recht auf Nichtwissen deutlich dokumentiert zu haben. Nie wäre sie auf die Idee gekommen, das Recht würde ihr jemand in Abrede stellen. »Ich habe dem Arzt das Heft des Handelns überlassen und gedacht, es wird schon alles in Ordnung sein«, sagt sie.

Bis plötzlich der Satz von der »auffälligen Nackentransparenz« von 2,1 Millimetern im Raum stand. Bei einem routinemäßigen Ultraschall hatte Annette Wenzels Arzt eine zusätzliche Untersuchung gemacht und das Kind im Mutterleib in der zwölften Schwangerschaftswoche gleich auch noch vermessen – und einen beängstigenden Befund zutage befördert. Nach Annette Wenzels Einverständnis hatte der Mediziner nicht gefragt.

In einem späteren Gespräch berief der erfahrene Arzt sich auf seine Pflicht, eine solche Messung durchführen zu müssen. In den ärztlichen Richtlinien zur Pränataldiagnostik, wie sie die Bundesärztekammer 1995 festgelegt hat, steht es anders. Sie verpflichten den Arzt zur Aufklärung über die Tragweite einer solchen Untersuchung. Tragweite, das hieß für Annette Wenzel: dieser Wert stürzte sie in ein Gefühlsdilemma von ungeheurem Ausmaß. Naiv nennt sie heute ihr weiteres Vorgehen. Denn nun ließ sie sich auch noch auf eine Fruchtwasseruntersuchung ein, um – wie ihr Arzt es formuliert hatte – »das Downsyndrom auszuschließen«.

Tödliche Spritze in die Nabelschnur

Ausschließen – in Annette Wenzels Ohren hatten diese Worte nur eine Bedeutung. Ausschließen, das hieß für sie, wieder in den »sorgenfreien Status quo« vor der unseligen Nackentransparenzmessung zu gelangen. Doch wieder war sie zu vertrauensselig. Die Untersuchung erbrachte wieder ein beunruhigendes Ergebnis und den Termin in der Klinik, der mit der tödlichen Spritze in die Nabelschnur und einer quälenden, künstlich eingeleiteten Geburt ihres toten Kindes endete. Annette Wenzel und ihr Mann haben es sich angesehen. »Es war ein fertiges Kind«, sagt die Mutter. Äußerlich unauffällig.

Die Erinnerung an die Tochter ist allgegenwärtig. Sie ist noch immer das Kind, das sie im Stich gelassen hat. »Heute denke ich, dass ich es besser ertragen hätte, in der 37. Schwangerschaftswoche ein totes Kind zur Welt zu bringen, als in der Schwangerschaft über seinen Tod entscheiden zu müssen«, sagt Annette Wenzel. Sie hat nicht nur ihrem Frauenarzt geschrieben, sondern auch der Klinik, die den Abbruch vorgenommen hat.

Im Antwortbrief des zuständigen Direktors ist von »konstruktiver Kritik« die Rede und dass man die Ausführungen dazu verwenden werde, »die Qualitätssicherung für unsere Patienten ständig zu überprüfen und da, wo erforderlich, zu verbessern«. Auf diese Verbesserungen hofft Annette Wenzel nun. Nicht für sich selbst, sondern für andere Frauen, die wie sie in einen eigentlich unlösbaren Konflikt geraten.

Hilke Lorenz

Aus: Stuttgarter Zeitung vom 13. Februar 2009

Tim lebt

I.

Spätabtreibungen

Ein ungeborenes Kind ist ab der 22. Woche außerhalb des Mutterleibes lebensfähig. Ein behindertes Kind darf jedoch bis unmittelbar vor der Geburt abgetrieben werden (sog. Spätabtreibung)! Im Jahr 2007 wurden 229 Kinder abgetrieben, die 23 Wochen oder älter waren (Quelle: www.destatis.de).

Grundlage

Die Medizinische Indikation bedeutet: Eine Abtreibung ist nicht rechtswidrig, wenn sie eine Gefahr für das Leben oder die Gefahr einer schwerwiegenden Beeinträchtigung des körperlichen oder seelischen Gesundheitszustandes der Schwangeren abwendet (nach § 218a, Absatz 2).

In der Praxis heißt das: Wird eine Behinderung des ungeborenen Kindes festgestellt, darf die Frau abtreiben. Dies ist bis unmittelbar vor der Geburt (bis die Wehen einsetzen) zulässig.

Methode

Das Kind muss auf natürlichem Weg zur Welt gebracht werden. Dazu bekommt die Mutter Wehenmittel, oftmals liegt sie tagelang in den Wehen, bis schließlich das Kind zur Welt kommt. Damit das Kind nicht aus Versehen überlebt, wird ihm oft noch im Mutterleib eine Giftspritze ins Herz gegeben (sog. Fetozid).

Trotzdem passiert es immer wieder, dass ein Kind seine eigene Abtreibung überlebt. Bekanntestes Beispiel: Tim. Der Junge mit Trisomie 21 (Down-Syndrom) wurde mehrere Stunden unversorgt liegen gelassen, bis er schließlich doch medizinisch versorgt wurde. Heute lebt er bei Pflegeeltern. Wegen der fehlenden Versorgung nach seiner Geburt hat Tim zusätzliche Behinderungen davon getragen.

Auswirkungen

Nachdem Ärzte zu Unterhaltszahlungen für behinderte Kinder verurteilt wurden, weil sie die Eltern nicht ausreichend auf die Möglichkeit der Abtreibung hingewiesen hatten, raten heute viele Ärzte aus Angst vor Konsequenzen ausdrücklich und wiederholt zur Abtreibung behinderter Kinder.

Eltern, die ein behindertes Kind bekommen, müssen sich immer öfter sagen lassen, dass man so etwas heutzutage doch vermeiden könne.

Wer ist Tim?

Tim ist ein ganz besonderer Mensch: Sein Geburtstag sollte sein Todestag sein. Tim ist das »Oldenburger Baby«. Ein kleiner Junge, der im Sommer 1997 seine eigene Abtreibung überlebt hat. Man ließ ihn liegen – ohne medizinische Versorgung – und er kämpfte zehn Stunden lang alleine um sein Überleben, bis man ihm endlich half. Wird er je seinen Geburtstag unbeschwert feiern können, wie es für jeden von uns selbstverständlich ist?

Immer mehr Mitbürger sind entsetzt über ein Gesetz, das diese furchtbaren Spätabtreibungen zulässt. Auf unserer Internetseite finden Sie erschütternde Zahlen, Fakten und Informationen hierzu: Mindestens 200 Kinder werden jährlich abgetrieben, die älter und reifer sind als viele Frühchen, für deren Leben die Ärzte alle medizinische Kunst einsetzen! Wir informieren Sie gern über Tim und die vielen bereits außerhalb des Mutterleibes lebensfähigen Kinder, die jedes Jahr in Deutschland abgetrieben werden. Und Sie erfahren hier mehr über die Kampagne www.Tim-lebt.de, mit der wir die bis zur Geburt erlaubten Abtreibungen stoppen wollen (www.tim-lebt.de)

II.

Im Sommer 1997 überlebte ein kleiner Junge, Tim, seine eigene Abtreibung. Wegen eines genetischen Defektes – Trisomie 21, Down-Syndrom – hatten sich die Eltern in der 25. Schwangerschaftswoche für eine Abtreibung entschieden. Tim aber kam lebend zur Welt und wurde (laut FOCUS) zehn Stunden lang unversorgt liegengelassen. Erst dann leiteten die Ärzte der Städtischen Kliniken Oldenburg die medizinische Behandlung ein.

Im Januar 1998 stellten die Eltern des Kindes Strafanzeige und verklagten die Ärzte auf Schadensersatz für sich und das Kind, da sie nicht über das »Risiko« aufgeklärt worden seien, dass ihr Sohn überleben könnte.

Das »Oldenburger Baby« ist kein Einzelfall. Experten sprechen davon, dass bei Abtreibungen nach der 20. Woche etwa jedes dritte Kind lebend zur Welt kommt. Um das zu verhindern, gehen viele Mediziner heute »auf Nummer sicher«: Sie töten das Kind vor der Geburtseinleitung mit Prostaglandinen noch im Mutterleib durch eine tödliche Kaliumchlorid-Injektion ins Herz.

Ärzteverbände fordern seit 1997 einen verbesserten gesetzlichen Schutz und ein Verbot der Abtreibung lebensfähiger Kinder, denn seit der Novellierung des § 218 im Juni 1995 ist ein deutlicher Anstieg sehr später Abtreibungen zu verzeichnen.

Waren es 1994 »lediglich« 26, so stieg die Anzahl der Abtreibungen nach der 23. Woche seither kontinuierlich. 1996 wurden 159 und 1997 bereits 190 Abtreibungen überlebensfähiger Kinder registriert. Das entspricht einer Zunahme der Abtreibungen bis zur Geburt um 730 Prozent – nur zwei Jahre nach der letzten Neuregelung des Abtreibungsstrafrechts! Ist dies nur die Spitze des Eisbergs? Laut Frank Montgomery, dem Vorsitzenden des Marburger Bundes, sind es sogar 800 Kinder, die jedes Jahr nach der 20. Schwangerschaftswoche getötet werden.

Seit dem »Oldenburger Fall« wächst die Kritik an der Tötung der außerhalb des Mutterleibes überlebensfä-higen Kinder. Nicht nur in der Fachpresse wird das Thema ausführlich diskutiert, seit Januar 1998 zeigt sich auch die Politik durchaus reformbereit:

Die SPD signalisierte nach Bekanntwerden von Tims überlebter Abtreibung Gesprächsbereitschaft. Bundestagsabgeordnete wie Bundesfamilienministerin a.D. Claudia Nolte (CDU), Staatssekretär a.D. Manfred Carstens (CDU), Hubert Hüppe (CDU) und Norbert Geis (CSU) fordern nachdrücklich eine Neufassung des § 218. Die gesundheitspolitische Sprecherin von Bündnis 90/Die Grünen, Katrin Göring-Eckardt, sieht dringend Handlungsbedarf.

Kampagne gegen Abtreibung bis zur Geburt:
Durch Unterschriftenlisten, Aktionen, Politikerbefragung und umfassende Aufklärung wollen wir auch für ein Verbot der Abtreibung von außerhalb des Mutterleibes lebensfähigen Kindern eintreten.

Verbänden, Gruppen und interessierten Einzelpersonen, die dieses Anliegen unterstützen wollen, bieten wir Information, Material und Hilfe bei der Organisation von Vortragsabenden an. www.info@tim-lebt.de.

III.

»Mir kommen die Tränen«

Ein Kind überlebt die Unterbrechung der Schwangerschaft. Nun wollen die Eltern klagen.

Furchtbare Dramen sind einfache Geschichten: In der Oldenburger Frauenklinik sollte ein neugeborener Junge unbedingt sterben – doch das Kind wollte leben, unbedingt.

Anfang Juli kam eine 35-jährige Frau aus einem Dorf in Niedersachsen in die gynäkologische Abteilung der Städtischen Klinik. Sie sei, so der Arzt, in einem »psychisch desolaten Zustand« gewesen. Sie war in der 25. Woche schwanger. Bei dem Embryo hatte ein Arzt einen Gendefekt diagnostiziert: Trisomie 21, die Ursache einer geistigen Behinderung – des Down-Syndroms. Die Frau bat um eine Abtreibung.

Die Ärzte »wollten helfen«. Sie entschlossen sich zu einer Operation, die ohnehin im Graubereich ärztlicher Ethik stattfindet und in diesem Fall Eltern, Ärzte und Kind in eine Katastrophe führte.

Die Geburt wurde eingeleitet. Das Kind aber, ein Frühchen mit 690 Gramm Gewicht und einer Größe von 32 Zentimetern, war nicht tot. Es wurde in eine Decke gewickelt und »beobachtet«. Dieser winzigen Portion Mensch, so die Erwartung, würde das Leben schon bald entweichen.

Doch Atmung und Puls hörten nicht auf. Stunde um Stunde kämpfte sich der Kleine ins Leben. Schließlich hatten die Ärzte genug. Sie berieten sich mit den Eltern. Man kam überein, das Kind von nun an zu betreuen. Die Behandlung, so erklärte die Rechtsanwältin der Eltern gegenüber FOCUS, habe »etwa zehn Stunden nach der Geburt« begonnen.

»Entgegen vorheriger Ankündigung«, so die Anwältin, habe der Säugling die »zum Zwecke« der Schwangerschaftsunterbrechung »vorzeitig eingeleitete Entbindung überlebt«. Für das Kind und für die Eltern verlangt die Anwältin nun Schadensersatz und Schmerzensgeld von der Klinik. Man habe, so heißt es bei den Ärzten, in einer »extremen Grenzsituation« gehandelt. »Wir konnten das Kind nicht umbringen«. Die Anwältin: »Mir kommen die Tränen.« Sie will in Kürze die Verhandlungen aufnehmen. Wenn man sich nicht einige, treffe man »sich ganz schnell vor Gericht«. Ihr Vorwurf: Ihre Mandantin sei über das »Risiko« der Abtreibung – das mögliche Überleben des Kindes – nicht aufgeklärt worden.

Der inzwischen mehrfach operierte und durch die Geburt schwer geschädigte Junge liegt auf einer Pflegestation des Oldenburger Krankenhauses. Das Ganze sei, so heißt es dort, eine »schreckliche Geschichte«.

Aus: www.tim-lebt.de (Teile I und II); FOCUS 52/1997 (Teil III)

Lieber Arm ab als arm dran –
Rainer Schmidt erzählt von seiner Karriere als Tischtennisspieler

© picture-alliance/dpa

Tischtennis ohne Hände und Arme – Eine besondere Karriere

Lassen Sie mich ein wenig von meinem Sport erzählen. Mir liegt daran, dass sie beim Lesen entdecken, welche Rolle meine körperlichen Besonderheiten für den Sport bzw. der Sport für mein Lebensgefühl gespielt hat und spielt.

Ich war 12 Jahre alt. Im Sommer 1977 fuhr unsere Familie nach Österreich in das kleine Dorf Tamsweg. Meine Eltern wandern gerne, ich nicht. Ich glaube das Dorf war noch kleiner als unser eigenes. Kein Spielplatz, kein Fußballplatz, nichts. Aber eine Tischtennisplatte, draußen, jederzeit bespielbar. Mein Bruder und die anderen Bewohner des Dorfes spielten gerne. Ich habe es auch probiert. Den Schläger

mit beiden Armen festgehalten und dann geschlagen. Selten kam ein Ball auf der anderen Seite an. Und nach ein paar Bällen hatte ich kaum mehr die Kraft, den Schläger zu halten. Meine Arme waren einfach zu kurz. Also gab ich auf. Fortan habe ich gezählt, wenn die anderen spielten. Eines Tages sah ein Urlaubsgast aus unserer Pension zu, Herr Lutz. Er sprach mich an: »Willst du nicht auch mitspielen?« »Doch, das würde ich gerne. Ich hab's auch schon ausprobiert, aber ich kann den Schläger nicht festhalten.« Er grübelte nach. »Ich werde mir was einfallen lassen«, versprach er. Am nächsten Tag kam er wieder zur Tischtennisplatte. Er hatte Schaumstoff dabei und Schnüre. Eine erste Lage Schaumstoff legte er um meinen Arm, dann kam der Schläger und dann noch einmal Schaumstoff. Das alles band er mit den Schnüren fest. Die Kinder ließen mich ausprobieren. Der Schläger wackelte zwar ein wenig, aber nun kam ich viel besser an die Bälle und konnte richtig mitspielen. Er hat dann noch ganz schön lange getüftelt, bis der Schläger so gut saß, dass die Schnüre sich nicht mehr in meinen Arm bohrten und bis nicht immer die Konstruktion auseinanderfiel, wenn ich den Schläger ablegte. Fortan war ich begeisterter Tischtennisspieler (auch, wenn ich immer verlor).

© Rainer Schmidt

Rainer Schmidts zahlreiche Erfolge als Tischtennisspieler

- 1983 EM in Ingolstadt: Teilnahme
- 1984 Paralympics in New York: Teilnahme
- 1985 EM in den Niederlanden: Bronze im Einzel
- 1986 WM in Dijon (Frankreich): Gold in Einzel und Team
- 1987 EM in Stoke Mandeville (England): Bronze im Einzel; Gold im Team
- 1988 Paralympics in Seoul (Korea): Silber im Einzel; Gold im Team
- 1990 WM in Assen (Niederlande): Gold in Einzel und Team
- 1991 EM in Salou (Spanien): Silber im Einzel; Gold im Team
- 1992 Paralympics in Barcelona (Spanien): Gold im Einzel; Silber im Team
- 1995 EM in Dänemark: Silber im Einzel, Gold im Team
- 1996 Paralympics in Atlanta: Teilnahme
- 1997 EM in Stockholm (Schweden): Gold im Einzel; Gold im Team

- 1998 WM in Paris (Frankreich): Gold im Team
- 1999 EM in Piestany (Slowakei): 4. Platz im Einzel, Gold im Team
- TOP 12 Turnier in Belgien: 1. Platz
- 2000 Paralympics in Sydney (Australien): Gold im Team; 4. Platz im Einzel
- 2001 EM in Frankfurt a.M: Gold im Team; Silber im Einzel
- 2002 WM in Taipeh (Taiwan): Gold im Team
- 2003 EM in Zagreb (Kroatien): Gold im Einzel; Gold im Team
- 2004 Paralympics in Athen: Silber im Einzel und Gold im Team
- 2005 EM in Jesolo (Italien): Bronze im Einzel und Silber im Team
- 2006 WM in Montreux (Schweiz): Silber im Einzel und Gold im Team
- 2007 EM in Kranjska Gora (Slowenien): Gold im Team

Paralympics, Barcelona 1992, Endspiel

1992 fuhr ich nach Barcelona zu den Paralympics. Der Finaltag kam. Ich war nervös. Der Hallensprecher kündigte das Endspiel der Startklasse 6 an, das letzte des Tages. Begleitet von Musik zogen wir hinter einem Offiziellen in die Halle ein. 12.000 Menschen applaudierten. Mein Herz schlug mir bis zum Hals. »Two minutes«, sagte der Schiedsrichter und gab damit das Einspielen frei. Ich gewann die Wahl und wollte als erster aufschlagen. Langer Seitschnittball weit in die Ecke seiner Vorhand. Brian war völlig überrascht durch den unorthodoxen Aufschlag. Er machte eine kurze Bewegung und sah dann, dass er den Ball nicht mehr kriegen würde. 1:0. Ich spielte die gleiche Angabe, in der Hoffnung, er habe den Oberschnitt nicht bemerkt. Brian zog den Ball voll durch, aber er ging weit über den Tisch hinaus. 2:0. Nun mit Unterschnitt, dachte ich. Diesmal wählte Brian einen Abwehrball. Sofort zog ich nach und versenkte den Ball in der tiefen Rückhand. 3:0. Brian schwitzte – ich hoffte vor Angst. Der erste Satz ging so schnell zu Ende, dass es ihm wie ein böser Traum vorkommen musste.

Anfangs des zweiten Satzes war das Spiel völlig offen. Ich witterte meine Chance und riskierte alles. Wieder konnte ich einen leichten Vorsprung rausarbeiten. Längst hörte ich den Applaus der 12.000 nur noch im Hintergrund. Meine Teamkollegen schrien sich die Lunge aus dem Hals. Und doch konnte ich in diesem Lärm die Stimme meines Trainers gut verstehen. »Überrasche ihn mal mit einem kurzen Überschnittaufschlag!« Ich lebte in einem Tunnel. Vor mir der Tisch, mit Brian auf der anderen Seite. Hinter mir der Coach mit seinen ruhigen und klaren Anweisungen. Gegen Ende des Satzes holte Brian auf. Immer näher kam er heran. Vermutlich hat mein Team längst gezittert, ich möge diesen zweiten Satz nach Hause bringen.

Im dritten könnte ich womöglich keine Chance mehr haben. Ich dachte nur an den kleinen Ball und feuerte mich an: »Spiel weiter, los, greif ihn an.« 20:19, Matchball. Der Beifall verebbt. Ruhig liegt der Ball auf meinem Schläger. »Spiel einen schnellen Aufschlag, viel Seitenschnitt, genau auf seinen Spielarm. Überrasche ihn!«, denke ich. Ich sehe den Punkt vor mir, dort muss der Ball hin. Brian reagiert gut. Nimmt die Rückhand: Noppen, kontert den Ball. Ich weiß, dass ich nicht kontern darf, also schaffe ich den Schritt zurück, schneller Topspin in seine tiefe Rückhand. Er kann den Ball nur mit wenig Tempo zurückheben. Meine Chance. Ich ziehe den Ball voll durch, tiefe Vorhand. Kurz vor dem Boden ist er da: Abwehrball, aber viel zu kurz. Mit dem ganzen Körper werfe ich mich in den Schmetterball. Der Ball schießt an ihm vorbei und klatscht gegen die Bande. Ich reiße die Arme empor und im selben Augenblick umhüllt mich das Tosen von 12.000 jubelnden Zuschauern. Erst jetzt sehe ich sie wieder: Meine Teamkollegen, die fast heiser sind, meinen Coach, dessen Taktik so erfolgreich aufging, und die vielen Zuschauer, die mich in ihr Herz geschlossen haben. Alle laufen sie auf mich zu. Ich ertrinke in ausgestreckten Händen. Blitzlichter blenden mich. Ein Augenblick größten Glücks.

Ob ich während des Spiels an meine Behinderung gedacht habe? Kein Gedanke! Ob ich mir gewünscht habe, mit Armen bei der Olympiade zu spielen? Keine Spur! Ich habe Tischtennis gespielt, nur Tischtennis – sonst nichts. Ich stehe nicht als Behinderter am Tisch, sondern als Athlet. Mein Traum war in Erfüllung gegangen. Die letzten Tage und Nächte in Barcelona haben wir durchgefeiert.

© Rainer Schmidt

Mein Traum

Ich träume von einer Welt, in der ...

... alle wissen, dass Menschen zugleich begrenzt und begabt sind. Da wäre niemand unnormal, weil keiner normal wäre.

... wir unsere festgefahrenen Bilder über Behinderte, Ausländer, Frauen, ... aufgeben, weil niemand diesen Bildern entspricht.

... die Besonderheit eines Menschen nicht zum Anlass genommen wird, diesen auszulachen, auszugrenzen oder abzuwerten. Da müsste niemand vor seinen eigenen Grenzen weglaufen und niemand hätte es nötig, seine Grenze voller Scham und Angst zu verbergen. Da verlören die Grenzen ihren Schrecken, ja ihre Bedeutung.

... die Menschen lernen, ihre verrückbaren Grenzen zu erweitern, ihre unverrückbaren Grenzen zu akzeptieren und beides voneinander zu unterscheiden. Da würden die Menschen dankbar sein für die vielen Möglichkeiten des Lebens. Und sie würden die Sehnsucht nach dem Unerreichbaren nicht mehr spüren.

... Helfende und Hilfe suchende einander wie Partner behandeln. Da müsste sich niemand mehr klein fühlen, wenn er um Hilfe bittet.

... Menschen mit besonders engen Grenzen, Hilfsmittel und Hilfsmenschen haben, damit sie am Leben teilhaben können. Wer nicht mitmachen kann, ist dennoch dabei.

... der Mensch wichtiger ist als seine Leistung. Da würde niemand am Leben verzweifeln müssen, weil er zu nichts mehr nütze ist. Da würde kein Leben verhindert werden, weil es nur eine Last wäre.

... das Wesen eines Menschen wichtiger ist als sein Körper. Da würde das Funkeln in den Augen eines Menschen mehr beeindrucken als makellose Schönheit.

... der die Gesellschaft an den Menschen angepasst wird und nicht der Mensch in die Gesellschaft passen muss. Da würden werdende Eltern die Angst vor der Überforderung verlieren, denn sie würden mit der Last ihrer Kinder nicht alleingelassen. Da wäre gesundes und starkes Leben wünschenswert, aber anfälliges und bedürftiges Leben keine Katastrophe mehr.

... sich Menschen an ihren Gaben freuen, ohne es nötig zu haben, sich über den weniger Begabten zu erheben. Welche Gabe haben wir uns schon selbst zu verdanken.

... jeder Mensch als Bereicherung verstanden wird, nicht als Schaden. Da wäre jeder gewiss, meine Würde wird auch dann geachtet, wenn ich nicht mehr für sie einstehen kann.

... wir nicht immer mehr Geld für die Medizin und immer weniger für die Pflege ausgeben. Gerade am Ende des Lebens gilt nicht mehr »Hauptsache gesund«, sondern »Hauptsache begleitet«.

Aufgaben:

1. Gestaltet die Visionen des Traums von einer neuen Welt in kontrastiven Bildern, Collagen, Standbildern, Szenen, …
2. Formuliert fünf Bedingungen für ein gelingendes Zusammenleben von Menschen ohne und mit Behinderung.

Es gibt Momente im Leben, in denen sich Grundlegendes entscheidet. Erst Jahre später wurde mir klar, was da eigentlich passiert ist, damals, dort im Schwimmbad.

Ich bin 14 Jahre alt. Mit meinem Bruder und der Familie meines Onkels fahre ich zum ersten Mal in meinem Leben ohne Eltern in den Urlaub: Zwei Wochen Familienfreizeit. Ein wenig mulmig ist mir schon. Wie werden die fremden Jungs und Mädchen reagieren, wenn sie mich mit meinen kurzen Armen sehen? Hoffentlich wird es nicht so heiß werden, ansonsten wird bestimmt jemandem auffallen, dass ich nie eine kurze Hose anziehe. Vielleicht fragt sogar einer nach dem Grund. Wird mein Bruder Edgar oder einer meiner Cousins, Frank und André, immer in der Nähe sein, wenn ich zur Toilette muss? Werde ich an dem Freizeitprogramm teilnehmen können oder doch eher nur zuschauen müssen. Ich hasse es, nicht mitmachen zu können. Aber deswegen nicht mitzufahren? Sicher werde ich nette Menschen kennen lernen und viel erleben. Ob ich mich vielleicht sogar verlieben werde? Außerdem will ich nicht zugeben, dass ich Angst vor der neuen Situation habe. Ich werde mitfahren und einfach immer das machen, was Edgar, Frank und André tun. Und dann wird sich auch keiner trauen, mich blöd anzumachen. Schließlich sind wir zu viert.

Es läuft ganz gut an. In der Vorstellungsrunde mache ich einen coolen Spruch und alle lachen. Die Jungs in unserem Zimmer sind nett. Ich kann sogar ein Bett an der Wand des Zimmers ergattern. Also kann ich mich abends ausziehen und meine Beinprothese unter das Bett schieben, ohne dass die gleich bemerkt wird. Morgens muss ich dann nur noch meinen Wecker so stellen, dass ich zehn Minuten vor den anderen aufstehe, und schon ist auch das Anziehen kein Thema mehr.

Am dritten Tag wird es heiß, richtig heiß, Hochsommer, 30 Grad und mehr. Selbstverständlich kommt der Jugendbetreuer auf die Idee schwimmen zu gehen. »So ein Mist«, denke ich. Alle anderen finden's riesig – ich nicht. Was mache ich denn jetzt? Eigentlich gehe ich ja gerne schwimmen – dann, wenn mich alle kennen: Meine Familie, meine Schulklasse (da sind ja eh alle behindert, da falle ich nicht auf) oder die Freunde aus dem Dorf. Denen ist meine Behinderung egal. Niemand beachtet mein kurzes Bein. Aber hier? Schwimmen? Mich im Freibad ausziehen, meine Prothese entblößen und dann womöglich mit dem kurzen rechten Bein über die Wiese humpeln? Nein, auf keinen Fall! Ich stelle mich nicht zur Schau. Ich lasse mich nicht von allen angaffen! Da bleibe ich lieber allein auf dem Freizeitgelände.

Ich treffe meinen Bruder: »Edgar, ich werde nicht mit schwimmen gehen. Ich will nicht, dass alle mein kurzes Bein sehen.« »Stell dich nicht so an«, sagt er, »die wissen doch eh alle, dass du auch was am Bein hast. Meinst du, die sehen nicht, wie du beim Fußballspielen humpelst? Und dass du als Einziger immer lange Hosen trägt, fällt doch auf!«

»Das ist immer noch was anderes«, entgegne ich, »als es so richtig zu sehen. Sollen sie doch vermuten, dass ich auch am Bein was habe, egal, aber ich gehe nicht mit ins Freibad.«

Edgar bleibt mit mir auf dem Freizeitgelände. Er findet es doof, mich alleine zu lassen. Auf die Frage, warum wir nicht mitgekommen sind, druckse ich nur herum: »Hatte keine Lust schwimmen zu gehen«, oder so ähnlich. Einer fragt: »Sag mal, kannst du überhaupt schwimmen?« »Ja, klar kann ich schwimmen und wie, ich habe das Jugendschwimmabzeichen in Gold. Ich mach's halt nur nicht gerne.«

Leider ist der nächste Tag ebenso heiß wie der vorherige. Wieder wollen alle ins Freibad. Und diesmal lässt sich Edgar nicht davon abhalten mitzugehen. »Komm schon mit. Wir können uns doch ganz nah ans Becken setzen, dann ziehst du dich aus, läufst drei Meter, springst rein und schwimmst solange du kannst. Wenn du wieder raus kommst, ziehen wir uns an und gehen.« Ich willige zögernd ein. Wenn es nun die ganze Woche so heiß bleibt, ich kann doch nicht immer den ganzen Nachmittag alleine bleiben.

Also gehen wir hinter den anderen her. »Oh Mann, hoffentlich geht das gut.« Als ich das Becken sehe, bin ich wie vom Blitz getroffen. Was heißt hier das Becken »sehen«. Ich kann's leider nicht sehen. Es ist komplett umgeben von einer hohen Hecke. Nur an drei Stellen gibt es Eingänge. Von wegen drei Meter und rein springen. Das sind mindestens 20 Meter zu Fuß. Was mache ich denn jetzt? Umdrehen! »Ich habe was vergessen«, werde ich sagen, »meine Badehose.« Und wenn einer zwei dabei hat, oder eine Turnhose? Da winkt schon einer, ruft uns herüber. »Da seid ihr ja endlich, los, zieht euch aus, wir gehen schon mal schwimmen.« Kann ich jetzt noch rausgehen, ohne mein Gesicht zu verlieren? Was soll ich am Abend erzählen? Meine Ausrede, keine Lust zu haben, ist auf jeden Fall dahin. Also, Augen zu und durch. Ich ziehe mich mit der Hilfe von Edgar aus und laufe, so schnell ich ohne Prothese kann, zum Wasser. Alle sind schon drin und niemand sieht, wie ich rein springe. Glück gehabt! So ist schwimmen echt klasse. Ich liebe es. Nach fast einer Stunde kann ich nicht mehr. Die anderen haben längst eine Pause eingelegt. Die meisten sind bei ihren Handtüchern. »Also los«, denke ich, vermutlich haben sowieso schon viele gemerkt, dass mein rechtes Bein kürzer ist. Ich werde einfach auf den Boden sehen, dann merke ich nicht, ob ich angesehen werde. Ich setze mich, ziehe mir ein Handtuch über die Schultern und lege ein anderes auf die Beine. Niemand sagt etwas.

Abends kommt dann ein Mädchen auf mich zu: »Ich hätte mich das nicht getraut.« »Was kommt jetzt?«, denke ich. »Dass du einfach so ins Freibad gehst, ich hätte mich das nicht getraut. Du bist ganz schön mutig. Hattest du keine Angst, dass dich jemand auslacht?« »Klar, hatte ich, aber was hätte ich denn machen sollen? Wenn es jetzt noch zehn Tage so warm ist, dann kann ich doch nicht immer alleine auf dem Freizeitgelände bleiben.« »Ich freue mich, dass du mitgekommen bist. Ich finde, du bist nett«, verabschiedet sie sich von mir.

© Rainer Schmidt

Fotos von oben links im Uhrzeigersinn: Uta Herbert/pixelio.de; Helene Souza/pixelio.de; Paul Marx/pixelio.de; Konstantin Gastmann/pixelio.de; Ulla Trampert/pixelio.de; Konstantin Gastmann/pixelio.de; Sabine Meyer/pixelio.de

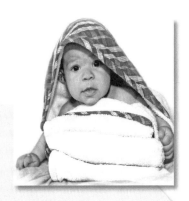

Ich danke dir dafür, dass ich wundervoll gemacht bin ...

Psalm 139,14

Wa(h)re Schönheit

»Mit zwanzig war ich die
Schönste – bei weitem.
Dreißig Jahre später, dank Skalpell
und Chirurgie, Chinchilla und Rouge,
die schönste Reiche
des Friedhofs.«

»Meinen Hund habe ich
Prada getauft, meinen Mann Esel.
Oben Chanel, unten Tiffany.
In jeder Zeitschrift mein Foto.
Gehöre jedem,
wenn die Gage stimmt.«

»Bin Dr. Allmächtig,
der göttliche Demiurg.
Behebe mit scharfem Schnitt
die Mängel der Frauen.
Ihre Einfalt füllt mir die Taschen,
dem Ferrari den Tank.«

Ausschnitte aus dem Gemälde »Komische Oper« von Manfred Scharpf; www.passion-of-art.de; © Manfred Scharpf

Schönheits-OPs sind stärker gefragt denn je. Der Trend geht allerdings zum Eingriff ohne Skalpell.

Die hohe Stirn war ihm seit langem ein Graus. Schon mit Ende 20 hatte Hans Winter (Name geändert) viele Haare verloren. Der Hautarzt fand keine Ursache, und dessen Versuch, die kahlen Stellen mit einem eingewebten Haarteil zu kaschieren, erwies sich als aufwendig und unpraktisch. Vor 17 Jahren dann, mit Mitte 30, entschloss sich Hans Winter zu einer Eigenhaarverpflanzung.

Unter örtlicher Betäubung werden Haarwurzeln aus dem meist dicht bewachsenen Haarkranz entnommen und dort eingesetzt, wo Lücken gefüllt werden sollen. Die Haare werden dabei in sehr kleine Haarwurzeleinheiten (»Follicular Units«) zerteilt und an den kahlen Stellen in winzige Öffnungen eingesetzt (FUE-Methode). Die Haare aus dem Haarkranz sind so gut wie nie betroffen vom hormonell-genetisch bedingten Haarausfall, der häufigsten Form des Haarausfalls. Wenn sie verpflanzt werden, behalten sie ihre genetische Programmierung und wachsen meist lebenslang.

»Die Erfolgsquote ist hoch«, sagt Dr. Annette Hortling, Leiterin der Abteilung Eigenhaartransplantation der Moser-Kliniken in Augsburg. Allerdings erfordere die Haarverpflanzung gerade am exponierten Haaransatz viel Erfahrung, Hans Winter ist jetzt 53. Er hat Geheimratsecken, aber die verpflanzten Haare sind noch da, genauso ergraut wie die restlichen. »Es sieht ganz natürlich aus. Nicht einmal mein Friseur hat das bemerkt.«

Haartransplantationen gehören zu den beliebtesten männlichen Schönheitsoperationen. Auch Silvio Berlusconi ließ sich die Haare mit der FUE-Methode richten. Vor einem Eingriff sollte allerdings die Ursache des Haarausfalls geklärt werden, um psychische Faktoren oder andere Krankheiten auszuschließen.

Wie bei Frauen steigt auch bei den Männern die Zahl derer, die sich für die Schönheit unters Messer legen. Genaue Zahlen gibt es nicht; da ambulante und privat zu bezahlende Operationen nicht zentral erfasst werden. Die Deutsche Gesellschaft der Plastischen, Rekonstruktiven und Ästhetischen Chirurgen schätzt, dass der Anteil der Männer bei Schönheits-operationen von 12,5 Prozent im Jahr 2004 auf 17,4 Prozent im Jahr 2009 gestiegen ist. Insgesamt aber verlaufe der Anstieg langsam, betont Dr. Johannes Bruck, Vizepräsident der Vereinigung der Deutschen Ästhetisch-Plastischen Chirurgen und Chefarzt für Plastische Chirurgie im Martin-Luther-Krankenhaus in Berlin: »Wir gehen für ganz Deutschland von 100 000 bis 150 000 rein ästhetischen Operationen aus und nicht von einer Million, wie manchmal behauptet wird.« Rechne man die stark gefragten unblutigen Eingriffe wie die Faltenunterspritzung hinzu, komme man »vielleicht auf eine halbe Million ästhetische Eingriffe«, so Bruck.

Wer sich Spritzen gegen Falten setzen lässt, glaubt sich auf der sanften Seite. Tatsächlich steigen die Behandlungen mit sogenannten Dermafillern deutlich an. Im Vorreiterland USA ist der Trend eindeutig: Seit dem Jahr 2000 stiegen dort die minimal-invasiven Eingriffe um 99 Prozent, die operativen Eingriffe gingen im gleichen Zeitraum um 20 Prozent zurück. Als Dermafiller wird neben Kollagen häufig Hyaluronsäure oder Eigenfett verwendet. Diese Substanzen bauen sich selbst ab, so dass nach drei bis sechs Monaten nachgespritzt werden muss. Auch Botox, ein Nervengift, das eigentlich Botolinum toxin heißt und den Muskel lahmlegt, baut sich in einem ähnlichen Zeitraum ab.

Doch in der »wunscherfüllenden Medizin« werden im Gegensatz zur »heilenden Medizin« erstaunlich oft mögliche Risiken verdrängt. »Viele empfinden das nicht als echte Operation« kritisiert Peter Vogt, Präsident der Deutschen Gesellschaft der Plastischen, Rekonstruktiven und Ästhetischen Chirurgen und Direktor der Klinik für Plastische, Hand- und Wiederherstellungschirurgie an der Medizinischen Hochschule Hannover. Manche Komplikationen könnten zu dauerhaften Erkrankungen und Behinderungen führen, warnt auch die Deutsche Gesellschaft für Plastische und Wiederherstellungschirurgie. Deshalb müsse ein Patient »so schonungslos wie irgend möglich aufgeklärt« werden.

Wie gefährlich eine OP sein kann, zeigte im Januar das Schicksal von Cora. Die 23-jährige Erotikdarstellerin starb in Hamburg nach Komplikationen bei ihrer sechsten Brustvergrößerung. Seriöse Plastische Chirurgen raten von so vielen Eingriffen dringend ab. Leitlinien oder Empfehlungen zu mehrfachen Schönheits-OPs oder zum Gewicht der Brust-Implantate gibt es bislang nicht. Vergessen wird oft auch, dass eine Brust-OP Folgen für die spätere Krebsvorsorge hat: »Mammographie ist bei silikongefüllten Implantaten schwieriger« sagt Peter Vogt. »Und die Krankenkassen zahlen für alternative Untersuchungsmethoden nicht.«

Die meisten Komplikationen gibt es nach Brustvergrößerungen, Fettabsaugungen und Nasenoperationen. Selbst ohne chirurgische Fehler, Thrombosen, Embolien oder Wundinfektionen, so Vogt, seien bei bis zu 30 Prozent aller Bruststraffungen oder Brustvergrößerungen Korrekturen nötig. Auch eine Haartransplantation kann misslingen: Infektionen sind möglich, eine Verletzung von Nerven, Narbenbildung oder eine unnatürliche Optik.

Das Problem seit Jahren: Der Begriff »Schönheitschirurg« ist weder gesetzlich geschützt noch lässt sich daraus eine Qualifikation ableiten. Nur ein »Facharzt für Plastische und Ästhetische Chirurgie« hat eine sechsjährige Zusatzausbildung mit mindestens 600 Operationen absolviert. Aber auch Mund-, Kiefer- und Gesichtschirurgen dürfen ästhetische Verfahren anbieten. Ebenso tun das Dermatologen, Gynäkologen oder Hausärzte, teilweise mit, teilweise ohne Zusatzqualifikation. Verboten ist das nicht. Gerade erst entschied das Bundesverfassungsgericht, dass Fachärzte sich nur überwiegend auf ihr Fachgebiet beschränken müssen und gegen private Rechnungen auch darüber hinaus tätig werden dürfen. So darf etwa ein Kieferchirurg auch Brustimplantate einsetzen.

Die Verbraucherzentrale Nordrhein-Westfalen empfiehlt deshalb, sich besonders gut zu überlegen, ob ein solcher Eingriff wirklich nötig ist und ob das erwünschte Ziel damit tatsächlich erreicht werden kann. Oftmals gebe es weniger risikoreiche Alternativen. Das populäre Fettabsaugen etwa sei kein Ersatz für Ernährungsumstellung und Abnehmen.

Tanja Wolf

Aus: Stuttgarter Zeitung, Nr. 100 / Montag, 2. Mai 2011, S. 16.

Hitliste und Kosten der ästhetischen Chirurgie

Die häufigsten Operationen bei Frauen:
1. Brustvergrößerung
2. Fettabsaugung
3. Nasenkorrektur
4. Augenlid-OP (Straffung bei Tränensäcken/Korrektur bei Schlupflidern)
5. Face-Lift

Die häufigsten Operationen bei Männern:
1. Augenlid-OP
2. Fettabsaugung
3. Nasenkorrektur
4. Haartransplantation
5. Face-Lift

Die Angaben gelten für 2010 und stammen von der Bodenseeklinik »Mang Medical One« von Werner Mang.

Die Kosten
• Faltenunterspritzung 160 bis 400 Euro, mit Eigenfett ab 1.000 Euro
• Kleines Facelift (Gesicht) 3.000 bis 5.000 Euro
• Großes Facelift (Gesicht, Hals, Augenlider) 5.000 bis 10.000 Euro
• Brustvergrößerung ab 5.000 Euro
• Brustverkleinerung ab 5.000 Euro
• Fettabsaugung 2.500 bis 7.500 Euro
• Bauchdeckenstraffung 3.000 bis 6.500 Euro
• Nasenkorrektur ab 3.000 Euro
• Ohrenkorrektur ab 2.500 Euro
• Haartransplantation 2.000 bis 10.000 Euro
Alle Preisangaben sind Schätzungen ohne Klinikkosten und ohne Beratung. Die tatsächlichen Kosten können je nach Aufwand stark variieren.

Kostenübernahme
Gesetzliche Krankenkassen übernehmen nur Kosten für medizinisch notwendige Behandlungen. Kosten für rekonstruktive chirurgische Eingriffe, also eine Wiederherstellung nach einem Unfall oder nach Krebserkrankungen, werden meist voll übernommen. Ähnlich wird bei privaten Krankenkassen verfahren.

Die Top 3 der ästhetischen Chirurgie: Brustvergrößerung, Lidstraffung und Fettabsaugung

Brustvergrößerung, Lidstraffung und Fettabsaugung sind die häufigsten ästhetischen Operationen, die plastische Chirurgen in Deutschland 2011 vorgenommen haben. Das berichtet die Deutsche Gesellschaft der Plastischen, Rekonstruktiven und Ästhetischen Chirurgen (DGPRÄC) nach einer Umfrage bei 885 in Deutschland tätigen Fachärzten für Plastische Chirurgie.

Die Rücklaufquote lag bei 29 Prozent. Die DGPRÄC hat diese Ergebnisse auf die 885 in Deutschland aktiven ordentlichen Mitglieder der Fachgesellschaft hochgerechnet.

Insgesamt kommt die Fachgesellschaft so auf rund 138.520 sogenannte Schönheitsoperationen. Ihr Anteil lag damit bei rund 30 Prozent aller plastisch-chirurgischen Eingriffe. »Dies zeigt sehr deutlich, dass die Plastische Chirurgie mehr als Schönheitschirurgie beinhaltet«, sagte Peter Vogt, Präsident der DGPRÄC.

Kaum SchönheitsOPs bei Minderjährigen
Operationen an unter-18-Jährigen machten lediglich 1,3 Prozent der ästhetischen Operationen aus. Die mit Abstand meisten Schönheitsoperationen bei Minderjährigen seien Ohrkorrekturen – »andere Eingriffe kommen kaum vor«, so Vogt.

Männeranteil bei 16 Prozent
Der Männer-Anteil der Schönheitsoperationen liegt bei durchschnittlich 16 Prozent. Nur bei Haartransplantationen sind männliche Patienten mit 81 Prozent in der Überzahl. Bei Ohrkorrekturen ist mit 34 Prozent jeder dritte Patient ein Mann, bei den Kinnkorrekturen sind 32 Prozent männliche Patienten. »Die Statistik bildet deutlich die Problemzonen des Mannes ab – Haarausfall, abstehende Ohren, ein wenig markantes Kinn«, erklärte Vogt.

Intimchirurgie fast nur bei Frauen
Ästhetische Eingriffe im Intimbereich sind laut der Umfrage überwiegend ein Frauenthema: Die DGPRÄC berichtet von 5.400 Schamlippen-Korrekturen 2011. »Wir werden darüber diskutieren müssen, wie man mit dem Thema umgeht. In vielen Fällen sind die Eingriffe notwendig, etwa bei stark vergrößerten, schmerzhaften Schamlippen. Aber natürlich sorgt die starke mediale Aufmerksamkeit auch dafür, dass viele Frauen ihre Schamlippen nicht mehr als schön empfinden«, sagte Vogt. Die Penis-Korrektur ist laut der Fachgesellschaft mit rund 150 Eingriffen dagegen »eher ein Randthema«.

Aus: Deutsches Ärzteblatt, vom 14. Juni 2013. © hil/aerzteblatt.de

Nasen-OP: Foto: © Agostino Natale/toonpool.com

Am Totenbett

Foto: akg-images

Foto: akg-images / André Held

Der Schweizer Maler Ferdinand Hodler begleitete seine sterbende Geliebte Valentine Gode-Darel.
»Ich habe Angst vor meinen unerträglichen Schmerzen!«

Aufgaben:
1. Unheilbar krank und leben bis zum Schluss?
2. Was hilft schwer- und unheilbar kranken Menschen?

Anliegen und Grundsätze der Hospizarbeit

Leitsätze der Hospizidee

- Sterben ist eine Lebensphase. Jeder Mensch soll in Würde sterben können.
- Es geht um einen bewussten Umgang mit Krankheit, Sterben, Tod und Trauer.
- Dem sterbenden Menschen soll die letzte Lebensphase so lebenswert wie möglich gestaltet werden.
- Sterbende sollen von Menschen begleitet werden, die ihr Handeln nach ihren Bedürfnissen ausrichten.
- Die Hospizarbeit ist christlichen Wertvorstellungen verpflichtet und richtet sich an alle, unabhängig von Glauben, Weltanschauung oder Nationalität.

Wir über uns

- Wir sind Frauen und Männer, die für die Hospizarbeit qualifiziert wurden.
- Wir gehören verschiedenen Altersgruppen und Konfessionen an.
- Wir kommen in die Familien, ins Pflegeheim oder ins Krankenhaus.
- Unsere Tätigkeit ist ehrenamtlich und unentgeltlich.
- Wir sind davon überzeugt, dass wir nicht nur Gebende sind, sondern auch viel von den Menschen, die wir begleiten, empfangen können.
- Wir unterliegen der Schweigepflicht.

Unser Ziel

Wir nehmen die Bedürfnisse sterbender Menschen ernst und wollen dafür Sorge tragen, dass sie

- möglichst ohne Schmerzen sind;
- über Probleme, Sorgen und Ängste sprechen können;
- sich nicht isoliert, einsam und unverstanden fühlen;
- in einer würdigen Umgebung sterben können;
- offen über spirituelle oder religiöse Belange reden können.

Darüber hinaus sehen wir es als unsere Aufgabe an, den Angehörigen und Freunden von sterbenden Menschen verständnisvoll und hilfreich zur Seite zu stehen, auch in der Zeit von Abschied und Trauer.

Patientenverfügung

I. Behandlungswünsche und Patientenverfügung

1. Für den Fall, dass ich meinen Willen nicht mehr bilden oder äußern kann und ich mich entweder aller Wahrscheinlichkeit nach unabwendbar im unmittelbaren Sterbeprozess oder im Endstadium einer unheilbaren, tödlich verlaufenden Krankheit befinde, verfüge ich durch Ankreuzen Folgendes:

❑ Ärztliche Begleitung und Behandlung sowie sorgsame Pflege sollen in diesen Fällen auf die Linderung von Beschwerden, wie z.B. Schmerzen, Unruhe, Angst, Atemnot oder Übelkeit, gerichtet sein, selbst wenn durch die notwendigen Maßnahmen eine Lebensverkürzung nicht auszuschließen ist.

❑ Es soll keine künstliche Ernährung durch ärztliche Eingriffe (z.B. weder über eine Sonde durch Mund, Nase oder Bauchdecke, noch über die Venen) erfolgen. Hunger soll auf natürliche Weise gestillt werden, gegebenenfalls mit Hilfe bei der Nahrungsaufnahme.

❑ Künstliche Flüssigkeitszufuhr soll nach ärztlichem Ermessen reduziert werden. Durstgefühl soll auf natürliche Weise gestillt werden, gegebenenfalls mit Hilfe bei der Flüssigkeitsaufnahme und Befeuchtung der Mundschleimhäute.

❑ Wiederbelebungsmaßnahmen sollen unterlassen werden.

❑ Auf künstliche Beatmung soll verzichtet werden, aber Medikamente zur Linderung der Atemnot sollen verabreicht werden. Die Möglichkeit einer Bewusstseinsdämpfung oder einer ungewollten Verkürzung meiner Lebenszeit durch diese Medikamente nehme ich in Kauf.

❑ Es soll keine Dialyse durchgeführt werden bzw. eine schon eingeleitete Dialyse soll eingestellt werden.

❑ Es sollen keine Antibiotika mehr verabreicht werden.

❑ Auf die Gabe von Blut oder Blutbestandteilen soll verzichtet werden.

❑ Diagnostische Maßnahmen oder eine Einweisung in ein Krankenhaus sollen nur dann erfolgen, wenn sie einer besseren Beschwerdelinderung dienen und ambulant zu Hause nicht durchgeführt werden können.

❑ Wenn möglich, möchte ich zu Hause bleiben können und hier die notwendige Pflege erhalten.

❑ Wenn ich nicht zu Hause bleiben kann, möchte ich in folgende/s Krankenhaus/Hospiz/Pflegeeinrichtung eingeliefert werden:

_____

2. Ich besitze einen Organspendeausweis und habe darin meine Bereitschaft zur Spende meiner Organe und Gewebe erklärt:

❑ Es ist mir bewusst, dass Organe nur nach Feststellung des Hirntodes bei aufrechterhaltenem Kreislauf entnommen werden können. Deshalb gestatte ich ausnahmsweise für den Fall, dass bei mir eine Organspende medizinisch in Frage kommt, die kurzfristige (Stunden bis höchstens wenige Tage umfassende) Durchführung intensivmedizinischer Maßnahmen zur Bestimmung des Hirntodes nach den Richtlinien der Bundesärztekammer und zur anschließenden Entnahme der Organe.

3. Raum für ergänzende Verfügungen:

_____

II. Unterschrift

1. Unterschrift des Verfassers/der Verfasserin (notwendig)

_____

Ort, Datum   Unterschrift

Organspendeausweis

Organspendeausweis

nach § 2 des Transplantationsgesetzes

Name, Vorname   Geburtsdatum

Straße   PLZ, Wohnort

BZgA Bundeszentrale
für gesundheitliche
Aufklärung

Organspende
schenkt Leben.

Antwort auf Ihre persönlichen Fragen erhalten Sie beim Infotelefon Organspende unter der gebührenfreien Rufnummer **0800 / 90 40 400.**

Deutscher Organspendeausweis (Vorderseite)

Erklärung zur Organ- und Gewebespende

Für den Fall, dass **nach meinem Tod** eine **Spende von Organen/Geweben zur Transplantation** in Frage kommt, erkläre ich:

○ **JA,** ich gestatte, dass nach der ärztlichen Feststellung meines Todes meinem Körper Organe und Gewebe entnommen werden.

oder ○ **JA,** ich gestatte dies, mit **Ausnahme** folgender Organe/Gewebe:

oder ○ **JA,** ich gestatte dies, jedoch **nur** für folgende Organe/Gewebe:

oder ○ **NEIN,** ich widerspreche einer Entnahme von Organen oder Geweben.

oder ○ Über JA oder NEIN soll dann **folgende Person entscheiden:**

Name, Vorname   Telefon

Straße   PLZ, Wohnort

Platz für **Anmerkungen/Besondere Hinweise**

DATUM   UNTERSCHRIFT

Rückseite

Der Abdruck erfolgt mit freundlicher Genehmigung der Bundeszentrale für gesundheitliche Aufklärung. www.bzga.de

Organspende-Fragebogen

Welche der folgenden Aussagen treffen zu? Antworte mit Ja, wenn du meinst, die Aussage trifft zu, oder mit Nein, wenn du meinst, die Aussage ist falsch.

Ich habe mich mit der Frage nach Organspende bereits beschäftigt
❑ Ja ❑ Nein

Wir haben in unserer Familie über Organspende gesprochen und jeder weiß vom anderen, wie er in einem Notfall entscheiden soll.
❑ Ja ❑ Nein

Ich habe einen Organspendeausweis unterschrieben
❑ Ja ❑ Nein

Ich kenne einen Organempfänger
❑ Ja ❑ Nein

Ich werde in den nächsten Tagen in unserer Familie das Thema ansprechen.
❑ Ja ❑ Nein

In Deutschland ist jeder Organspender. Es sei denn, er/sie hat ausdrücklich widersprochen und eine Organspende für sich schriftlich abgelehnt.
❑ Ja ❑ Nein

In Deutschland kann nur der Organspender werden, der schriftlich einen Organspendeausweis unterschrieben hat.
❑ Ja ❑ Nein

Im Todesfall können auch die Angehörigen die Organe des Verstorbenen zur Organspende freigeben, wenn er selbst nicht zugestimmt hat.
❑ Ja ❑ Nein

Ehe ein Organ entnommen werden kann, muss der Hirntod des Menschen festgestellt sein.
Unter Hirntod versteht man, dass das Gehirn unrettbar zerstört ist.
❑ Ja ❑ Nein

Die Organverteilung ist einheitlich in Europa geregelt. Die Institution, die Organspende und Organverpflanzung regelt, heißt
❑ Eurotransplant ❑ Orgatec ❑ Orgatrans

Organspende – Fallbeispiele

Fall 1: Karl – Der Mann mit den neuen Armen
»Ich gebe sie nicht mehr her«

München – Zwei gravierende Einschnitte in sein Leben vergisst der 55-jährige Allgäuer Landwirt Karl Merk nicht mehr. Im Jahr 2002 geriet er bei der Arbeit auf seinem Hof mit beiden Armen in einen Maishäcksler und wurde lebensgefährlich verletzt. Sechs Jahre später, am 25. Juli 2008, wachte er in seinem Krankenbett im Münchner Klinikum rechts der Isar aus der Narkose auf – mit zwei Armen versehen: es waren die Gliedmaßen eines Toten. »Ich gebe sie nicht mehr her«, sagt der Landwirt. Das war am Dienstag, anlässlich einer Pressekonferenz des Münchner Klinikums in Memmingen. Ein Jahr lang hatten die verantwortlichen Chirurgen Christoph Höhnke und Edgar Biemer abgewartet, bis sie öffentlich von einem Erfolg dieser weltweit ersten beidseitigen Armtransplantation sprachen. Ihr Patient hatte Krisen in den vergangenen Monaten, und die Arme zeigten Abstoßungsreaktionen, die mit starken Medikamenten abgewehrt werden mussten. Zwischenzeitlich litt er auch an einer Lungenentzündung.

Die Symptome sind nun verschwunden. Und auch wenn Karl Merk wohl sein Leben lang Medikamente wird nehmen müssen, so kann er inzwischen sogar wieder Fahrrad fahren. Vor drei Wochen konnte er erstmals wieder die Finger der linken Hand bewegen – für die Physiotherapeuten am Klinikum Memmingen, die den Patienten wöchentlich rund 30 Stunden lang betreuen, ein unerwartet schneller Erfolg.

Willensstärke ist eine Voraussetzung

Noch ein weiteres Jahr, so die Prognose, wird Merk sich täglichen Übungen unterziehen müssen. Dabei geht es nicht nur um die Wiederherstellung der Muskel- und Sehnenfunktionen, sondern auch bestimmter Steuerungsfunktionen im Gehirn. Nach sechs Jahren Leben mit künstlichen Armprothesen hatte Karl Merk verlernt, wie man eine Tasse greift oder einen Stuhl rückt. Zur Behandlung gehört die sogenannte kognitive Therapie. Mit geschlossenen Augen muss der Patient etwa die Oberfläche von Tellern erfühlen, muss erkennen, ob sie rau sind oder geriffelt. Das sei eine Riesenanstrengung, sagen die Ärzte.

Es sei durch den Operationserfolg für alle Menschen mit ähnlichem Handicap »eine Tür aufgestoßen worden«, sagte am Dienstag Operateur Christoph Höhnke. Menschen mit Armfehlbildungen kann er derzeit aber keine Hoffnung machen. Auch Unfallopfern, denen die Beine abgetrennt wurden, kann durch die neue Operationsmethode nicht geholfen werden.

Sozialer Rückhalt ist wichtig

Auch Kollege Edgar Biemer dämpft zu hohe Erwartungen. Spendergliedmaßen seien knapp, das eigentliche Problem nicht die rund 15-stündige Operation. Sie sei, weil sie sorgfältig vorbereitet werden könne, weit weniger unwägbar als das Wiederannähen eines abgerissenen Arms unter hohem Zeitdruck. Vielmehr, so Biemer, bestehe die Gefahr, dass der Patient die lange Rekonvaleszenz nicht durchstehe.

Vor Karl Merk sei zunächst ein anderer Mann ohne Arme für das chirurgische Experiment ins Auge gefasst worden. Doch ihm habe es »am sozialen Rückhalt gefehlt«. Den genießt Merk, der sagt, nicht nur er habe die neuen Arme als seine eigenen angenommen, sondern auch seine Ehefrau. Die Krönung, das wäre für ihn, wenn er eines Tages wieder sein Motorrad fahren könnte, das seit 2002 in der Garage steht.   *Rüdiger Bäßler*

Aus: Stuttgarter Zeitung vom 23. Juli 2009

Fall 2: Kevin

Kevin (19) ist mit dem Motorrad verunglückt und schwer verletzt. Auf dem Weg ins Krankenhaus stirbt er. Sofort werden die Eltern von Kevin benachrichtigt. Da Kevin keinen Organspendeausweis hat, werden sie, die völlig verzweifelt über den Tod ihres Sohnes sind, gefragt, ob sie einer Organspende (Herz, Nieren ...) zustimmen würden. Kevins Organe könnten das Leben eines anderen Menschen retten.

Du warst mit Kevin befreundet und bist über seinen plötzlichen Tod geschockt. Wie konnte so etwas nur passieren?
• Wie hätte Kevin die Frage selbst entschieden?
• Wie sollen seine Eltern sich nun entscheiden?

Fall 3: Marvin und Marina

Dein Freund Marvin / deine Freundin Marina leidet seit einiger Zeit an einer schweren Nierenkrankheit. Zurzeit ist Marvin / Marina auf Apparate angewiesen, um zu überleben.

Eine Spenderniere würde die Situation für ihn / sie schlagartig verbessern. Deren Leben könnte wieder so sein wie früher. Aber Nieren sind knapp, Tausende von Menschen warten auf ein Spenderorgan, meist sehr lange. Oft habt ihr mit ihm / mit ihr über eure Hoffnung auf eine Transplantation gesprochen. Warten, warten, ... aber nichts tut sich.
• Gibt es nicht im weltweiten Organhandel die Möglichkeit, eine Niere zu kaufen?
• Ob ich nicht selbst als Spender einer Niere für Marvin / Marina in Frage komme?
• Oder kann Marvin / Marina nicht mit nur einer Niere auch ganz gut leben?

Aufgaben:

1. Sprecht über den Fall und bereitet eure Stellungnahme zum Fall bzw. zur Lösung des Falles vor.
2. Welche Fragen / Probleme bleiben offen?

Die katholische Deutsche Bischofskonferenz und der Rat der Evangelischen Kirche in Deutschland haben im Jahr 1990 eine gemeinsame Erklärung zur Organtransplantation herausgegeben. Seitdem haben in beiden Kirchen (parallel zu den Diskussionen um den Entwurf für ein Organtransplantationsgesetz) auf allen Ebenen Auseinandersetzungen über diese Thematik stattgefunden, besonders zur Frage des Todes. Beide Kirchen haben die Verabschiedung des Transplantationsgesetzes 1997 begrüßt und nochmals betont, dass die Organspende ein Akt der Nächstenliebe sein kann.

In der gemeinsamen Erklärung von 1990 heißt es unter anderem: »Nach christlichem Verständnis ist das Leben und damit der Leib ein Geschenk des Schöpfers, über das der Mensch nicht nach Belieben verfügen kann, das er aber nach sorgfältiger Gewissensprüfung aus Liebe zum Nächsten einsetzen darf.«

»Wer für den Fall des eigenen Todes die Einwilligung zur Entnahme von Organen gibt, handelt ethisch verantwortlich, denn dadurch kann anderen Menschen geholfen werden, deren Leben aufs Höchste belastet oder gefährdet ist. Angehörige, die die Einwilligung zur Organtransplantation geben, machen sich nicht eines Mangels an Pietät gegenüber den Verstorbenen schuldig. Sie handeln ethisch verantwortlich, weil sie ungeachtet des von ihnen empfundenen Schmerzes im Sinne des Verstorbenen entscheiden, anderen Menschen beizustehen und durch Organspende Leben zu retten.«

»Nicht an der Unversehrtheit des Leichnams hängt die Erwartung der Auferstehung der Toten und des ewigen Lebens, sondern der Glaube vertraut darauf, dass der gnädige Gott aus dem Tod zum Leben auferweckt.«

»Aus christlicher Sicht ist die Bereitschaft zur Organspende nach dem Tod ein Zeichen der Nächstenliebe und Solidarisierung mit Kranken und Behinderten.«

Quelle: http://www.organspende-info.de → Infothek → Religionen)

Bereitschaft der deutschen Bevölkerung zur Organspende in Zahlen:

Nach einer Umfrage des Forsa-Instituts im Jahr 2007 verfügten in Deutschland 13 Prozent der 18 bis 29-Jährigen über einen Organspendeausweis.

2001 gaben in einer repräsentativen GfK-Umfrage

- 6,7 % der Bevölkerung an, nach dem Tod Organspender sein zu wollen und einen Ausweis zu besitzen;
- weitere 23 % wollten ebenfalls nach dem Tod ihre Organe spenden, besaßen aber keinen Ausweis;
- 19,3 % lehnten Organspenden ab.

2008 gaben in einer repräsentativen IPSOS-Umfrage

- 16 % der Bevölkerung an, nach dem Tod Organspender sein zu wollen und einen Ausweis zu besitzen;
- weitere 52 % wollten ebenfalls nach dem Tod ihre Organe spenden, besaßen aber keinen Ausweis;
- 5,3 % lehnten Organspenden ab.

http://de.wikipedia.org/wiki/Organspendeausweis#cite_ref-ApothekenUmschau_2-0

Leben in der Einen Welt

Bildungsstandards für Werkrealschule, Realschule und Gymnasium

Die Schülerinnen und Schüler

- **können Probleme benennen, die sich aus gesellschaftlichen und wirtschaftlichen Veränderungen ergeben, und kennen Möglichkeiten, diese (...) partnerschaftlich zu bearbeiten (zum Beispiel Eine-Welt-Projekte; WRS 2.2)**
- kennen den Auftrag und beispielhafte Einsatzfelder der Kirchen in der heutigen Gesellschaft (WRS 6.1)
- können eine christliche Position zu einem ethischen Bereich darstellen, wie zum Beispiel Friedenssicherung, Medizin, Biologie, Technik, Wirtschaft, soziale Gerechtigkeit, Diakonie oder Ökologie (RS 2.3)
- kennen Beispiele gelebter Ökumene vor Ort oder kennen das Engagement der Kirchen für Gerechtigkeit, Frieden und Bewahrung der Schöpfung (RS 6.3)
- können zentrale ethische Aussagen der Bibel (Dekalog, wichtige Abschnitte der Bergpredigt, zum Beispiel Goldene Regel; Doppelgebot der Liebe) in eine normenkritische Urteilsbegründung einbeziehen (GY 2.1)
- kennen daraus (sich ergebende Herausforderungen für die eigene Lebensführung und die Mitgestaltung der Gesellschaft (GY 2.2).

Themenfeld: Freiheit und Verantwortung (WRS):
»Eine Welt« – eine gerechte Welt, global-lokal

Themenfeld: Kirche in der Welt (RS):
Kirche und Politik heute (zum Beispiel Friedensfrage, soziale Gerechtigkeit, Ökologische Verantwortung, Theologie der Befreiung)

Schwerpunktkompetenz und weitere Kompetenzen

- Warum gibt es heute noch Hunger auf der Welt, wenn gleichzeitig Lebensmittel vernichtet werden?
- Was kann ich selber tun?
- Können Einzelne etwas ausrichten?
- Sind die Menschen in den Entwicklungsländern nicht auch selber schuld an ihrem Elend? Was hat unser Lebensstandard mit der Armut in anderen Ländern zu tun?
- Was hat mein Verhalten als Jugendlicher mit der Situation in den »Dritte-Welt-Ländern« zu tun?
- Warum sollte ich auf Produkte, die mir wichtig sind, verzichten?

Elementare Fragen

- Eine große Weltkarte mit veranschaulichenden Symbolen und Diagrammen (für Einkommen, Bevölkerung, Energieverbrauch, CO_2-Ausstoß ...) sowie Informationen zu einzelnen Ländern im Sinne einer Arbeitskarte (**M 8a**). Es können auch herkömmliche Schulkarten aus dem Geographie- bzw. dem Geschichtsunterricht verwendet werden. Diagramme und Symbole können mittels Klebezettel bzw. mit normalem Papier und abziehbarem Klebstoff auf der Karte befestigt werden.

Leitmedien

- Religionsheft (als mit zur Leistungsmessung herangezogenes Themenportfolio).
- Aspekt-Collagen: zu ausgewählten Bausteinen gestalten Schüler/innen (in GA) Collagen, die die Grundlage für eine Ausstellung im Schulhaus bilden.

Ein Blick auf katholische Bildungsstandards	Die Schülerinnen und Schüler - kennen christliche Positionen zu ethischen Fragen in einem ausgewählten Bereich wie Medizin, Biologie, Technik, Wirtschaft oder Ökologie (WRS 2.3) - wissen, dass nach Verständnis des christlichen Glaubens Menschen zu verantwortlichem Handeln bestimmt sind, scheitern können und ihnen von Gott in der Vergebung ein Neuanfang eröffnet wird (WRS 2.5) **Themenfeld: Für menschliches Leben Verantwortung übernehmen:** Eingriffe in die Schöpfung: Gentechnologie, der Mensch nach Maß, Ökonomie gegen Ökologie - können das Anliegen des konziliaren Prozesses darlegen und argumentativ begründen (GY 2.1) **Themenfeld: Leben in der einen Welt – Konziliarer Prozess:** Zukunftshoffnungen und Zukunftsängste Jugendlicher Konziliarer Prozess, Gerechtigkeit – Frieden – Bewahrung der Schöpfung.
Die Schülerinnen und Schüler können zeigen, was sie schon können und kennen	- Die Schülerinnen und Schüler können anhand ihrer Kenntnisse aus dem Geschichtsunterricht den Dreieckshandel und die Kolonisation in Grundzügen darstellen. Sie wissen, dass damit grundlegende Weichen für viele Länder gestellt wurden. - Sie wissen, dass in der Bibel in vielen Texten für die Schwachen und Armen explizit Partei ergriffen wird. **M 2** kann zur Vorbereitung herangezogen werden. - **M 1** dient zur Erhebung des Vorwissens. Die Schülerinnen und Schüler erhalten ein Arbeitsblatt und schneiden die einzelnen Begriffe und Sätze aus. In einer ersten Runde sortieren sie für sich in »ist mir bekannt / könnte ich erklären / ich weiß, was damit gemeint ist« und »ist mir unbekannt / kann ich nicht erklären / ich weiß nicht, was damit gemeint ist«. Nach dieser Runde folgt eine Partnerarbeit nach demselben Prinzip mit dem Ziel, den gemeinsamen Stapel der unbekannten Karten zu verkleinern. Anschließend werden in der Lerngruppe die noch unbekannten Begriffe gesichtet und erarbeitet.
Die Schülerinnen und Schüler wissen, welche Kompetenzen es zu erwerben gilt, und können ihren Lernweg mitgestalten	- Die Schülerinnen und Schüler können erklären, warum es in vielen Supermärkten sog. Fairtrade-Produkte gibt. Sie können erklären, warum es sinnvoll ist, für ein Fairtrade-Produkt mehr auszugeben. - Die Schülerinnen und Schüler wissen, warum Menschen ehrenamtlich in Eine-Welt-Läden arbeiten. - Die Schülerinnen und Schüler können anhand eines aktuellen Beispiels zeigen, dass das Kaufverhalten hier Auswirkungen auf die Lebenssituationen der Menschen in den unterentwickelten Ländern hat.

- Die Schülerinnen und Schüler wissen, dass Frieden, Gerechtigkeit und Bewahrung der Schöpfung für Christen zentrale Motive ihres ethischen Handelns sind, und können relevante Texte aus der Bibel nennen.

- Projektorientiertes Arbeiten: Besuch eines Eine-Welt-Ladens (ggf. mit kath. Religion und mit den Lehrenden der gesellschaftswissenschaftlichen Fächer bzw. der entsprechenden Fächerverbünde (WZG/WAG/...) und Ethik sowie weiteren Partnern je nach den Gegebenheiten vor Ort.
- Eventuell: Arbeitsteilige Gruppenarbeit – Aspekte: Organisation der Fahrt zum Eine-Welt-Laden; Führung durch den Laden; Befragung der Mitarbeitenden (Fragen in der Lerngruppe sammeln bzw. Fragebogen **M 3** verwenden); Warenbestand erheben (Was kann man alles in einem Eine-Welt-Laden kaufen?); Befragung der Leute, warum sie hier im Laden einkaufen; Preise für ausgewählte Produkte aus dem Eine-Welt-Laden mit den Preisen im Supermarkt vergleichen; Befragung von Jugendlichen, ob sie den Eine-Welt-Laden kennen und dort kaufen (würden); …
- Weiteres Gespräch mit dem Mitarbeiter im Eine-Welt-Laden: Wer verkaufen will, braucht Werbung! – Wie wird für den Eine-Welt-Laden geworben? Werbeplakate für Fairen Handel / Eine-Welt-Läden erstellen (Kooperation mit dem Fach Kunst bzw. den entsprechenden Fächerverbünden). Pro Plakat eine Botschaft zum Thema »Gerechtigkeit« aus der Bibel heraussuchen (Fundstellen in Auswahl: Ex 22,20–26; Lev 25,39–46; Am 5,21–24; Mt 25,31–46 …).
- Auswertung des Besuches im Eine-Welt-Laden (siehe **M 4**).
- Bearbeiten des Arbeitsblattes zum Fairen Handel von Brot für die Welt (siehe www.Brot-für-die-welt.de) → Jugend und Schule; → Brot für die Welt im Unterricht – Unterrichtsmaterialien (oder **M 5**).
- Erstellung einer Aspekte-Collage zum Besuch (siehe Leitmedien).
- Umfrage im Lehrerkollegium: Welcher Kaffee wird im Lehrerzimmer getrunken? Ist dieser Kaffee fair gehandelt? Wenn nicht: Wäre das Kollegium bereit, fair gehandelten Kaffee zu kaufen? Eine Schülergruppe stellt in einer GLK den Besuch des Ladens vor und wirbt für den Kauf von fairem Kaffee.

Die Schülerinnen und Schüler planen den Besuch eines Eine-Welt-Ladens, führen ihn durch und reflektieren das Vorhaben

---

- Anhand von **M 6** (Top-Ten-Liste) erstellen die Schülerinnen und Schüler eine Liste mit den Dingen, die sie in den letzten vier Wochen a) selbst gekauft, b) geschenkt bekommen haben. Zusätzlich wird ein Wunsch erhoben, der noch nicht erfüllt ist.
- Die Wünsche sollen nun mit den Buchstaben »n« (notwendig) und »l« (luxuriös, nicht nötig) gekennzeichnet werden. Anschließend wird das Blatt mit dem Nachbarn getauscht, der nun seinerseits eine Wertung vornimmt. Anschließend Austausch der beiden Partner.
- Hinweise für das Auswertungsgespräch in der Gesamtgruppe: Wo gab es bei den Paaren Unstimmigkeiten und warum? Finden sich diese in der Gesamtgruppe wieder? (Hinweis: Wenn der Gegenstand an sich unstrittig ist, kann man über die Anzahl [4 Caps?; 10 Playstationspiele?; 8 Lippenstifte?] diskutieren).
- Macht der Gruppendruck – das (vermeintliche!?) Gefühl, über ein Produkt Zugehörigkeit zu erlangen – etwas aus?

Die Schülerinnen und Schüler begründen ihre Einstellungen zu den sie umgebenden (notwendigen / luxuriösen) Dingen und begründen ihr Kaufverhalten

- Hinweise zur Auswertung des Wunsches, der noch nicht erfüllt ist: Verhältnis materielle / immaterielle Wünsche? Wer könnte seinen materiellen Wunsch durch einen immateriellen ersetzen?
- Lesen von **M 7** »Kinderalltag«. Wie würde eine Liste der Top-Ten von Kalyani aussehen? Welche Dinge ständen auf ihrer Liste?
- Abschließende Diskussion / Reflexion anhand folgender Impulse: Wie entstehen Bedürfnisse / Wünsche etwas zu haben? (Werbung? Freunde? Ersatzanschaffung, da etwas kaputt, leer, nicht mehr brauchbar, altmodisch, uncool geworden ist?) Was braucht man wirklich? Woher kommen unterschiedliche Vorstellungen von Notwendigem und von Luxus?
- Kreative Gestaltungsarbeit: Was und wieviel brauche ich wirklich? Erstellen einer Aspekt-Collage bzw. Gestaltung eines Bildes.

Die Schülerinnen und Schüler erhalten durch ein Schätzspiel im Klassenzimmer eine Vorstellung von wichtigen Kennzahlen bezogen auf die Weltbevölkerung sowie auf die Schuldenproblematik	- Einführung in das Spiel »Wir sind die Welt« (**M 9**, adaptiert nach einer Vorlage von: www.welthaus.at); Leitmedium »Weltkarte«: Impuls: »Auf der Erde leben zurzeit ca. 7 Mrd. Menschen. Ihr sollt einschätzen, wie sich diese auf die Kontinente verteilen. Arbeit mit dem Leitmedium Weltkarte (siehe **M 8** bis **M 12** dort weitere Anweisungen zum Spiel). - Die Schüler lesen **M 13** (Geschichte der Verschuldung). Der Text endet historisch in etwa vor dem Jahr 1985 (Baker-Plan). Die Schüler recherchieren auf den Seiten von www.erlassjahr.de unter der Rubrik »Länder von A–Z« die Schuldenquote, das heißt den Anteil der gesamten Auslandsverschuldung im Verhältnis zum Bruttonationaleinkommen und heften die Informationen von ausgewählten Ländern (z.B. Elfenbeinküste: 76,7 Prozent) an die Karte. - Pro / Contra: Unterrichtsgespräch: Soll man die Schulden erlassen? (Jeden Tag sterben ca. 25.000 Menschen an Mangelernährung und Hunger.)
Die Schülerinnen und Schüler erkennen, dass Produkte, die man hier kaufen kann, an anderen Orten gefertigt werden. Sie erarbeiten sich die Lebens- und Arbeitsbedingungen der Menschen dort	- Einstieg: Zeigen eines Sportschuhs von adidas, Nike, Puma; Unterrichtsgespräch (mögliche Aspekte: Welche Preisspannen gibt es, Vorlieben in der Klasse? In welchem Rhythmus werden Turnschuhe gekauft? Wann, wozu zieht ihr Turnschuhe an? Warum sind Turnschuhe so beliebt? Woher kommen eure Sportschuhe – habt ihr mal in das Etikett geschaut? …). - **M 14** als Folie für die Gesamtgruppe (Unterrichtsgespräch) oder als Folie für eine Schätzung in Arbeitsgruppen. Auftrag: Die Schülerinnen und Schüler schätzen den Verdienst / den Anteil – des Schuhgeschäfts – des Markeninhabers – des Materials – des Transports – der Fabrikation / Herstellung – und der Näherin an einem 100 Euro-Schuh. - Vergleich der Lösungen mit **M 15**. - Diskussion der Ergebnisse. Wie würde ein »fairer Schuh« aussehen? Was würde das bedeuten? (Entweder eine Schmälerung der anderen Anteile zugunsten der Näherin oder eine Verteuerung des Produktes). - Eine Näherin verdient an einem 100 Euro-Schuh 40 Cent. Wie sieht das Leben einer Arbeiterin in einer Näherei aus? **M 16** (Bericht aus El Salvador: Von diesem Lohn kannst du nicht leben) wird vorgelesen bzw. von den Schülerinnen und Schülern gelesen. - Anhand von **M 17** kann der Bericht der Näherin aus El Salvador ausgewertet werden.

- Die Schülerinnen und Schüler recherchieren aktuelle Informationen zu El Salvador (Länderkennzahlen auf der Seite: www.bmz.de, → Was wir machen → Länder).
- Gestaltungsaufgabe: Neben den gängigen Werbeslogans wie: »Je günstiger desto besser«, »Geiz ist geil«, »So geht billig heute! ...« Slogans für faire Kleidung und gerechte Löhne entwerfen und ggf. grafisch gestalten. Weitere Informationen z.B. auf: www.saubere-kleidung.de; www.oxfam.de

---

- Internet-Rechercheaufträge: Recherchieren der Begriffe Tantal, Coltan (Koltan) sowie des Zusammenhangs zwischen Handys und Koltan.
- (Bei Rechercheaufträgen im Internet: Die Schülerinnen und Schüler sollten die Herkunft ihrer Informationen belegen, also auch dokumentieren, wer diese Informationen ins Netz gestellt hat, was evtl. noch auf der Homepage zu finden war, ggf. welche Position die Verfasser der Seite zu der Problematik einnehmen).
- Auf der Seite: www.bmz.de aktuelle Daten der Demokratischen Republik Kongo recherchieren und an der Arbeitskarte fixieren.
- Eine Zusammenfassung über die politische Situation in der Demokratischen Republik Kongo erstellen (z.B.: www.bpb.de).
- Einen Größenvergleich zwischen der Bundesrepublik Deutschland und der Demokratischen Republik Kongo vornehmen (evtl. die Umrisse Deutschlands auf der Arbeitskarte (Leitmedium) auf Papier größengerecht abzeichnen oder durchpausen und in die Demokratische Republik Kongo einkleben, um den Größenvergleich anschaulich zu machen).
- Die Fundstätten für Coltan (Tantal und Niob) in die Arbeitskarte einzeichnen bzw. mit Klebezetteln markieren.
- Zahlen zur Handynutzung und zu weggeworfenen Handys in Deutschland und anderen Ländern recherchieren – vor allem auch die jugendlichen Nutzer betreffend. (»Eine wissenschaftliche Studie der TU Berlin hat ergeben, dass in Deutschland im Jahr 2007 ausgediente Mobiltelefone mit einem Gesamtgewicht von 5.000 Tonnen angefallen sind [entspricht etwa 25 Millionen Stück]. Davon sind laut Studie nur 223 Tonnen getrennt gesammelt worden, 95 Tonnen durch die Kommunen und 108 Tonnen durch Hersteller bzw. Vertreiber. Das entspricht einer Sammelquote von rund 4 Prozent. Dagegen ist jedes fünfte Mobiltelefon nach der Studie über den Hausmüll entsorgt worden.«) (siehe http://www.handy-clever-entsorgen.de/hintergrundinformation/doc/hintergrundinformationen.pdf) vom 14.08.2012.
- Eine Statistik der Lerngruppe erstellen (Wer hat ein Handy, zwei, mehrere? Wie viele Handys, die nicht mehr benötigt werden, haben die einzelnen Schüler bzw. deren Familien zu Hause? Wie lange hat man ein Handy? Welche Gründe gibt es zur Neuanschaffung eines Handys?)
- Die Schülerinnen und Schüler erarbeiten sich die Situation in der Demokratischen Republik Kongo anhand von **M 18**: (M)ein Handy und der Krieg im Kongo.
- Diskussion: Verzicht auf Handys? Welche Möglichkeiten hat man, wenn man konkret etwas tun will? (Handy so lange wie möglich nutzen, ggf. ein gebrauchtes Gerät kaufen, ein defektes Handy über den Elektroschrott entsorgen bzw. beim Hersteller in Erfahrung bringen, ob dieser das Handy zurücknimmt. Der blaue Engel ist ein Ökologie-Label, das auch umweltfreundlichere und strahlungsärmere Handys auszeichnet.)
- Die Schülerinnen und Schüler informieren sich über Graham Harwood, Richard Wright und Matsuko Yokokoji aus Großbritannien, die 2009 mit ihrer

Die Schülerinnen und Schüler können erkennen, dass es Zusammenhänge (Interdependenzen) zwischen dem Kaufverhalten und den Lebensbedingungen der Menschen in den Herstellerländern gibt

Installation »Tantalum Memorial« den ersten Preis des »transmediale Award« gewonnen haben. Sie erproben eigene kreative Umsetzungen (Bilder, Collagen, Präsentationen ...) zum Thema Handys und die Situation der Menschen in den Abbaugebieten in der Demokratischen Republik Kongo.

■ Der Entdecker des Tantal hat diesen Stoff nach Tantalos benannt. Inwiefern passt die Situation der Demokratischen Republik Kongo zum Schicksal des Tantalos? (Stichwort »Tantalosqualen« – »Leiden der Bevölkerung«).

Die Schülerinnen und Schüler können erkennen, dass die Bibel in alt- und neutestamentlichen Texten Leitbilder für ethisches Handeln formuliert	■ Die Schülerinnen und Schüler erhalten **M 19** (a und b) mit fünf Bibeltexten (3. Mose 25,39–45; 2. Mose 22,20–26; Jer 7,3–7; Amos 5,21–24; Mt 25, 21–46) und suchen sich die für sie wichtigsten Passagen heraus. Diese formulieren sie zu einem Satz (ggf. in arbeitsteiliger Gruppenarbeit). ■ Diskussion: Was haben alle Texte gemeinsam? ■ Alle Texte thematisieren auf die eine oder andere Art »Gerechtigkeit«. ■ Ampelspiel: Jeder Schüler / jede Schülerin erhält je eine Karte aus grünem, rotem und gelbem Tonpapier (laminiert könnten diese immer wieder eingesetzt werden). Sie signalisieren durch Hochhalten ihre Zustimmung, Ablehnung oder Unentschiedenheit zu den Statements auf **M 20**. ■ Gegebenenfalls kann dies auch als Einstellungsspiel gestaltet werden. Nach dem Vorlesen der Statements positionieren sich die Schülerinnen und Schüler zwischen zwei Polen: »Ich stimme voll zu.« – »Ich stimme nicht zu.« Anschließend definiert jeder Schüler / jede Schülerin für sich, was er / sie unter Gerechtigkeit versteht. ■ Schülerinnen und Schüler gestalten ein Akrostichon, einen Rap, eine Collage, ein Standbild zum Begriff »Gerechtigkeit«. ■ Die Schüler bearbeiten **M 21**: Was zusammengehört.
Die Schülerinnen und Schüler können erkennen, dass Solidarität mit den Schwächeren die Basis biblischer Ethik ist	■ Die Schülerinnen und Schüler lesen 2. Mose 22,20–16 und Mt 25,41ff (**M 22**). Sie nennen die Personen bzw. Personengruppen, denen Hilfe zuteil werden soll (Fremde, Witwen, Waisen, Hungernde, Strafgefangene ...). Sie recherchieren die Entstehungszeit der Texte. ■ Sie schreiben einen kleinen Text im Stile des Bibeltextes (vgl. **M 22**) und ersetzen / erweitern die Personengruppen durch Menschen, die heute unsere Hilfe benötigen. **M 18** (M)ein Handy und der Krieg im Kongo sowie **M 16** Bericht aus El Salvador: Von diesem Lohn kannst du nicht leben und der Bericht des Kinderalltags **M 7** helfen dabei. ■ Die Schülerinnen und Schüler wählen sich zentrale Sätze (Botschaften) aus den selbst verfassten Texten und entwerfen T-Shirts **M 23** (ggf. auf DIN A3 vergrößern) oder Buttons **M 24** dazu.
Die Schülerinnen und Schüler können erkennen, dass es Möglichkeiten gibt, Solidarität mit den Schwächeren zu üben	■ Fastenaktion von Misereor: Rechercheauftrag an Schülerinnen und Schüler oder Vorstellung durch die Lehrkraft (www.misereor.de). ■ Abstimmung, ob man an der Aktion teilnimmt, indem man für eine gewisse Zeit auf etwas verzichtet, um die Ersparnis dann einem bestimmten Projekt zu spenden bzw. sich Sponsoren zu suchen, die für bestimmte Aktionen (z.B. http://www.misereor.de/aktionen/solidaritaet-geht.html Solidarität geht – Spendenlauf) Geld bezahlen, das dann gespendet werden kann. ■ Schülerinnen und Schüler führen die Aktion durch und informieren anschließend eine andere Klasse über den Verlauf und das Ergebnis (Dokumentation durch Fotos in Form einer Ausstellung, eines Zeitungsartikels ...)

- Außerunterrichtliche Veranstaltung: Die Schülerinnen und Schüler besuchen die örtlichen Pfarrer/innen und fragen nach, ob und welche Projekte die Dritte Welt betreffend durch die Gemeinde finanziert werden. Gegebenenfalls kann auch eruiert werden, ob die Lerngruppe sich an einer Aktion beteiligen kann bzw. durch Mitarbeit beim nächsten Gemeindefest die Möglichkeit erhält, Geld zu verdienen, das dann gespendet wird.

- Die Schülerinnen und Schüler bearbeiten **M 25** und überlegen dabei, was sie selber angesichts der Ungerechtigkeit tun können, um Schritte auf dem Weg in Richtung einer gerechteren Welt zu gehen.
- Sie finden drei gute Gründe (**M 26**) für bewusstes Verhalten den unterentwickelten Ländern gegenüber!
- Sie können am Beispiel von Coltan erklären, dass unser Kaufverhalten Einfluss auf die Lebensbedingungen der Menschen in der Demokratischen Republik Kongo hat.
- Sie können erklären, warum es auf der Internetseite des Schulfernsehens (»Planet Schule«) einen Film gibt, der »Blut im Handy? – Der schmutzige Handel mit Coltan für unsere Handys« heißt.
- Die Schülerinnen und Schüler können in einer Gesamtlehrerkonferenz Gründe dafür vortragen, dass der Kaffee, der im Lehrerzimmer getrunken wird, fair gehandelt sein sollte.

Die Schülerinnen und Schüler können darstellen, was neu gelernt wurde

---

Hinweis: Diese Link-Liste finden Sie auch auf der Homepage des Calwer Verlags → Unterrichtsideen Religion 9/10, 2. Teilband → Zusatzmaterialien → Link-Liste UE »Leben in der einen Welt«

Links zur Unterrichtsgestaltung

Online-Material
- http://www.ewik.de/coremedia/generator/ewik/de/01__Startseite/Startseite.html (Portal globales Lernen mit zahlreichen Unterrichtsmaterialien).
- www.welthaus.at (Katholische Initiative Bildung und Entwicklung in Österreich).
- http://www.eine-welt-unterrichtsmaterialien.de/einewelt/index.html (sehr umfangreiche Datenbank mit vielen Unterrichtsmaterialien sortierbar nach Themenbereichen und Zielgruppen).
- http://www.fes-online-akademie.de/modul.php?md=7&c=materialien&id=161 Die Seite der Friedrich-Ebert-Stiftung bietet Unterrichtsmaterialien u.a. zu den Themen Tourismus, Handys und Kleidung zum Download an.
- http://www.suedwind-institut.de/ (Homepage des Instituts Südwind mit vielen Fachinformationen zur Vorbereitung für die Lehrkraft (Bsp.: Mai 2012 Studie: Vom Kakaobaum bis zum Konsumenten. Die Wertschöpfungskette von Schokolade.)
- www.brot-fuer-die-welt.de (auch hier kann unter der Rubrik Jugend und Schule Unterrichtsmaterial eingesehen und heruntergeladen werden).
- www.misereor.de (hier finden sich ebenfalls zahlreiche Unterrichtsvorschläge sowie downloadbare Filme).
- www.transfair.org (die Fairtradeseite mit Hinweisen für Aktionsideen zum Verkauf fairer Produkte an Schulen).
- www.gepa.de (mit Filmen zu unterschiedlichen fair gehandelten Produkten).
- www.emw-d.de (die Seite des ev. Missionswerkes in Deutschland bietet die Möglichkeit zum Download einer Weltkarte in der sog. Peters-Projektion sowie Materialien für den Unterricht).

- http://www.planet-schule.de/sf/php/02_sen01.php?sendung=8553 (die Seite Schulfernsehen multimedial von SWR und WDR bietet zum Thema Coltan einen Film unter dem Titel: »Blut im Handy? Der schmutzige Handel mit Coltan für unsere Handys« sowie weitere relevante Beiträge, die nach Fächern geordnet recherchiert werden können).
- www.fian.de (die Seite des FoodFirst Informations- & Aktions-Netzwerks bietet zu zahlreichen Themen Informationen).
- www.diakonie.de (auf den Seiten des Diakonisches Werkes der Evangelischen Kirche in Deutschland e. V. finden sich zahlreiche Möglichkeiten für ehrenamtliches Engagement in den unterschiedlichsten Bereichen).
- www.epiz.de (auf den Seiten des Entwicklungspädagogischen Informationszentrums (EPiZ) in Reutlingen bekommt man Informationen zu globalem Lernen sowie zu zahlreichen anderen Themen rund um die Eine Welt. Es bietet eine umfangreiche Bibliothek mit fachwissenschaftlichen und fachdidaktischen Themen. Im EPiZ ist ebenso das Programm »Bildung trifft Entwicklung« (BtE) angesiedelt, das zurückgekehrte Experten aus der Entwicklungszusammenarbeit zu Bildungsveranstaltungen in Schulen vermittelt).
- www.bmz.de (die Seiten des Bundesministeriums für wirtschaftliche Zusammenarbeit und Entwicklung sind eine Fundgrube für unterschiedlichstes Zahlenmaterial sowie für Filme, verschiedenste Printmedien, Karten und Filme. In der Regel erfordern die Materialien eine didaktische Aufbereitung. Hier finden sich auch Informationen zur Initiative »Chat der Welten«.
- www.welthaus.de (auf den Seiten des Welthauses Bielefeld finden sich viele Materialien zum Unterricht, die zum Download bereit stehen).

Welthandel	**Börse**
Spekulation	**Rohstoffpreise**
Augen auf beim Turnschuhkauf	**Eine-Welt-Laden**
Fairer Handel	**Welteinkommen**
… das habt ihr mir getan	**Am Handy klebt Blut?**
Kinderarbeit	**Ich kann sowieso nichts tun!**

An vielen Stellen in der Bibel geht es auch um Reichtum und Armut. Reichtum, der auf Kosten anderer erworben wurde oder von dem man nichts an Arme abgibt, dagegen wehren sich die Texte ganz besonders.

- Was sagen diese Textstellen aus?
- Versuche eine moderne Übersetzung!
- Findest du weitere Stellen in der Bibel, die sich zum Thema Armut und Reichtum äußern?

Sprüche 30,7–8
Zwei Dinge erbitte ich von dir, verwehre sie mir nicht, bevor ich sterbe:
Halte Falschheit und Lüge fern von mir, gib mir weder Armut noch Reichtum, gib mir zu essen, soviel ich brauche.

Sprüche 11,28
Wer auf seinen Reichtum vertraut, kommt zu Fall, aber wie Blätter sprossen die Gerechten.

Amos 5,11–12
Darum, weil ihr dem Hilflosen Pachtzins auferlegt und Abgaben vom Getreide von ihm nehmt: Häuser aus Quadersteinen habt ihr gebaut, doch darin wohnen werdet ihr nicht; prächtige Weinberge habt ihr gepflanzt, doch ihren Wein werdet ihr nicht trinken! Denn ich weiß, dass eure Vergehen zahlreich und eure Sünden gewaltig sind, die ihr den Gerechten bedrängt, Bestechung annehmt und die Armen wegstoßt im Tor.

Mk 10,23–27
Da blickt Jesus um sich und sagt zu seinen Jüngern: Wie schwer kommen doch die Begüterten ins Reich Gottes! Die Jünger aber erschraken über seine Worte. Jesus aber sagte noch einmal zu ihnen: Kinder, wie schwer ist es, in das Reich Gottes zu kommen. Eher geht ein Kamel durch ein Nadelöhr als ein Reicher in das Reich Gottes. Sie aber waren bestürzt und sagten zueinander: Ja, wer kann dann gerettet werden? Jesus blickt sie an und spricht: Bei Menschen ist es unmöglich, nicht aber bei Gott. Denn alles ist möglich bei Gott.

Mt 6,24
Niemand kann zwei Herren dienen. Denn entweder wird er diesen hassen und jenen lieben, oder er wird sich an jenen halten und diesen verachten. Ihr könnt nicht Gott dienen und dem Mammon.

2. Korinther 9,7
Jeder aber gebe, wie er es sich im Herzen vorgenommen hat, ohne Bedauern und ohne Zwang; denn einen fröhlichen Geber hat Gott lieb.

M 3 Fragebogen für die Befragung der Mitarbeiter im Eine-Welt-Laden

1. Wie alt sind Sie? Haben / Hatten Sie einen Beruf?

2. Wie lange arbeiten Sie schon ehrenamtlich im Eine-Welt-Laden?

3. Warum arbeiten Sie ehrenamtlich hier? – Was ist Ihre Motivation?

4. Was wissen Sie über die Geschichte dieses Eine-Welt-Ladens?

5. Seit wann gibt es Eine-Welt-Läden?

6. Früher hießen diese Läden Dritte-Welt-Läden. Warum nennt man sie jetzt »Eine-Welt-Läden«?

7. Welche Produkte verkaufen sich gut? – Welche verkaufen sich schlecht?

8. Machen Sie Werbung für Ihren Laden?

9. Wem gehört der Laden eigentlich?

10. Macht der Laden Gewinn?

11. Was bedeutet »Fairer Handel«?

12. Was ist ihr Lieblingsprodukt in diesem Laden?

13. Gibt es eine besondere Gruppe von Menschen, die hier hauptsächlich einkauft?

14. Sind die Käufer eher jünger oder eher älter?

15. (Je nach Antwort oben): Was müsste man tun, damit mehr jüngere / ältere Menschen im Eine-Welt-Laden einkaufen?

16. Welche Produkte hätten Sie gern noch im Laden?

17. Kaufen Sie persönlich für sich auch Waren im Supermarkt?

18. Aus welchen Ländern der Welt kommen die Waren im Laden hier?

19. Wenn Sie Entwicklungsminister / Entwicklungsministerin wären, was würden Sie als Erstes tun?

Auswertung des Besuches im Eine-Welt-Laden

Auswertung des Besuches im Eine-Welt-Laden in _____

Beim Besuch des Eine-Welt-Ladens hat mich am meisten überrascht, dass

_____

_____

_____

Ich glaube, der Verkäufer / die Verkäuferin im Eine-Welt-Laden ist davon überzeugt, dass

_____

_____

_____

Mich hat geärgert / ich bin enttäuscht darüber, dass

_____

_____

_____

Ich habe gelernt, dass

_____

_____

_____

Ich möchte noch sagen:

_____

_____

_____

_____

_____

Was ist Fairer Handel?

Kommt dir das bekannt vor? Das Taschengeld ist alle, aber irgendwie ist noch ziemlich viel Monat übrig? Wie wichtig Geld im Leben ist, merkt man schnell. Mit ein paar angesagten Markenklamotten oder der topaktuellen CD bist du im „Club der Trendigen" aufgenommen, wo man auf OUTFIT und Image großen Wert legt. Wenn man jedoch bei dem, was gerade „in" ist, nicht mithalten kann, bekommt man schnell das Gefühl, im Abseits zu stehen. Auf einmal – nur weil der Geldbeutel leer ist – nicht mehr „mitspielen" zu dürfen, ist ganz schön unfair, oder?

So ähnlich läuft das auch weltweit. Wer da aber „aus dem Spiel" ist, kämpft nicht nur gegen verächtliche Blicke auf dem Schulhof oder auf der Party, sondern oft ums Überleben. Denn die Großen – das sind in den meisten Fällen die reichen Industrienationen – haben das Geld und damit auch die Macht, die Spielregeln festzulegen. Das wird besonders beim Handel zwischen ihnen und den ärmeren Entwicklungsländern deutlich. Fair wäre es, wenn auch die Kleinen ein Stück von der dicken Torte „Welthandel" abbekämen, damit sie ein menschenwürdiges Leben führen können. Doch der Handel kann schnell zu einer unfairen Angelegenheit werden. Nämlich dann, wenn eine Seite übermächtig ist und dies ausnutzt, um der anderen Seite ihre Bedingungen aufzuzwingen.

Darunter leiden meist Arbeiterinnen und Arbeiter, die auf Plantagen, Feldern oder in Fabriken schuften. Wenig Lohn und schlechte Arbeitsbedingungen, verunreinigtes Trinkwasser und mangelhafte Ernährung sind bei ihnen an der Tagesordnung. Der Verdienst reicht oft kaum zum Überleben. Die Kinder zur Schule zu schicken, dafür ist ganz häufig erst recht kein Geld da. Im Gegenteil: Kinder müssen oft mit anpacken und selbst etwas verdienen, weil das elterliche Einkommen zu spärlich ausfällt. Betroffen sind hauptsächlich die Menschen in Entwicklungsländern in Asien, Afrika und Lateinamerika.

Neben dem unfairen Handel gibt es aber auch einen Fairen Handel. Davon hast du noch nichts gehört? Fairer Handel bedeutet kurz gesagt: Verbraucher in wohlhabenderen Ländern zahlen für fair gehandelte Produkte zum Beispiel Kaffee, Tee, Bananen, Orangensaft, Textilien etc., etwas mehr als für „unfaire" Waren. Zu den Bedingungen des fairen Handels gehören:
• gerechte Löhne
• der Kauf der Waren direkt bei den Organisationen der Produzenten
• langfristige, zuverlässige und partnerschaftliche Handelsbeziehungen

• Vorfinanzierung der Produzenten
• Förderung von ökologischer Landwirtschaft

Der eben angesprochene Mehrpreis, den die Verbraucher zahlen, hat in diesen Ländern eine große Wirkung. Selbst dann, wenn er bei uns nur wenige Cent oder Euro beträgt. Schon zehn Cent mehr können das Einkommen eines Bauern oder Produzenten manchmal verdoppeln! Dieses „Mehr-Geld" fließt dabei entweder direkt an Einzelpersonen (also Arbeiter, Bauern etc.), die es zum eigenen Leben verwenden, oder an Produktionsgenossenschaften, die es zum Wohle aller Mitglieder investieren können: wie in die medizinische Versorgung oder den Bau von Schulen. Beim Fairen Handel wird also nicht gesagt: Hallo Kaffeebauer, entweder du lieferst uns den Kaffee für unseren Preis, oder du hast Pech gehabt, und wir kaufen unseren Kaffee woanders. Sondern der Faire Handel bezahlt seinen Handelspartnern einen festen Preis, der in Verträgen mit langer Gültigkeit festgelegt wird. Dieser richtet sich nach den tatsächlichen Bedürfnissen der Menschen und nicht nach dem, was gerade auf dem Weltmarkt für Kaffee gezahlt wird.

Damit alles mit rechten Dingen zugeht, wird der ganze Prozess von unabhängigen Gutachtern kontrolliert. Ist alles in Ordnung, erhalten fair gehandelte Produkte eine spezielle Kennzeichnung, zum Beispiel das TransFair-Siegel. Das Tolle am Fairen Handel ist: Jeder kann mitmachen und eine gerechtere Welt mitgestalten! Wie? Na, zum Beispiel, indem du fair gehandelte Produkte kaufst, dich in Aktionsgruppen engagierst oder einfach anderen vom Fairen Handel erzählst. Denn je mehr Menschen darüber Bescheid wissen, desto besser.

Aufgaben

Beantwortet die Fragen und bereitet eine kurze, anschauliche Präsentation des Themas vor.

1. Wer bestimmt die „Spielregeln" beim Welthandel?
  Die reichen I_ _ _ _ _ _ _ _ _ _ _ _ _ _ _ _.

2. Wer leidet unter diesen unfairen „Spielregeln?"
  A_ _ _ _ _ _ _ und A_ _ _ _ _ _ _ _ _ _ _.

3. Von wem wird kontrolliert, dass Fairer Handel auch wirklich fair abläuft?
  Von u_ _ _ _ _ _ _ _ _ _ Gutachtern.

4. Fair gehandelte Produkte haben eine Kennzeichnung. Welche?
  Das T_ _ _ _ _ _ _-_ _ _ _ _ _.

Was könnt ihr tun? Überlegt euch eigene Aktionen.

Top-Ten der in den letzten vier Wochen gekauften oder geschenkten Dinge

Dies ist die TOP-Ten Liste von _____

1.) _____

2.) _____

3.) _____

4.) _____

5.) _____

6.) _____

7.) _____

8.) _____

9.) _____

10.) _____

Noch nicht erfüllter Wunsch:

_____

Streichholzmädchen in Südindien

Bevor es hell wird, huschen hunderte von Kindern aus allen Ecken des Dorfes hervor und steigen in den alten klapprigen Bus. Sie haben noch den Schlaf in den Augen, meist sind sie ohne Frühstück von zu Hause aufgebrochen. Sie fahren nun ein bis zwei Stunden bis zu ihrer Arbeitsstätte.

Die Diamond Match Factory ist eine der zahlreichen Zündholzfabriken in den Orten Sivakasi und Sattur im Bundesstaat Tamil Nadu in Indien. Es soll 3000 von diesen kleinen und in der Regel im Familienbesitz befindlichen Produktionsstätten geben. Während draußen im Schatten 40 Grad herrschen, sind es in der stickigen Fabrikhalle einige Grade mehr. Die Arbeiterinnen, in der Mehrheit Mädchen zwischen acht und zwölf Jahren, sitzen reihenweise auf dem nackten Boden. Sie falten aus dem vorgefertigten Material die Schachteln, bekleben sie und spannen sie in große Rahmen ein. Ein älterer Mann trägt mit einem Quast die Reibefläche auf. Dann werden die Schachteln zum Trocknen in die Sonne gestellt. Die Mädchen in der hinteren Ecke der Halle müssen die angelieferten Hölzer zu jeweils 5000 Stück in spezielle Eisengestelle sortieren.

Die zwölfjährige Kalyani ist eines der 45.000 Kinder, die von morgens bis abends in den Fabriken von Sivakasi arbeiten. Mädchen werden gerne beschäftigt, sie haben die geschicktesten Hände. Kalyani füllt jeden Tag zwölf Stunden lang die Hölzchen gleichmäßig in die Vertiefungen der Leisten. Die gefüllten Leisten werden später in Metallrahmen gesteckt und fest verschraubt, so dass kein Hölzchen mehr herausfallen kann. Ein paar Jungen tauchen diese Gestelle in ein erhitztes Wachsbad ein, das durch ein offenes Feuer beheizt wird. Danach werden die Rahmen in einen braunen Phosphor-Schwefelbrei gehalten. Das ist die Zündmasse, aus der zusammen mit Füllstoffen und Haftmitteln die Zündköpfe der Streichhölzer bestehen. Das Material ist gefährlich. Es kommt immer wieder zu Explosionen. Die Kinder erleiden dann Verbrennungen. Nach dem Trocknen verpacken die Mädchen die Hölzer in kleine Schachteln und diese wiederum in größere Pakete. Alles ist Handarbeit, keine einzige Maschine steht in der Halle.

Kalyani fängt frühmorgens um sechs Uhr mit der Arbeit an. Mittags macht sie eine längere Pause. Sie kann dann nach Hause gehen, denn es ist ja nur eine Viertelstunde Weg. Doch den Vorteil, jeden Tag nicht stundenlang wie andere Mädchen im Bus zu sitzen, um zur Arbeit zu kommen, kann Kalyani nicht genießen. In der Mittagspause versorgt sie noch den elterlichen Haushalt mit. Dann rennt sie wieder in die Zündholzfabrik und arbeitet nochmals fünf Stunden. Erst um 21 Uhr, wenn es draußen schon stockdunkel ist, hat sie Feierabend. Vom stundenlangen Hocken in der Halle tut dem Mädchen der Rücken weh. Manchmal zittern ihre Hände noch, wenn sie längst mit der Arbeit aufgehört hat. Und ihre Augen brennen abends. Das kommt von den Dämpfen, die entstehen, wenn die feuchten Streichholzköpfe über dem offenen Feuer getrocknet werden. Es gibt in der ganzen Fabrik keinen einzigen Ventilator. Kalyani leidet an manchen Tagen unter starken Kopf- und Magenschmerzen. Sie ist dann immer froh, wenn sie mittags den kurzen Nachhauseweg über frische Luft schnappen kann.

Aus: Renate Giesler und Hans-Martin Große-Oetringhaus, Nakosi – Mädchen in der Dritten Welt, Signal-Verlag, Baden Baden 1991.

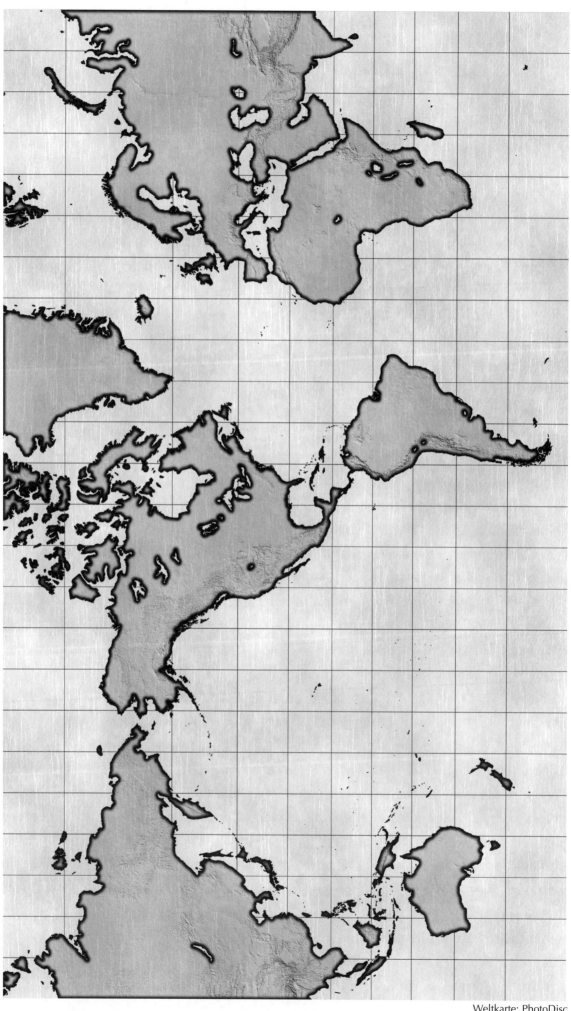

Verteilung von Bevölkerung und Einkommen – Lösung

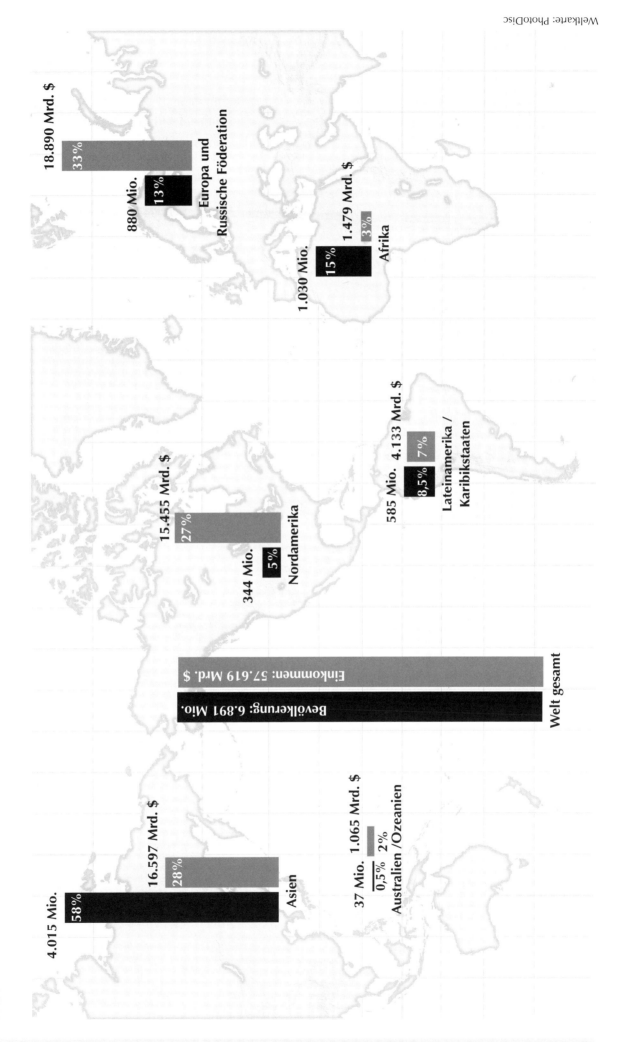

Welt gesamt

Einkommen: 57.619 Mrd. $

Bevölkerung: 6.891 Mio.

Nordamerika
15.455 Mrd. $ — 27%
344 Mio. — 5%

Europa und Russische Föderation
18.890 Mrd. $ — 33%
880 Mio. — 13%

Afrika
1.479 Mrd. $ — 3%
1.030 Mio. — 15%

Lateinamerika / Karibikstaaten
4.133 Mrd. $ — 7%
585 Mio. — 8,5%

Asien
16.597 Mrd. $ — 28%
4.015 Mio. — 58%

Australien / Ozeanien
1.065 Mrd. $ — 2%
37 Mio. — 0,5%

Wir sind die Welt

Die Schülerinnen und Schüler betrachten die Weltkarte (Leitmedium). (Je nach Gruppengröße kann diese auch ausgebreitet auf dem Boden liegen). Es ist zunächst wichtig, sich einen Überblick über die in der Tabelle (siehe unten oder **M 8b**) genannten Gebiete zu verschaffen. (Gegebenenfalls kann man hier Wortstreifen mit den Ländern / Ländergruppen erstellen, die man zu den entsprechenden geografischen Räumen legt bzw. mit abziehbarem Klebstoff anheftet). **M 11** und **M 12** kopieren. Die 100 Personen sind 100 Prozent der Weltbevölkerung. Auftrag an die Lerngruppe: Verteilt die 100 Personen der Weltbevölkerung auf die entsprechenden Gebiete an der Karte! (Hinweis: Die Schülerinnen und Schüler sollen sich zuerst überlegen, nach welchen Anteilen sie die Personen aufteilen wollen und diese dann »en bloc« ausschneiden – einzelne Umgruppierungen können dann immer noch vorgenommen werden.) Die Gruppe präsentiert ihr Ergebnis durch Legen / Anheften der entsprechenden Gruppierungen an der Karte. Die Lehrkraft zeigt nun die Lösung (Personenblatt **M 11** auf rotes Papier kopiert und entsprechend den grob gerundeten Prozentzahlen von **M 8** aufgeteilt). Diskussion der Ergebnisse.

Nun Wiederholung des Vorganges mit **M 12**, dem Geldblatt.

Mögliche Fragen für die Auswertung:

Was bedeuten die beiden Verteilungen für die Menschen in den entsprechenden Gebieten? Was wisst ihr bereits über die Geschichte der Länder, die über wenig Einkommen verfügen? (In der Regel ist die »Entdeckung der Neuen Welt« mit Begriffen wie kolonialer »Dreieckshandel« und die in der Folge stattfindende Ausbeutung aus den Klassen 7 bzw. 8 bekannt.) Warum hat sich über all die Jahre nichts geändert? Wie geht es euch, wenn ihr diese Aufteilung seht? Was müsste sich ändern?

Hinweis an die Lehrkraft:

Diese Veranschaulichung soll einen ersten groben Überblick geben. Das Bruttoinlandsprodukt pro Kopf betrug für die Demokratische Republik Kongo im Jahr 2012 237 US-Dollar. In Deutschland waren es 41.513 US-Dollar, in Brasilien 12.079 US-Dollar. Ebenfalls sollten die extremen Unterschiede in manchen Ländern thematisiert werden. So schätzte man die Zahl der Dollar-Millionäre in Brasilien auf 143.000 bei 188.600.000 Einwohnern im Jahr 2007.

Nach: wikipedia »Millionär« und »Liste der Länder nach Bruttoinlandsprodukt pro Kopf«, Abruf am 7.10.2013

Land / Kontinent	Bevölkerung	Anteil in Prozent	Einkommen	Anteil in Prozent
Europa / Russ. Föderation	880 Mio.	13 %	18.890 Mrd. $	33 %
Nordamerika	344 Mio.	5 %	15.455 Mrd. $	27 %
Lateinamerika / Karibikstaaten	585 Mio.	8,5 %	4.133 Mrd. $	7 %
Asien	4.015 Mio.	58 %	16.597 Mrd. $	28 %
Afrika	1.030 Mio.	15 %	1.479 Mrd. $	3 %
Australien / Ozeanien	37 Mio.	0,5 %	1.065 Mrd. $	2 %
Welt gesamt	6.891 Mio.	100 %	57.619 Mrd. $	100 %

Diagramme

BEVÖLKERUNG IN MILLIONEN

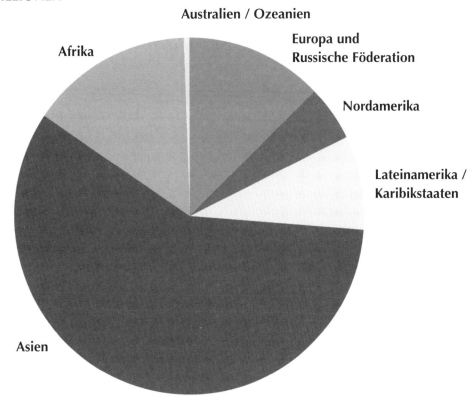

EINKOMMEN IN MILLIARDEN US-DOLLAR

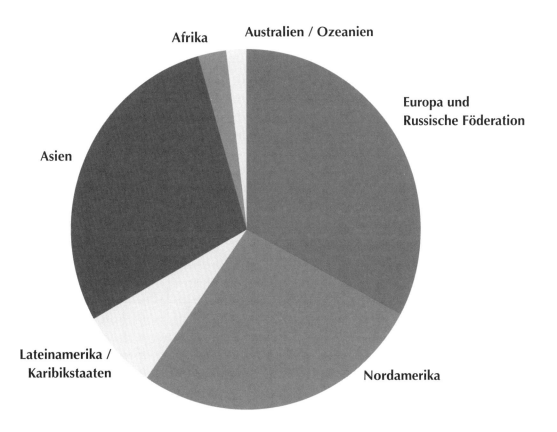

Personenblatt

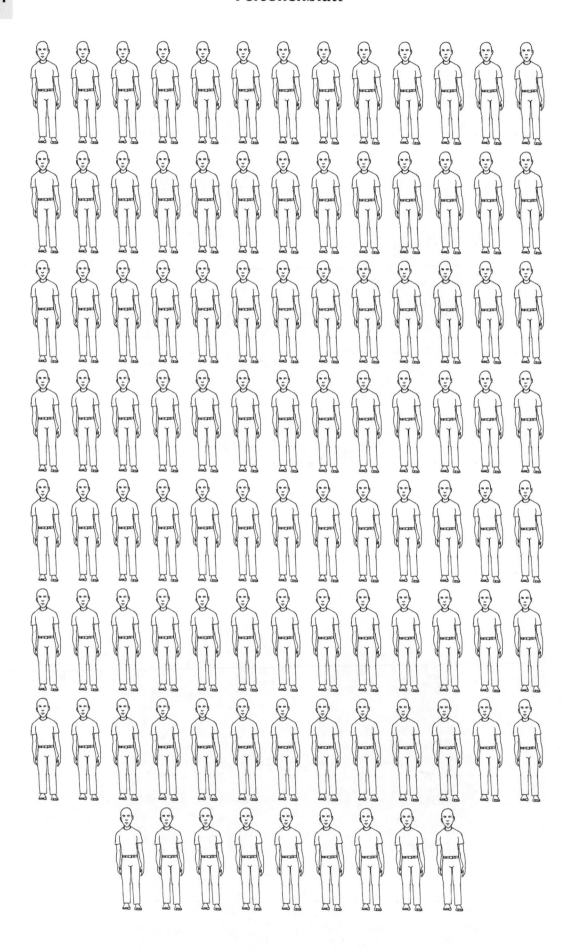

Geldblatt

Geschichte der Verschuldung

Verschuldung ist immer eine Folge von zu wenig Geld. Man versucht dann, das Geld durch die Aufnahme eines Kredites zu bekommen. Dieser Vorgang gilt nicht nur für Privatpersonen, auch Staaten versuchen so, ihre Geldprobleme in den Griff zu bekommen.

Die Aufnahme von Schulden ist für ein Land dann gut, wenn man das Geld sinnvoll investiert, also so einsetzt, dass es einen Gewinn erzielt. Von diesem Gewinn können dann – wenn alles gut läuft – die Zinsen für den Kredit und der Kredit selber zurückgezahlt werden.

Aber was passiert, wenn die Investition fehlschlägt? Wenn die Gelder nicht für produktive Maßnahmen eingesetzt werden, sondern für den Ankauf von Waffen, oder wenn einige wenige reiche Leute eines Landes sich dieses Geldes bedienen? Was passiert, wenn auf einmal die Zinsen stark ansteigen?

Der Staat wird dann versuchen zu sparen oder er wird versuchen von den Leuten, die im Land wohnen, mehr Geld zu bekommen. Lebensmittelpreise können steigen, Steuern können angehoben werden, die Ausgaben für Gesundheit und Bildung werden reduziert.

Ganz schlimm wird es, wenn ein Land nur noch die Zinsen zurückzahlen kann. Dann wird der Betrag, den sich das Land geliehen hat, nie kleiner! Am schlimmsten ist der Fall, wenn eine Regierung sich Geld leihen muss, um die Zinsen aus einem Kredit zu bezahlen, denn dann steigt der Kreditbetrag insgesamt immer weiter an und die Zinsen natürlich auch.

Dies ist eine reale Situation für viele arme und ärmste Länder. Die Länder des Südens hatten in den 70er Jahren Kredite in großem Ausmaß aufgenommen, um dadurch ihre Industrien auf- und auszubauen. Tatkräftig unterstützt wurden sie dabei von westlichen Banken, die die vielen »Petrodollars«, die die reichen Ölländer ihnen anvertraut hatten, wieder in Umlauf bringen mussten. Ohne genauere Überprüfung wurden Milliarden für oft sinnlose Mammutprojekte vergeben. Diese Kreditfinanzierungen dienten nicht selten eher dazu, die Exportindustrie des Kredit gebenden Landes zu stärken, als die wirtschaftliche Entwicklung des Empfängerlandes voranzutreiben.

Zu Fehlplanungen, Korruption sowie leichtfertiger Kreditvergabe kamen Anfang der 80er Jahre zwei entscheidende, schwerwiegende Faktoren hinzu:

a) steigende Zinsen, die bis über 20 Prozent kletterten, und

b) sinkende Preise für die Produkte, die die Schuldnerländer des Südens exportierten.

Die wirtschaftlich schlechte Lage in den Industrieländern bewirkte ein hohes Preisniveau, so dass viele Industrieländer weniger Rohstoffe kauften, das waren aber genau die Produkte, die die Schuldnerländer verkaufen konnten, um sich Geld zu erwirtschaften. Diese Länder hatten mit einem zweifachen Problem zu kämpfen: Auf der einen Seite stiegen die Ausgaben für die Kredite durch die hohen Zinsen, auf der anderen Seite wurden die Einnahmen der Schuldnerländer aber immer geringer, denn die Preise ihrer Exportgüter fielen durch die verminderte Nachfrage seitens der Industrieländer bzw. durch das erhöhte Angebot der Entwicklungsländer. Umgekehrt stiegen die Preise für Importgüter (Halb- und Fertigprodukte) an.

Der Ausbruch dieser Krise wird auf den Oktober 1982 datiert, als Mexiko sich als erstes großes Schuldnerland für zahlungsunfähig erklärte.

Aus: Aktionshandbuch Erlassjahr 2000, S. 8 (gekürzt und vereinfacht)

Hey du, woher kommt dein Schuh?

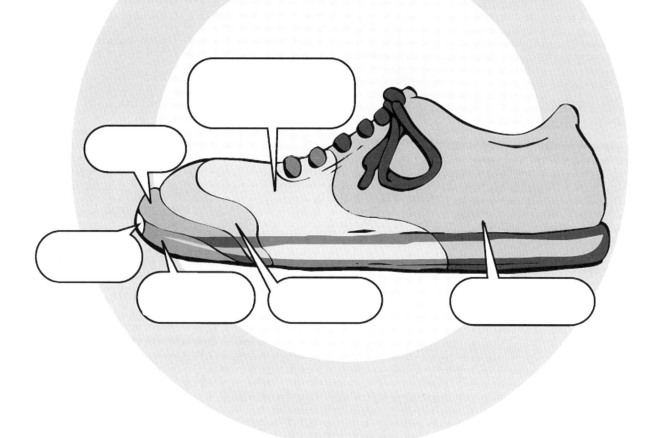

Aus: KonsuMensch – Auf den Spuren nachhaltiger Produkte. Herausgeber: Landeshauptstadt Hannover.

Hey du, woher kommt dein Schuh?

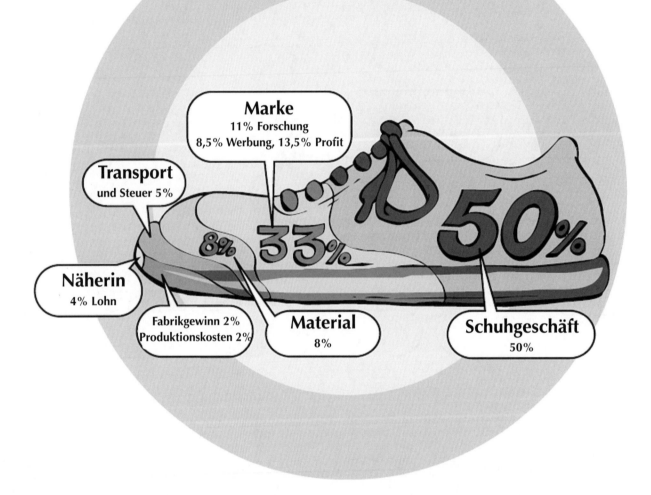

Marke
11% Forschung
8,5% Werbung, 13,5% Profit

Transport
und Steuer 5%

Näherin
4% Lohn

Fabrikgewinn 2%
Produktionskosten 2%

Material
8%

Schuhgeschäft
50%

Aus: KonsuMensch – Auf den Spuren nachhaltiger Produkte. Herausgeber: Landeshauptstadt Hannover.

Bericht aus El Salvador: Von diesem Lohn kannst du nicht leben

Adidas und Nike lassen auch in Mittelamerika Sportkleidung nähen. Die 22-jährige Arbeiterin Julia Esmeralda Pleites hat bis zum 9. Oktober 1998 beim Zulieferbetrieb Formosa Textile in El Salvador gearbeitet. Hier ihr »testimonio« (ihre »Zeugenaussage«) in Auszügen.

»Mein Name ist Julia Esmeralda Pleites. Ich bin aus El Salvador. Ich habe in der Textilfabrik Formosa in der Freien Produktionszone von San Bartolo gearbeitet.

In der Fabrik haben wir Nike, adidas und ein US-Fußballshirt, dessen Markenzeichen ich nie gesehen habe, hergestellt. Ich war Näherin und meine Aufgabe war, in zwei Stunden bei 160 T-Shirts jeweils beide Nähte anzubringen. Alles läuft nach Stückzahl. Wir bekommen 4 Euro [umgerechnet] am Tag, was dem Mindestlohn entspricht. Während der Probezeit bezahlen sie lediglich 50 Prozent des Mindestlohns.

Wir haben in der Fabrik morgens um 6.55 Uhr angefangen und sollten eigentlich bis 17 Uhr arbeiten. Aber fast täglich mussten wir bis 18.30 Uhr oder 19 Uhr dableiben. Die Aufseher haben uns angeschrien, wir sollten schneller arbeiten. Bevor wir nicht das Pensum geschafft hatten, haben sie uns weder gehen lassen, noch haben sie uns die Zeit bezahlt, die wir nach 17 Uhr gearbeitet haben. Wir mussten bleiben, weil sie uns den Firmenausweis abgenommen haben, so dass wir die Ausgangszeit nicht einstempeln konnten. Wären wir trotzdem gegangen, hätten wir den Lohn des gesamten Tages verloren. Manchmal mussten wir samstags arbeiten. Das war immer vor den Ferien und dem Urlaub so. Sie haben uns den Urlaub aufarbeiten lassen. Aber diese Überstunden haben sie uns nicht bezahlt.

In der Fabrik ist es sehr heiß. Man schwitzt die ganze Zeit und trocknet aus. Die Belüftung ist dürftig.

Eine Menge Staub verstopft einem ständig die Nase und man ist chronisch verschnupft. Um Wasser zu trinken und zur Toilette zu gehen, braucht man eine Erlaubnis. Man braucht den Firmenausweis; in der Toilette und am Trinkwasserhahn sind Sicherheitskräfte, die den Ausweis überprüfen. Mehr als zweimal täglich kann man fast nie zur Toilette gehen, normalerweise nur einmal. Toilettenpapier gibt es nicht und die Toiletten sind schmutzig. Das Trinkwasser ist nicht gereinigt. Beim Verlassen der Fabrik mussten wir entwürdigende Durchsuchungen über uns ergehen lassen. Die weiblichen Sicherheitskräfte haben uns Frauen durchsucht. Sie fassen dich überall an. Wenn eine Frau nach ihrer Probezeit übernommen wird, muss sie für einen Schwangerschaftstest bezahlen. Wenn sie schwanger ist, fliegt sie sofort. Wir bezahlen auch Sozialversicherung, aber man bekommt nicht frei, um in die Klinik zu gehen. Wenn man geht, verliert man den Lohn eines oder zweier Tage. Man bekommt nie frei – egal was los ist. Bei Formosa würden sie keine Gewerkschaft zulassen, das weiß jede/r. In dem Augenblick, in dem sie wüssten, dass du einer Gewerkschaft angehörst, würden sie dich sofort rauswerfen. Jede/r hat Angst. Von deinem Lohn kannst du nicht leben. Allein der Bus kostet hin und zurück jeden Tag über 50 Cent. Das Frühstück mit Bohnen, einem Brötchen und Kaffee kostet noch mal 0,70 Euro. Ein Mittagessen mit Reis, einem Stück Hähnchenfleisch und einem Mineralwasser kostet 1,25 Euro. Ich wohne in einem kleinen Zimmer, drei mal vier Meter, mit meiner Mutter und meiner dreijährigen Tochter. Wir bezahlen 16 Euro Miete im Monat. Ein Paar Schuhe für meine Tochter kosten 7 Euro, das Geld haben wir nicht. Wir können nichts sparen. Wir müssen sogar Geld leihen, um zu überleben.«

Aus: National Labor Committee, http://www.nlcnet.org Übersetzung: Henrike Henschen, CIR, in: Fit for fair – Aktionszeitung der Kampagne für ›saubere‹ Kleidung.

Arbeitsblatt

Du hast die Schilderung von Frau Pleites gehört bzw. gelesen.

1. Notiere zuerst, was dich am meisten aufgeregt hat!

_____

_____

_____

_____

2. Frau Pleites würde es schon helfen, wenn sie nur einen Euro zusätzlich für ihre Arbeit bekommen würde. Den kannst du ihr aber nicht geben. Welche Möglichkeiten siehst du, trotzdem etwas zu tun?

_____

_____

_____

_____

3. Schreibe einen kurzen Brief an einen Verantwortlichen einer der Firmen, für die Frau Pleites arbeitet.

Sehr geehrte Damen und Herren,

_____

_____

_____

_____

_____

_____

_____

_____

(M)ein Handy und der Krieg im Kongo

Die Demokratische Republik Kongo ist einer der Hauptlieferanten für Tantal, das vor allem in Afrika und hier speziell in der Demokratischen Republik Kongo, aus einem Erz gewonnen wird, das abgekürzt »Coltan« genannt wird. Tantal ist für die Automobilindustrie, die Elektronikindustrie, für Raum- und Luftfahrt sowie für die Computer- und Kommunikationsbranchen von großer Bedeutung. Die Kondensatoren, in denen Tantal enthalten ist, sind extrem langlebig, verbrauchen nur wenig Strom und sind in Herzschrittmachern, Handys, PCs, Digitalkameras und in GPS-Systemen zu finden. Eine Alternative zu Tantal gibt es in vielen Fällen nicht. Es ist doppelt so biegsam und haltbar wie Stahl und schmilzt erst bei knapp 3000 Grad.

Obwohl der Preis für Coltan schon wieder gesunken ist, kann man damit immer noch viel Geld verdienen. Aber wer verdient das Geld? Seit ca. 1995 herrscht im Kongo Krieg. Immer wieder kämpfen unterschiedliche (Rebellen-)Gruppen um die Macht. Dabei waren Raub, Folterungen und Vergewaltigungen für die Bevölkerung an der Tagesordnung. In den unterschiedlichen Phasen der Auseinandersetzungen wurden Kindersoldaten eingesetzt. Diese wurden zum großen Teil gezwungen, als Soldaten zu kämpfen, oft zwang man sie, ihre eigenen Verwandten oder Freunde zu töten. Man schätzt, dass seit 1998 ca. 2,5 Mio. bis 3,3 Mio. Menschen in diesen Auseinandersetzungen getötet wurden, wahrscheinlich hat kein Konflikt seit dem 2. Weltkrieg so viele Todesopfer gefordert.

Der Abbau von Coltan zur Gewinnung von Tantal spielt in diesem Krieg eine sehr wichtige Rolle: Mit dem Erlös aus dem Verkauf werden die Waffen finanziert, neue Soldaten angeworben, wird bestochen und getötet. Da Tantal so begehrt ist, findet sich für das abgebaute Coltan immer ein Käufer. Die Bedingungen für den Abbau, bei dem auch Kinder eingesetzt werden, sind sehr schlecht: Nur sehr geringe Löhne (ca. 10–30 US Dollar pro Kilo), bei denen oft nur bezahlt wird, wenn tatsächlich auch Coltan gefunden wurde, egal wie lange man dafür gebraucht hat. Bei Regen rutschend Berghänge ab, die die Arbeiter unter sich begraben. Ganze Landstriche werden in eine Region aus Hügeln und Kratern verwandelt, die für die weitere Nutzung nur schwer brauchbar sind und die die Lebensgrundlagen von z.B. Elefanten und Gorillas zerstören.

Rainer Kalter

3. Mose 25,39ff

Wenn dein Bruder neben dir verarmt und sich dir verkauft, so sollst du ihn nicht als Sklaven dienen lassen; sondern wie ein Tagelöhner, wie ein Beisasse soll er bei dir sein und bis an das Erlassjahr bei dir dienen. Dann soll er von dir frei ausgehen und seine Kinder mit ihm und soll zurückkehren zu seiner Sippe und wieder zu seiner Väter Habe kommen. Denn sie sind meine Knechte, die ich aus Ägyptenland geführt habe. Darum soll man sie nicht als Sklaven verkaufen. Du sollst nicht mit Härte über sie herrschen, sondern dich fürchten vor deinem Gott. Willst du aber Sklaven und Sklavinnen haben, so sollst du sie kaufen von den Völkern, die um euch her sind, und auch von den Beisassen, die als Fremdlinge unter euch wohnen, und von ihren Nachkommen, die sie bei euch in eurem Lande zeugen. Die mögt ihr zu Eigen haben.

2. Mose 22,20ff

Die Fremdlinge sollst du nicht bedrängen und bedrücken; denn ihr seid auch Fremdlinge in Ägyptenland gewesen. Ihr sollt Witwen und Waisen nicht bedrücken. Wirst du sie bedrücken und werden sie zu mir schreien, so werde ich ihr Schreien erhören. Dann wird mein Zorn entbrennen, dass ich euch mit dem Schwert töte und eure Frauen zu Witwen und eure Kinder zu Waisen werden. Wenn du Geld verleihst an einen aus meinem Volk, an einen Armen neben dir, so sollst du an ihm nicht wie ein Wucherer handeln; du sollst keinerlei Zinsen von ihm nehmen. Wenn du den Mantel deines Nächsten zum Pfande nimmst, sollst du ihn wiedergeben, ehe die Sonne untergeht, denn sein Mantel ist seine einzige Decke für seinen Leib; worin soll er sonst schlafen? Wird er aber zu mir schreien, so werde ich ihn erhören; denn ich bin gnädig.

Jeremia 7,3ff

So spricht der HERR Zebaoth, der Gott Israels: Bessert euer Leben und euer Tun, so will ich bei euch wohnen an diesem Ort. Verlasst euch nicht auf Lügenworte, wenn sie sagen: Hier ist des HERRN Tempel, hier ist des HERRN Tempel, hier ist des HERRN Tempel! Sondern bessert euer Leben und euer Tun, dass ihr recht handelt einer gegen den andern und keine Gewalt übt gegen Fremdlinge, Waisen und Witwen und nicht unschuldiges Blut vergießt an diesem Ort und nicht andern Göttern nachlauft zu eurem eigenen Schaden, so will ich immer und ewig bei euch wohnen an diesem Ort, in dem Lande, das ich euren Vätern gegeben habe.

In der Bibel steht ...

Amos 5,21ff

Ich bin euren Feiertagen gram und verachte sie und mag eure Versammlungen nicht riechen. Und wenn ihr mir auch Brandopfer und Speisopfer opfert, so habe ich kein Gefallen daran und mag auch eure fetten Dankopfer nicht ansehen. Tu weg von mir das Geplärr deiner Lieder; denn ich mag dein Harfenspiel nicht hören! Es ströme aber das Recht wie Wasser und die Gerechtigkeit wie ein nie versiegender Bach.

Matthäus 25,31ff

Wenn aber der Menschensohn kommen wird in seiner Herrlichkeit, und alle Engel mit ihm, dann wird er sitzen auf dem Thron seiner Herrlichkeit, und alle Völker werden vor ihm versammelt werden. Und er wird sie voneinander scheiden, wie ein Hirt die Schafe von den Böcken scheidet, und wird die Schafe zu seiner Rechten stellen und die Böcke zur Linken. Da wird dann der König sagen zu denen zu seiner Rechten: Kommt her, ihr Gesegneten meines Vaters, ererbt das Reich, das euch bereitet ist von Anbeginn der Welt! Denn ich bin hungrig gewesen, und ihr habt mir zu essen gegeben. Ich bin durstig gewesen, und ihr habt mir zu trinken gegeben. Ich bin ein Fremder gewesen, und ihr habt mich aufgenommen. Ich bin nackt gewesen, und ihr habt mich gekleidet. Ich bin krank gewesen, und ihr habt mich besucht. Ich bin im Gefängnis gewesen, und ihr seid zu mir gekommen. Dann werden ihm die Gerechten antworten und sagen: Herr, wann haben wir dich hungrig gesehen und haben dir zu essen gegeben, oder durstig und haben dir zu trinken gegeben? Wann haben wir dich als Fremden gesehen und haben dich aufgenommen, oder nackt und haben dich gekleidet? Wann haben wir dich krank oder im Gefängnis gesehen und sind zu dir gekommen? Und der König wird antworten und zu ihnen sagen: Wahrlich, ich sage euch: Was ihr getan habt einem von diesen meinen geringsten Brüdern, das habt ihr mir getan. Dann wird er auch sagen zu denen zur Linken: Geht weg von mir, ihr Verfluchten, in das ewige Feuer, das bereitet ist dem Teufel und seinen Engeln! Denn ich bin hungrig gewesen, und ihr habt mir nicht zu essen gegeben. Ich bin durstig gewesen, und ihr habt mir nicht zu trinken gegeben. Ich bin ein Fremder gewesen, und ihr habt mich nicht aufgenommen. Ich bin nackt gewesen, und ihr habt mich nicht gekleidet. Ich bin krank und im Gefängnis gewesen, und ihr habt mich nicht besucht. Dann werden sie ihm auch antworten und sagen: Herr, wann haben wir dich hungrig oder durstig gesehen oder als Fremden oder nackt oder krank oder im Gefängnis und haben dir nicht gedient? Dann wird er ihnen antworten und sagen: Wahrlich, ich sage euch: Was ihr nicht getan habt einem von diesen Geringsten, das habt ihr mir auch nicht getan. Und sie werden hingehen: diese zur ewigen Strafe, aber die Gerechten in das ewige Leben.

Gerechtigkeit herrscht dann, wenn jeder gleich behandelt wird.

Jeder, der beim Abschreiben erwischt wird, muss mit der gleichen Konsequenz rechnen. Jeder, der Schulden macht, muss diese auch zurückbezahlen. Gerecht, oder?

Gerecht ist es, wenn gleiche Leistung gleich belohnt wird!

Acht Stunden Coltanabbau und acht Stunden Montage eines PKW am Band sollten dann gleich bezahlt werden.

Gerechtigkeit ist dann gegeben, wenn jeder das erhält, was er braucht! Wer mehr braucht – bekommt mehr!

Manche brauchen mehr – andere weniger. Dann sollte man den Schuldnerländern ihre Schulden erlassen, die Kredite sind ja durch die Zinsen oft schon zurückbezahlt.

Gerechtigkeit bedeutet, dass der, der mehr leistet, auch mehr bekommt.

Sind dann 16 Stunden Teppichknüpfen eines 12-jährigen Mädchens mehr wert als das Leiten einer einstündigen Konferenz in einer Bank? Oder ist es umgekehrt?

Gerecht geht es zu, wenn man sich für Schwache und Hilfsbedürftige einsetzt.

Nach der Bibel geht es dann gerecht zu, wenn »die Gemeinschaft stimmt« und Zusammengehörigkeit praktiziert wird. Ungerecht geht es dann zu, wenn Gemeinschaft aufgekündigt und nicht beachtet wird.

Die Bibel sagt dazu …

Die folgenden Sätze stammen aus der Bibel: Pred 1,2; Jes 58,7; Mt 6,11; Mt 5,6; Mt 5,7; Mt 22,39; Mt 25,40; 1. Mose 1,27; Ps 34,9; Ps 104,27; 1. Petr 4,10

Du sollst deinen Nächsten lieben		wie freundlich der Herr ist
Unser tägliches Brot		dein Brot
Es warten alle auf dich		zu seinem Bilde
Selig sind, die da hungern und dürsten nach Gerechtigkeit		das habt ihr mir getan
Schmecket und sehet		denn sie werden Barmherzigkeit erlangen
Verteile das Brot		dass du ihnen Speise gebest zur rechten Zeit
Dient einander		wie dich selbst
Selig sind die Barmherzigen		ein jeder mit der Gabe, die er empfangen hat
Was ihr getan habt einem von diesen meinen geringsten Brüdern		unter sieben oder acht
Gott schuf den Menschen		denn sie sollen satt werden
Teile mit den Hungrigen		gib uns heute

Aufgabe:

Was zusammengehört … findet ihr heraus! Verbindet die zusammengehörenden Textbausteine mit einem Stift! Findet ihr auch die entsprechenden Bibelstellen?

In der Bibel steht ... Und das ist meine Botschaft!

2. Mose 22,20ff

Die Fremdlinge sollst du nicht bedrängen und bedrücken; denn ihr seid auch Fremdlinge in Ägyptenland gewesen. Ihr sollt Witwen und Waisen nicht bedrücken. Wirst du sie bedrücken und werden sie zu mir schreien, so werde ich ihr Schreien erhören. Dann wird mein Zorn entbrennen, dass ich euch mit dem Schwert töte und eure Frauen zu Witwen und eure Kinder zu Waisen werden. Wenn du Geld verleihst an einen aus meinem Volk, an einen Armen neben dir, so sollst du an ihm nicht wie ein Wucherer handeln; du sollst keinerlei Zinsen von ihm nehmen. Wenn du den Mantel deines Nächsten zum Pfande nimmst, sollst du ihn wiedergeben, ehe die Sonne untergeht, denn sein Mantel ist seine einzige Decke für seinen Leib; worin soll er sonst schlafen? Wird er aber zu mir schreien, so werde ich ihn erhören; denn ich bin gnädig.

Matthäus 25,41ff

Dann wird er auch sagen zu denen zur Linken: Geht weg von mir, ihr Verfluchten, in das ewige Feuer, das bereitet ist dem Teufel und seinen Engeln! Denn ich bin hungrig gewesen, und ihr habt mir nicht zu essen gegeben. Ich bin durstig gewesen, und ihr habt mir nicht zu trinken gegeben. Ich bin ein Fremder gewesen, und ihr habt mich nicht aufgenommen. Ich bin nackt gewesen, und ihr habt mich nicht gekleidet. Ich bin krank und im Gefängnis gewesen, und ihr habt mich nicht besucht. Dann werden sie ihm auch antworten und sagen: Herr, wann haben wir dich hungrig oder durstig gesehen oder als Fremden oder nackt oder krank oder im Gefängnis und haben dir nicht gedient? Dann wird er ihnen antworten und sagen: Wahrlich, ich sage euch: Was ihr nicht getan habt einem von diesen Geringsten, das habt ihr mir auch nicht getan. Und sie werden hingehen: diese zur ewigen Strafe, aber die Gerechten in das ewige Leben.

Mein Text:

_____

_____

_____

_____

_____

_____

_____

_____

_____

_____

_____

Mein T-Shirt – Meine Botschaft!

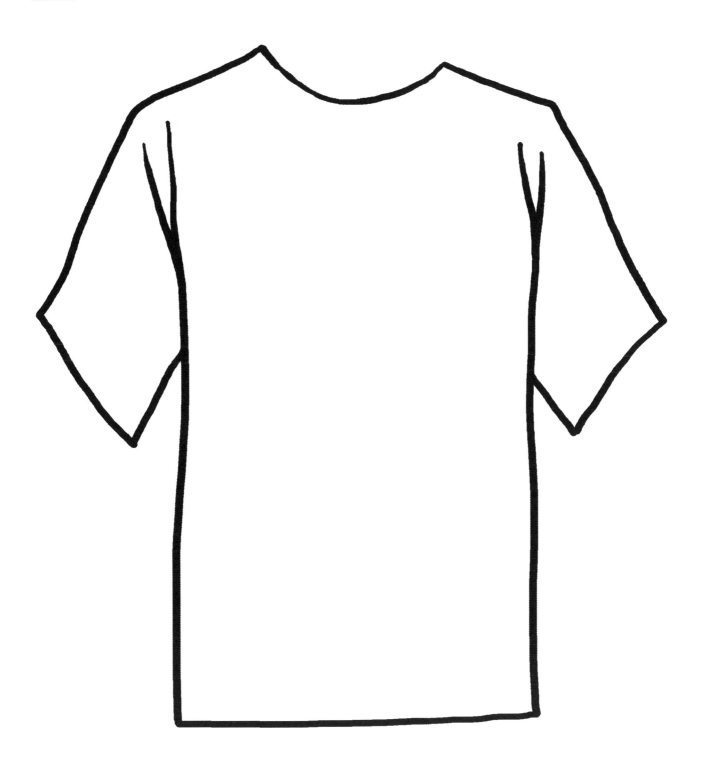

Mein Button – Meine Botschaft

Aber was kann ich tun?

Ich kann als Einzelner überhaupt nichts tun!

Drei gute Gründe, …

… um das nächste Geburtstagsgeschenk für den Freund / die Freundin im
Eine-Welt-Laden zu kaufen!

… um Geld an ein großes kirchliches Hilfswerk zu spenden!

… um das alte Handy, das noch funktioniert, aber einige Kratzer hat, doch zu behalten!

… um sich zu überlegen, ob es wirklich drei Paar Turnschuhe sein müssen!

… um den unterentwickelten Ländern ihre Schulden zu erlassen!

… um deinen Vater oder Mutter, Onkel oder Tante, Oma oder Opa davon zu überzeugen,
einen Teil des Einkaufs im Eine-Welt-Laden zu erledigen!

… dafür, dass das Geld, das man dort im Vergleich zum Billig-Discounter mehr ausgibt,
sinnvoll angelegt ist!

… um deinen Freund / deine Freundin von einem Besuch
im Eine-Welt-Laden zu überzeugen!

Die Bibel verstehen

Bildungsstandards für Werkrealschule und Realschule

Schwerpunktkompetenz und weitere Kompetenzen

Bildungsstandards der Realschule

Die Schülerinnen und Schüler

- kennen die Merkmale grundlegender Textformen der Bibel (zum Beispiel Erzählungen, Gleichnisse, Psalmen, Briefe, Prophetenworte) und ihre Entstehungsgeschichte (3.1)
- können über wesentliche Inhalte beider Testamente Auskunft geben (3.2)

Themenfelder

Die Bibel verstehen

- Grundlegende Textformen und ihr »Sitz im Leben« (zum Beispiel Schöpfungserzählungen, Gesetzestexte, Lob- und Klagepsalmen, prophetische Kritik, Evangelien und ihre Erzähltraditionen, Rede, Brief, Hymnus)
- Bibelkundlicher Überblick an ausgewählten Beispielen
- Die Bergpredigt und ihre Wirkungsgeschichte

Zur Lebensbedeutsamkeit

»Sie werden lachen – die Bibel« lautet der Titel eines zum ersten Mal im Jahr 1975 erschienenen und bis ins Jahr 1990 immer wieder aufgelegten Sammelbandes, in dem 22 namhafte Autoren von Erich Fromm bis Walter Jens, von Carl Friedrich von Weizsäcker bis Ernst Bloch ihre »Erfahrungen mit dem Buch der Bücher«, so der Untertitel, und immer auch ihre Wertschätzung der Heiligen Schrift zum Ausdruck bringen. Nahezu keiner der Autorinnen und Autoren – es ist nur eine einzige Frau darunter! – ist heute noch am Leben, kein einziger wird Jugendlichen von heute auch nur dem Namen nach bekannt sein. Der Buchtitel gilt als Antwort von Bertolt Brecht auf die Frage nach seiner Lieblingslektüre. Heutige Jugendliche würden über die Antwort Brechts wahrscheinlich kaum lachen, sondern eher mit Staunen oder Unverständnis reagieren: sollte dieses alte, umfangreiche und sprachlich schwer zugängliche Buch allen Ernstes heute noch les- und verstehbar sein?

Die Zeit opulenter Bibelfilme wie »Die zehn Gebote« oder aufsehenerregender Verfilmungen der Passion Christi scheint vorbei zu sein, die Neigung der Werbeindustrie, biblische Anspielungen zu Werbezwecken einzusetzen – »Am Anfang waren Himmel und Erde. Den Rest haben wir gemacht« (www. handwerk.de) – flackert hingegen immer wieder auf. Es ist zunehmend fraglich, ob solche Anspielungen verstanden werden. Aus Frankreich, wo es den uns bekannten konfessionellen schulischen Religionsunterricht nicht gibt, hört man immer wieder die Forderung aus Kultur- und Literaturwissenschaft, die Schule müsse dringend verlorengehende Grundkenntnisse im Blick auf Bibel und Christentum vermitteln, weil ohne dieses Wissen zahlreiche kulturelle Phänomene nicht mehr verstanden würden.

Dennoch ist die Bibel nach evangelischem Verständnis nach wie vor das den Glauben überliefernde, bezeugende und weckende »Grundbuch« der Kirche. Die Streitfrage, ob »die Bibel im Mittelpunkt des Religionsunterrichts« stehen solle (Hans Bernhard Kaufmann, 1973) ist nicht mehr akut, die Bibel nimmt im Religionsunterricht und im Bildungsplan – nicht nur in der »Dimension Bibel« – einen breiten Raum ein. Der Bildungsplan für die Realschule hat von Klassenstufe 5/6 bis 9/10 den Dreischritt »Die Bibel kennen lernen«, »Mit der Bibel arbeiten« und »Die Bibel verstehen« angelegt. Der letzte Schritt mag im aktuellen Kontext vermessen erscheinen. Voraussetzung dafür wäre nicht nur die Motivation, biblische Texte zu lesen, sondern auch die Fähigkeit, sich einen bibelkundlichen Überblick zu verschaffen und die Überlieferungs- und Wirkungsgeschichte einzelner biblischer Traditionen und Motive zu kennen. Genau auf diese Schwerpunkte setzt das nachstehende Kapitel.

Elementare Fragen	■ Was steht überhaupt in der Bibel?
	■ Gibt es eine Übersicht über die Bibel? Kann man die Bibel auch zusammenfassen?
	■ Muss man als heutiger Mensch die Bibel immer noch lesen?
	■ Kann man die Bibel überhaupt verstehen und hat sie noch Bedeutung für mein Leben?

Leitmedien	■ Zeitstrahl »Die Zeit der Bibel im Überblick« (**M 2**)
	■ Erstellung eines »Klassen-Bibelkunde-Buches« (**M 3**): Die Schülerinnen und Schüler erstellen aufgrund eigener Lektüre kurze Zusammenfassungen von biblischen Texten und Überlieferungen. Bei der Auswahl der Texte können die Schülerinnen und Schüler beteiligt werden. Eine gewisse Streuung über die gesamte Bibel ist zu beachten, etwa nach der klassischen Dreiteilung in Gesetz, Propheten und übrige Schriften einschließlich der Erzähltraditionen, der Propheten und der Psalmen.
	■ Liturgische Rahmung der Lernsequenz: Die Schülerinnen und Schüler stellen jeweils zu Beginn einer (Doppel-)Stunde einen Bibeltext ihrer Wahl vor: Ähnlich wie für das »Bibelkunde-Buch« (**M 3**) erschließen sich die Schülerinnen und Schüler einen Text ihrer Wahl, ggf. auch einen von der Lehrkraft vorgeschlagenen oder vorgegebenen Text bzw. ihren Tauf- oder Konfirmationsspruch usw. Im letzteren Fall können sie noch Angaben zum biblischen Kontext ergänzen. Je nach Bereitschaft und Fähigkeit wird der Text vorgelesen und mit mindestens einem Satz kommentiert, die Wahl des Textes begründet, ein Psalmgebet gesprochen, ein gemeinsames Lied gesungen.

Ein Blick auf katholische Bildungsstandards	Die Schülerinnen und Schüler
	■ wissen, dass das Alte Testament (Erste Testament) Heilige Schrift für Juden und Christen ist (3.1);
	■ kennen verschiedene literarische Gattungen der Bibel (3.2);
	■ kennen die Zwei-Quellen-Theorie zur Entstehung der Evangelien (3.3);
	■ können die Begriffe »Testament«, »Evangelium« und »Glaubensbekenntnis« erläutern (3.5);
	■ können eine gesuchte Bibelstelle finden und die Erschließungshilfen einer Bibel verwenden (3.6);
	■ sind in der Lage, Botschaften der Bibel kreativ auszudrücken (3.7).
	Themenfelder
	Jesus der Christus
	■ Die Entstehungsgeschichte der Evangelien
	■ Die Bergpredigt
	■ Christusgeschichten und Christusbekenntnisse

- Die Schülerinnen und Schüler bringen »ihre« Bibeln von zu Hause mit bzw. besorgen sich eine Bibelausgabe aus einer Bibliothek. Sie bearbeiten Fragen zu ihrer jeweiligen Bibelausgabe (**M 1**) und stellen ihre Bibelausgaben in der Klasse vor:
  - Titel, Erscheinungsjahr, bibliografische Angaben
  - Übersetzung / Übertragung
  - Gestaltung (Druckbild, Illustrationen)
  - Wie kam ich zu meiner Bibel bzw. meine Bibel zu mir?
  - eine »Buchbesprechung«: Was ist charakteristisch, bemerkenswert, irritierend ... an »meiner« Bibel?
- Die Schülerinnen und Schüler formulieren (An-)Fragen an die Bibel. Mögliche Präzisierungen der Fragen: Fragen zur Verstehbarkeit, zur Deutung, zur Überlieferung, zur Wertschätzung (Ist die Bibel ein heiliges Buch?), zum Gebrauch bzw. Missbrauch der Bibel.

Die Schülerinnen und Schüler können zeigen, was sie schon können und kennen

---

- Der Zeitstrahl »Die Zeit der Bibel im Überblick« wird kopiert (**M 2**) und zugleich möglichst groß an der Tafel (ganze Breite) bzw. dem Smartboard für alle sichtbar angebracht. Die Schülerinnen und Schüler tragen in Einzel- oder in Partnerarbeit ihr Vorwissen über biblische Überlieferungen mit Hilfe eines Stichwortes, ggf. auch mit einem gezeichneten Symbol, auf ihrer Kopie an der (vermutet) chronologisch richtigen Stelle ein. Im anschließenden Schritt werden die Ergebnisse in einem gemeinsamen (Tafel-)Bild zusammengetragen.
  Varianten:
  - Die Schülerinnen und Schüler erhalten zu der Arbeit am Zeitstrahl eine vollständige Bibel. Sie ergänzen, wo es ihnen möglich ist, eine möglichst genaue Stellenangabe ihrer erinnerten Überlieferungen (entweder »Altes« bzw. »Neues Testament«, die biblischen Bücher oder einzelne Belegstellen bis hin zur Versangabe). Ergänzende Fragen können lauten: Welchen Zeitraum umspannen die Geschichten (Überlieferungen) der Bibel? Wo auf dem Zeitstrahl liegt die Grenze zwischen beiden Testamenten?
  - Die Schülerinnen und Schüler erhalten Wortkarten mit Personen und Ereignissen der Bibel (**M 4**), die sie auf ihrem Arbeitsblatt (**M 1**) anbringen; das Arbeitsblatt sollte dafür auf das Format DIN A3 vergrößert werden.
  Wichtiger Hinweis:
  Bei der Erstellung des Zahlenstrahles geht es zunächst um die Chronologie der erzählten Zeit, nicht der Entstehungszeit. Bei manchen Texten, wie etwa Psalmen, wird die chronologische Zuordnung Schwierigkeiten bereiten. Ein »Psalm Davids« gehört in diesem Sinne in die Regierungszeit Davids, der Schöpfungsbericht an den Anfang des Zeitstrahls und die neutestamentlichen Briefe nach den Evangelien, auch wenn die Entstehung in zeitlich umgekehrter Reihenfolge lag.
- Kontinuierlich arbeiten die Schülerinnen und Schüler am »Klassen-Bibelkunde-Buch«. Textvorschläge:
  Gen 1 bis 3; Gen 11; Gen 12; Gen 15; Gen 22; Gen 37–50; Ex 1–3; Ex 14; Ex 20; Lev 19,1–4.18; Num 4,24–26; Dtn 5,1–21; Dtn 34; Ri 13.14; Davidsgeschichte: 1. Sam 16 bis 2. Sam 23 (in Auszügen); Psalmen in Auswahl; Hiob 1–3.40–42; Spr 1,1–7; Propheten (in Auswahl); Lk 1.2; Mk 1; Mk 4; Mt 5–7; Joh 9; Joh 11; Mt 21 (in Auszügen); Mt 25,31ff (Passion und Ostern); Apg 2; Apg 17; 1. Kor 13; Offb 21.

Die Schülerinnen und Schüler verfügen über einen Überblick über wesentliche Inhalte beider Testamente

Die Schülerinnen und Schüler können die unterschiedlichen alttestamentlichen Textformen Geschichtserzählung, Gebote (Weisungen), Prophetenspruch und Psalm erkennen, an einfachen Merkmalen unterscheiden und in einen Entstehungskontext (Sitz im Leben) einordnen

■ **Erzählung** (Ätiologie): Jakob am Jabbok (Gen 32,23–33)
Die gesamte Bibel ist voller Erzählungen, die in ihrer Fülle nicht Gegenstand des Unterrichts werden können. Hier ist eine sog. Ätiologie oder »Ursprungserzählung« ausgewählt: die Erzählung des Kampfes Jakobs an der Furt des Jabbok in der Nacht vor seiner Begegnung und Versöhnung mit seinem Bruder Esau.
Fragen und Aufgaben zum Text:
– Informiere dich über den Konflikt zwischen Jakob und Esau (lies: Gen 27).
– Die Menschen zur Zeit Jakobs könnten ihn gefragt haben: »Mit wem hast du eigentlich gekämpft?« – Gib ihnen eine Antwort.
– Die Erzählung erklärt nebenbei den neuen Namen Jakobs und eine bestimmte Speisevorschrift. Man nennt sie deshalb auch »Ursprungsgeschichte«. Erzähle eine Ursprungsgeschichte zu den Fragen: Warum feiern Christen Abendmahl? – Warum werden in den christlichen Kirchen Menschen mit Wasser getauft? – Warum werden in den christlichen Kirchen Menschen auf den Namen Gottes des Vaters und des Sohnes und des Heiligen Geistes getauft?

■ **Prophetenspruch:** Jer 28, Amos 7,1–9; 8,1–3, Jes 2 (wahre und falsche Prophetie, Gericht und Heil)
Jeremia: Die Schülerinnen und Schüler lesen Jer 28 (Konflikt des Propheten Jeremia mit dem Propheten Hananja). In den Versen 2–4 spricht Hananja, in den Versen 5–9 antwortet Jeremia. Beide Propheten legitimieren ihren Spruch durch die sog. Botenspruchformel (»So spricht Gott, der Herr ...«). An die verbale Auseinandersetzung schließen sich Zeichenhandlungen und Deuteworte an (»Joch auf der Schulter«). Die Schülerinnen und Schüler analysieren die formalen Gemeinsamkeiten beider Prophetenworte und das Wahrheitskriterium für Prophetie (Verse 7–9).
Amos: Die Schülerinnen und Schüler lesen die ersten vier Visionen des Amos (Am 7,1–9: Heuschrecken, Feuer und Senkblei; Am 8,1–3: Korb mit reifem Obst) und beschreiben zunächst die Bilder. Fragen zur Deutung der Texte:
– Was ist die Botschaft der Visionen des Amos?
– Wie unterscheiden sich diese Visionen von den Gleichnissen Jesu?
Jesaja: Die Schülerinnen und Schüler lesen die Vision des Jesaja über die »Völkerwallfahrt zum Zion« und gestalten sie grafisch.
Jeremia, Amos und Jesaja im Vergleich: Die Schülerinnen und Schüler formulieren für ihre Lebenswelt Visionen (**M 9**).
Sie erstellen unterschiedliche Collagen, in denen sie Bilder von Heil oder Bilder von Unheil erstellen. Gelingt es, beide Aspekte in einer Collage darzustellen bzw. die unterschiedlichen Collagen aufeinander zu beziehen? Zu den Collagen können auch begleitende bzw. erläuternde Texte im Stile der Gerichts- bzw. Heilsprophetie erstellt werden.

■ **Psalmen:** zum Beispiel 103, 117, 78, 22, 19, 91 Hiob 3, Ex 15
Einzelne Psalmen werden Schülerinnen und Schülern wenigstens ›der Spur nach‹ bekannt sein, so etwa Ps 23, Ps 22,2. In den folgenden Vorschlägen geht es nicht um eine umfassende Erarbeitung des Buches der Psalmen und auch nicht um die Auflistung aller Psalmengattungen, sondern um Begegnungen mit einzelnen Psalmen und den dort angesprochenen Themen – vor allem auch über das Buch der 150 Psalmen hinaus. Es werden deshalb in der Regel zwei Texte parallel vorgeschlagen:
– Ps 22 / Hiob 3 (Klagepsalmen): An Psalm 22 lässt sich zum einen besonders gut der sog. Parallelismus membrorum (»Parallelität der Versglieder«

– die echoähnliche Wiederholung von aufeinander folgenden Verszeilen) beobachten. Die Exegese unterscheidet zwischen inhaltlich nahezu identischen (synonymer Parallelismus), sich ergänzenden oder steigernden (synthetischer Parallelismus) und gegensätzlichen Zeilen (antithetischer Parallelismus). Ohne Bezug zu nehmen auf diese Begriffe werden die Schülerinnen und Schüler ggf. solche Unterschiede erkennen und benennen. Zum anderen lässt sich an Psalm 22 besonders gut der Umschwung von der Klage zum Lobpreis Gottes beobachten. Außerdem lässt sich Psalm 22 gut mit der Passionsgeschichte (vgl. Mt 27,46; Mk 15,34) verbinden. Der Textauszug aus Psalm 22 (**M 10**) entspricht bis auf den hinzugefügten Vers 21 der Wiedergabe im Evangelischen Gesangbuch, die Zweiteilung in Psalm 22 I und II wurde bewusst nicht übernommen. Die Klage Hiobs in Hiob 3 weist keinen Stimmungsumschwung von der Klage zum Lobpreis auf.

– Ex 15 / Psalm 78 (Geschichtspsalmen): Das Lied des Mose in Ex 15 schließt sich unmittelbar an die Schilderung des Auszugs der Israeliten aus Ägypten an (Ex 3,17–14,31). Die Schülerinnen und Schüler vergleichen die Geschichtserinnerungen und die Gott zugeschriebenen Taten. Variante: Ein Vergleich zwischen Ex 15 und Ps 78 (**M 11**).

– Weitere Texte zum Vergleich: Xavier Naidoos Vertonung von Psalm 103 (»Wenn du es willst« aus den Alben »Zwischenspiel« / »Alles für den Herrn« bzw. »Alles Gute vor uns«) mit dem biblischen Psalm 103; ein Vergleich zwischen dem Lied des Mose und dem Lied der Miriam (Ex 15,21).

■ **Gesetze, Gebote und Weisungen**

Die jüdische Tradition legt großen Wert darauf, die insgesamt 613 Gesetze oder Gebote der Bibel (Mitzwot, sing. Mitzwa) als Weisungen und nicht als Gesetze zu bezeichnen (siehe auch entsprechende Auflistungen im Internet). Im christlichen Sprachgebrauch hat sich, ausgehend von den Zehn Geboten, vor allem der Begriff »Gebote« durchgesetzt. Daneben werden vor allem die Reinheitsvorschriften und die kultischen Weisungen, die das Christentum nicht übernommen hat, meist als »Gesetze« bezeichnet. Dadurch erhalten religiöse »Gesetze« einen problematischen und distanzierenden Beiklang. Im Unterricht ist darauf zu achten, dass diese Unterscheidung wenig sinnvoll ist, es sollte durchweg von »Geboten« oder von »Weisungen« die Rede sein.

– Beispiele: Ex 20 (Dekalog) / Ex 23,7–11 (Fremdling und Sabbatjahr) / Lev 19,18 (»Du sollst deinen Nächsten lieben wie dich selbst«) / Dtn 20,5–9 (Kriegsgesetz); Dtn 6,4–8 (Schema Israel) / Mt 5 (Antithesen der Bergpredigt), Koran (Schahada), Mt 22,37–40 (Doppelgebot/Dreifachgebot der Liebe). – Die Schülerinnen und Schüler nennen und sammeln zunächst biblische Gebote, an die sie sich erinnern. Welche Lebensbereiche sind davon betroffen? Welche Gebote lassen sich für die Gegenwart übersetzen? Inwiefern sind Gebote Wegweiser in das Leben? Wie gehören Gebot und Freiheit zusammen (Luther, Freiheit eines Christenmenschen; vgl. **M 12**)?

■ **Die vier Evangelien**

Die Schülerinnen und Schüler lesen und vergleichen die Eingänge der vier Evangelien unter der Fragestellung: Wie unterscheiden sich die Evangelien? Zu welchem Zeitpunkt beginnt die Schilderung? In dieser Hinsicht lassen sich die Erzählbeginne der Evangelien chronologisch anordnen und dem Zeitstrahl (**M 2**) zuordnen: Mk 1,1–5 (Johannes der Täufer, Jesus als Erwachsener); Lk 1,1–5 (Herodes, Geburt Jesu) Mt 1,1ff (Abraham); Johannes 1,1 (Am Anfang – vgl. Gen 1).

Die Schülerinnen und Schüler können die unterschiedlichen neutestamentlichen Textformen und -gattungen Evangelium, Gleichnis, Wunder, Brief und Hymnus erkennen, an einfachen Merkmalen unterscheiden und in einen Entstehungskontext (Sitz im Leben) einordnen

■ Die Schülerinnen und Schüler erschließen und entfalten anhand von Lk 1,1–4 die Entstehungssituation und die Intention des Lukasevangeliums und untersuchen die anderen Evangelien-Eingänge unter den bei Lukas gewonnenen Einsichten:
– es gab und gibt mehrere Erzählungen (V. 1)
– die Autoren sind »Diener des Wortes« (V. 2), die
– die Geschichte »von Anfang an« bezeugen können und berichten wollen (V. 2);
– sie wollen »den Grund der Lehre« (Jesu Christi«) darlegen und der Welt bekannt machen (V. 4).

■ Die Schülerinnen und Schüler erhalten die Eingangsverse der Evangelien mit den vier seit der Antike verwendeten Bildsymbolen (**M 4**). Sie lesen die Eingangsverse und stellen assoziative Verbindungen her zwischen dem jeweiligen Evangelium und seinem Symbol. Es gab in der Geschichte unterschiedliche Deutungen, keine davon ist bindend. Die Verknüpfung von Symbol und Evangelium könnte man auch als Erstellen einer Merkhilfe oder Eselsbrücke verstehen. Die Deutung des Kirchenvaters Hieronymus (4. Jh.) dürfte sich auch den Schülerinnen und Schülern nahe legen: Matthäus, der wie über einen Menschen zu schreiben beginnt (Mensch); Markus, bei dem die Stimme eines brüllenden Löwen in der Wüste hörbar wird: »Stimme eines Rufenden in der Wüste: ...« (Löwe); Lukas, der sein Evangelium im Tempel beginnen lässt (Stier oder Kalb) und Johannes, der sich über die Zeit erhebt wie ein Adler.

■ Die Schülerinnen und Schüler verschaffen sich einen Überblick über den gemeinsamen Aufbau aller vier Evangelien (Kindheit und Leben Jesu, Wirksamkeit und Reisen in Galiläa, Weg nach Jerusalem, wo die Verurteilung, Kreuzigung und Auferstehung stattfindet; vgl. Martin Kählers Charakterisierung des Markusevangeliums als »Passionsgeschichte mit ausführlicher Einleitung«). Dies geschieht entweder durch kursorische Lektüre eines Evangeliums (Markusevangelium, vgl. **M 5**) oder durch arbeitsteiliges Blättern in den Evangelien und Strukturierung anhand der Zwischenüberschriften, wie sie sich etwa in der Stuttgarter Erklärungsbibel finden.

■ **Gleichnis**
Die exegetische Unterscheidung zwischen (Reich-Gottes-)Gleichnissen im engeren Sinne und Gleichniserzählungen oder Parabeln wie die vom barmherzigen Samariter erscheint für die Realschule nicht als hilfreich und wird eher verwirren. Für die folgenden Vorschläge gelten Gleichnisse als spezielle Redeweise Jesu, in denen er Sachzusammenhänge oder erdachte Geschichten aus der Lebens- und Vorstellungswelt seiner Zuhörerinnen und Zuhörer mit einer spezifischen (das kleine Senfkorn wird zum großen Strauch) oder unerwarteten (der liebende Vater schließt den wiedergefundenen Sohn in die Arme und übt nicht die erwartete Zurückweisung) Pointe versieht. Diese Pointe soll zu einer zündenden Einsicht in Fragen des Glaubens führen (»Ach, so ist das Reich Gottes, so verhält es sich mit der Nächstenliebe!« usw.).
Der Vorschlag zum Verlorenen Schaf verbindet mit dem Gleichnis den Vergleich verschiedener Übersetzungen und einen synoptischen Vergleich: Verlorenes Schaf (Mt 18,10–14; Lk 15,1–7)
Die Schülerinnen und Schüler erhalten in Kopie die Texte Mt 18,10–14 und Lk 15,1–7 in zwei bis drei Übersetzungen. Vorgeschlagen wird neben der Lutherbibel bewusst die »Volxbibel« sowie als dritte Übersetzung die »Basisbibel«, die »Gute Nachricht«, »Hoffnung für alle«, »Neue Genfer Übersetzung« oder andere, ggf. auch eine englische Version (vgl. **M 6**).

Die Schülerinnen und Schüler vergleichen nacheinander die beiden Texte (synoptischer Vergleich) sowie die Ausgangsübersetzung mit der der »Volxbibel« sowie ggf. der dritten Übersetzung:

– Achtet genau auf das Gleichnis Jesu vom verlorenen Schaf. Wo findet ihr Übereinstimmungen, wo sind Unterschiede?

– Achtet besonders auf den Schluss des Gleichnisses und auf die Ausgangsfrage, die Jesus beantwortet.

– Wie könnte das Gleichnis auf die Zuhörerschaft wirken? Beschreibe, was das Gleichnis dir erklärt, und erläutere deine Antwort den damaligen Zuhörern.

Übersetzungsvergleich:

– Lies die verschiedenen Textversionen (**M 6**) in den Kästen der ersten Reihe auf-merksam durch. Notiere dir Gemeinsamkeiten und Unterschiede.

– Stellt euch vor, ihr schreibt einen Brief an Martin Dreyer, den Autor der Volxbibel. Beschreibt, welche Wirkung sein Text auf euch hat, und vergleicht sie mit der Wirkung der Übersetzung von Martin Luther.

– Welches Bild haltet ihr für überzeugender für die Botschaft Jesu: Das Bild von den Schafen, den Katzen oder den Meerschweinchen?

– Beschreibt, welche Absicht Jesus mit seinen Gleichnissen bei den Menschen seiner Zeit verfolgte.

- **Wunder** (Gelähmter Mk 2,1–12 und Heilung eines Blinden Mk 10,46–52)
Die Schülerinnen und Schüler erarbeiten die Aufgaben (**M 7**) und formulieren die gewonnenen Einsichten in die Grundelemente der Wundererzählungen (beispielsweise: Jesus kommt an einen [neuen] Ort; ein Mensch ist unrettbar in Not; Jesus wird mit der Not des Menschen konfrontiert; Jesus handelt in Worten oder Zeichen; das Wunder ereignet sich; das Wunder wird konstatiert, Augenzeugen reagieren darauf). Welche Erzählelemente tauchen in beiden Geschichten auf, welche zusätzlichen Elemente gibt es?

- **Brief** (Gal 1,1–5; 6,18; Lk 1,1–4; 1. Kor 1,1–3; 16,21–24; Eph 1,1–2; 6,23.24; Philemon 1–3.23–25; **M 8**.
Die Schülerinnen und Schüler bearbeiten das Arbeitsblatt und tauschen sich aus über die Elemente eines antiken Briefeingangs (Selbstvorstellung, Anrede, Bekenntnis, Friedensgruß) bzw. -schlusses (Wünsche an einzelne Personen oder die Gemeinschaft, Friedensgruß). Sie können versuchen, diese Elemente in einem eigenen Brief einzusetzen.

- **Philipperhymnus** »Vertonen«
Die Methode der »Text-Vertonung« ist ein ruhiger, kreativer, in gewisser Weise auch liturgischer Zugang zu einer großen Zahl von Texten. Hier wird als Beispiel der sog. Philipperhymnus aus Phil 2,5–11 gewählt. Der Ablauf vollzieht sich in folgenden Schritten:

– Ausgangsmaterial: ein biblischer Hymnus (hier: Phil 2,5–11), ein faustgroßes Stück Ton pro Schüler(in), eine gestaltete Mitte in Form einer angedeuteten Spirale, Papier im Format DIN A3 als Unterlage für die Schülerinnen und Schüler, ggf. Hintergrundmusik;

– die Schülerinnen und Schüler versammeln sich in einem Kreis um eine gestaltete Mitte, die in Form einer eineinhalbmal gedrehten Spirale etwa in der Form einer sechs mit dem Durchmesser von mindestens 2 Metern auf dem Boden liegt;

– alle Schülerinnen und Schüler haben einen Klumpen Ton in Händen, den sie warm kneten. Währenddessen liest die Lehrkraft den Text zuerst einmal vor. Danach ergeht die Anweisung, dem Text in Gedanken zu folgen und ggf. an einer bestimmten Stelle zu verweilen;

- mit dem Gedanken an diese Textstelle verlassen die Schülerinnen und Schüler den Kreis, verteilen sich im Raum und formen aus dem Tonklumpen ein Objekt, das sie mit einer Textstelle verbinden. Im Hintergrund kann Musik eingespielt werden, es wird nicht gesprochen;
- nach einer begrenzten Zeit – ca. 5 Minuten, nicht mehr als 8 Minuten – kehren die Schülerinnen und Schüler mit ihren Objekten in den ursprünglichen Kreis um die gestaltete Mitte zurück;
- nun verliest die Lehrkraft abermals den Text. An die Schülerinnen und Schüler ergeht die Aufforderung, dass sie dann, wenn ihre Textstelle vorgelesen wird, ihre Position im Kreis verlassen und ihr Objekt – beginnend an der engsten Stelle der angedeuteten Spirale – außerhalb der Spirale auf den Boden legen. Auch dabei wird nicht gesprochen; wie viele Schülerinnen und Schüler ggf. dieselbe Textstelle gewählt haben, spielt keine Rolle;
- nach Verlesen des gesamten Textes haben alle Schülerinnen und Schüler ihr Objekt abgelegt. Am Boden liegt im wörtlichen und im übertragenen Sinne die »Auslegung« (oder »Erdung«, »Vertonung«!) des Textes als Gesamtkunstwerk. Zum Abschluss wird der gesamte Text noch einmal verlesen. Die Schülerinnen und Schüler folgen den Objekten mit den Augen in der Reihenfolge des Textes;
- in jedem Falle entsteht ein Unikat, das nicht besprochen werden muss, weil es buchstäblich allen vor Augen liegt.

- ■ Weiterarbeit
Nach der »Vertonung« von Phil 2,5–11 liegt am Boden eine Kurzfassung der Geschichte Jesu. Welche Elemente sind zu erkennen?
Fragen an den Text: Welche Ausschnitte aus der Geschichte Jesu, wie sie in den Evangelien erzählt wird, bietet der Hymnus? Welche Elemente des Hymnus reichen über die Evangelien hinaus?
Die Schülerinnen und Schüler können den Text als Vorlage für eine Gestaltung der Geschichte Jesu in Form von Piktogrammen (vgl. Kapitel »Auf der Suche nach Gott«, S. 140 (M 2) gestalten.

Die Schülerinnen und Schüler können darstellen, was neu gelernt wurde	■ Bibel im Überblick (»Gott liebt diese Welt« – »Gott kommt zu den Menschen« – »Gott in der Geschichte«) ■ Leitmedium Zeitstrahl: Erläutern ■ Kurzvortrag zu einem Gleichnis oder einem Wunder?
Literatur und Medien zur Unterrichtsgestaltung	Bibelausgaben: u.a. Basis-Bibel, Volxbibel. Bibelatlas elementar. Erarbeitet von Ekkehard Stier, Stuttgart 2012. entwurf 4/2013: Freiheit, darin das Kapitel über Freiheit und Religion im Blick auf Judentum, Christentum und Islam. Büttner, Gerhard / Roose, Hanna: Das Johannesevangelium im Religionsunterricht. Informationen, Anregungen und Materialien für die Praxis, Stuttgart 2007. Die Bibel elementar. Erzählt und erklärt von Michael Landgraf, Stuttgart / Braunschweig 2010. Kursbuch Bibel. Das Einsteigerbuch für Jugendliche, erabeitet von Jürgen Kegler, Manfred Kuhn u.a., Stuttgart/Braunschweig 2009. Landgraf, Michael: Bibel kreativ erkunden. Lernwege für die Praxis, Stuttgart 2010.

Landgraf, Michael / Metzger, Paul: Bibel unterrichten. Basiswissen – Bibeldidaktische Grundfragen – Elementare Bibeltexte, Stuttgart 2011.

Landgraf, Michael: Bibel Einführung – Materialien – Kreativideen. ReliBausteine Sekundar, 3., aktualisierte Auflage, Speyer/Stuttgart 2013.

Luther, Martin: Von der Freiheit eines Christenmenschen, Stuttgart (Reclam) 2011.

Metzger, Paul / Risch, Markus: Bibel auslegen. Exegese für Einsteiger, Stuttgart 2010.

Müller, Peter: Mit Markus erzählen. Das Markusevangelium im Religionsunterricht, Stuttgart 1999.

Müller, Peter: Schlüssel zur Bibel. Eine Einführung in die Bibeldidaktik, Stuttgart 2009.

Schultz, Hans Jürgen (Hg.): Sie werden lachen – die Bibel, München 1986.

M 1   Vorstellung »meiner« Bibelausgabe

Angaben zur Bibelausgabe:

Titel: _____

Erscheinungsjahr und -ort: _____

Übersetzung und Übersetzer: _____

In meiner Bibel enthaltene Bücher:
- ❏ die ganze Bibel
- ❏ Bibel und Apokryphen
- ❏ nur ein Teil der Bibel: es fehlt zum Beispiel:

_____

Gestaltung meiner Bibel (Bilder)   ❏ (ein Beispiel, das ich zeigen kann: Seite _____)

Zusätzliches Material (Erklärungen, Karten, Verzeichnisse usw.):

_____

_____

_____

Wie ich zu meiner Bibel gekommen bin:

_____

_____

Mein Gesamteindruck: _____

_____

_____

Notizen für meine Bibel-Präsentation:

Zeitstrahl »Zeit der Bibel im Überblick«

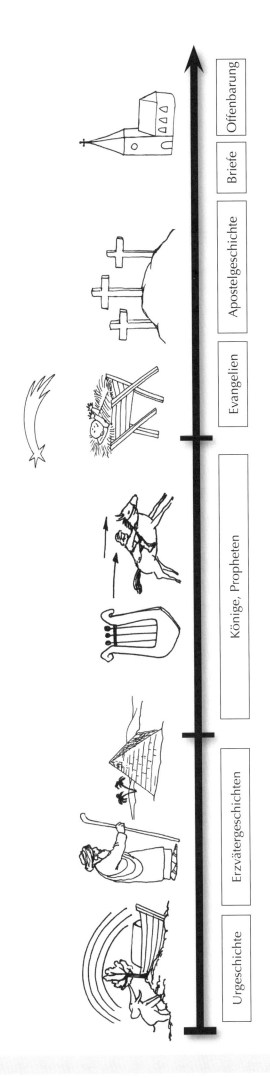

Urgeschichte · Erzvätergeschichten · Könige, Propheten · Evangelien · Apostelgeschichte · Briefe · Offenbarung

M 2

Bibelkunde-Buch

Der Text, den ich gelesen habe (Bibelstelle) _____
Inhalt:

_____

_____

_____

Ein wichtiges Zitat aus meinem Text
Textstelle (Buch, Kapitel, Vers[e]): _____
Text:

_____

_____

_____

Ein Bild zu meinem Text

Persönlicher Kommentar

_____

_____

_____

_____

_____

Eingangsverse der vier Evangelien und Bildsymbole

Mt 1,1–17.18

[1]Dies ist das Buch von der Geschichte Jesu Christi, des Sohnes Davids, des Sohnes Abrahams. [2]Abraham zeugte Isaak. Isaak zeugte Jakob. Jakob zeugte Juda und seine Brüder. [3]Juda zeugte Perez und Serach mit der Tamar. Perez zeugte Hezron. Hezron zeugte Ram. [4]Ram zeugte Amminadab. Amminadab zeugte Nachschon. Nachschon zeugte Salmon. [5]Salmon zeugte Boas mit der Rahab. Boas zeugte Obed mit der Rut. Obed zeugte Isai. [6]Isai zeugte den König David. David zeugte Salomo mit der Frau des Uria. [7]Salomo zeugte Rehabeam. Rehabeam zeugte Abija. Abija zeugte Asa. [8]Asa zeugte Joschafat. Joschafat zeugte Joram. Joram zeugte Usija. [9]Usija zeugte Jotam. Jotam zeugte Ahas. Ahas zeugte Hiskia. [10]Hiskia zeugte Manasse. Manasse zeugte Amon. Amon zeugte Josia. [11]Josia zeugte Jojachin und seine Brüder um die Zeit der babylonischen Gefangenschaft. [12]Nach der babylonischen Gefangenschaft zeugte Jojachin Schealtiël. Schealtiël zeugte Serubbabel. [13]Serubbabel zeugte Abihud. Abihud zeugte Eljakim. Eljakim zeugte Asor. [14]Asor zeugte Zadok. Zadok zeugte Achim. Achim zeugte Eliud. [15]Eliud zeugte Eleasar. Eleasar zeugte Mattan. Mattan zeugte Jakob. [16]Jakob zeugte Josef, den Mann der Maria, von der geboren ist Jesus, der da heißt Christus. [17]Alle Glieder von Abraham bis zu David sind vierzehn Glieder. Von David bis zur babylonischen Gefangenschaft sind vierzehn Glieder. Von der babylonischen Gefangenschaft bis zu Christus sind vierzehn Glieder. [18]Die Geburt Jesu Christi geschah aber so: ...

Mk 1,1–14

[1]Dies ist der Anfang des Evangeliums von Jesus Christus, dem Sohn Gottes. [2]Wie geschrieben steht im Propheten Jesaja: »Siehe, ich sende meinen Boten vor dir her, der deinen Weg bereiten soll.« [3]»Es ist eine Stimme eines Predigers in der Wüste: Bereitet den Weg des Herrn, macht seine Steige eben!« (Maleachi 3,1; Jesaja 40,3): [4]Johannes der Täufer war in der Wüste und predigte die Taufe der Buße zur Vergebung der Sünden. [5]Und es ging zu ihm hinaus das ganze jüdische Land und alle Leute von Jerusalem und ließen sich von ihm taufen im Jordan und bekannten ihre Sünden. [6]Johannes aber trug ein Gewand aus Kamelhaaren und einen ledernen Gürtel um seine Lenden und aß Heuschrecken und wilden Honig [7]und predigte und sprach: Es kommt einer nach mir, der ist stärker als ich; und ich bin nicht wert, dass ich mich vor ihm bücke und die Riemen seiner Schuhe löse. [8]Ich taufe euch mit Wasser; aber er wird euch mit dem Heiligen Geist taufen. ... [14]Nachdem aber Johannes gefangen gesetzt war, kam Jesus nach Galiläa und predigte das Evangelium Gottes.

Eingangsverse der vier Evangelien und Bildsymbole

Joh 1,1–14

[1]Im Anfang war das Wort, und das Wort war bei Gott, und Gott war das Wort. [2]Dasselbe war im Anfang bei Gott. [3]Alle Dinge sind durch dasselbe gemacht, und ohne dasselbe ist nichts gemacht, was gemacht ist. [4]In ihm war das Leben, und das Leben war das Licht der Menschen. [5]Und das Licht scheint in der Finsternis, und die Finsternis hat's nicht ergriffen. [6]Es war ein Mensch, von Gott gesandt, der hieß Johannes. [7]Der kam zum Zeugnis, um von dem Licht zu zeugen, damit sie alle durch ihn glaubten. [8]Er war nicht das Licht, sondern er sollte zeugen von dem Licht. [9]Das war das wahre Licht, das alle Menschen erleuchtet, die in diese Welt kommen. [10]Er war in der Welt, und die Welt ist durch ihn gemacht; aber die Welt erkannte ihn nicht. [11]Er kam in sein Eigentum; und die Seinen nahmen ihn nicht auf. [12]Wie viele ihn aber aufnahmen, denen gab er Macht, Gottes Kinder zu werden, denen, die an seinen Namen glauben, [13]die nicht aus dem Blut noch aus dem Willen des Fleisches noch aus dem Willen eines Mannes, sondern von Gott geboren sind. [14]Und das Wort ward Fleisch und wohnte unter uns, und wir sahen seine Herrlichkeit, eine Herrlichkeit als des eingeborenen Sohnes vom Vater, voller Gnade und Wahrheit.

Lk 1,1–8

[1]Viele haben es schon unternommen, Bericht zu geben von den Geschichten, die unter uns geschehen sind, [2]wie uns das überliefert haben, die es von Anfang an selbst gesehen haben und Diener des Worts gewesen sind. [3]So habe auch ich's für gut gehalten, nachdem ich alles von Anfang an sorgfältig erkundet habe, es für dich, hochgeehrter Theophilus, in guter Ordnung aufzuschreiben, [4]damit du den sicheren Grund der Lehre erfährst, in der du unterrichtet bist.

[5]Zu der Zeit des Herodes, des Königs von Judäa, lebte ein Priester von der Ordnung Abija, mit Namen Zacharias, und seine Frau war aus dem Geschlecht Aaron und hieß Elisabeth. [6]Sie waren aber alle beide fromm vor Gott und lebten in allen Geboten und Satzungen des Herrn untadelig. [7]Und sie hatten kein Kind; denn Elisabeth war unfruchtbar und beide waren hochbetagt. [8]Und es begab sich, als Zacharias den Priesterdienst vor Gott versah, da seine Ordnung an der Reihe war, [9]dass ihn nach dem Brauch der Priesterschaft das Los traf, das Räucheropfer darzubringen; und er ging in den Tempel des Herrn.

Quelle aller Bilder: Wikipedia, Artikel »Evangelistensymbole«

Lesetagebuch für die kursorische Lektüre eines Evangeliums

_____ - Evangelium,

Kapitel _____

Erzählungen, die in diesem Kapitel enthalten
sind (Überschriften):

_____

_____

Zusammenfassung des Inhalts:

_____

_____

_____

Fragen an den Text

_____

_____

_____

_____

_____

Mein eigener Kommentar

_____

_____

_____

M 5

Die Bibel verstehen

Gleichnisse (Verlorenes Schaf)

Lk 15,1–7 (Martin Luther)	Lk 15,1–7 (Volxbibel)	(Dritte Übersetzung, z.B. Gute Nachricht, Hoffnung für alle, Neue Genfer Übersetzung)
[1]Es nahten sich ihm aber allerlei Zöllner und Sünder, um ihn zu hören. [2]Und die Pharisäer und Schriftgelehrten murrten und sprachen: Dieser nimmt die Sünder an und isst mit ihnen. [3]Er sagte aber zu ihnen dies Gleichnis und sprach: [4]Welcher Mensch ist unter euch, der hundert Schafe hat und, wenn er »eins« von ihnen verliert, nicht die neunundneunzig in der Wüste lässt und geht dem verlorenen nach, bis er's findet? [5]Und wenn er's gefunden hat, so legt er sich's auf die Schultern voller Freude. [6]Und wenn er heimkommt, ruft er seine Freunde und Nachbarn und spricht zu ihnen: Freut euch mit mir; denn ich habe mein Schaf gefunden, das verloren war. [7]Ich sage euch: So wird auch Freude im Himmel sein über »einen« Sünder, der Buße tut, mehr als über neunundneunzig Gerechte, die der Buße nicht bedürfen.	Oft kamen irgendwelche Geldeintreiber und andere Leute, die überall unbeliebt waren, zu Jesus, um ihm zuzuhören. [2]Die Pharisäer und die Theologen fanden es total uncool, dass er sich mit so einem Pack überhaupt abgab. [3]Deshalb brachte Jesus mal wieder einen Vergleich: [4]»Mal angenommen, jemand hat zwanzig Katzen, und eine davon würde aus dem Fenster springen und weglaufen, dann würde er sofort die neunzehn alleine zu Hause lassen, um das eine Kätzchen zu suchen! [5]Wenn er es schließlich auf einem Baum gefunden hat, wird er sich tierisch freuen, es auf den Arm nehmen, lange streicheln und es dann wieder nach Hause bringen. [6]Zu Hause wird er erst mal ein paar Freunde anrufen und die Nachbarn einladen, um jedem diese gute Nachricht zu erzählen: ‚Ich hab mein Kätzchen wiedergefunden!' [7]Genauso steigt eine große Party im Himmel wegen jedem verlorenen Menschen, der zu Gott zurückfindet.«	

Mt 18,10–14 (Martin Luther)	Mt 18,10–14 (Volxbibel)	(Dritte Übersetzung, z.B. Gute Nachricht, Hoffnung für alle, Neue Genfer Übersetzung)
[10]Seht zu, dass ihr nicht einen von diesen Kleinen verachtet. Denn ich sage euch: Ihre Engel im Himmel sehen allezeit das Angesicht meines Vaters im Himmel. [12]Was meint ihr? Wenn ein Mensch hundert Schafe hätte und eins unter ihnen sich verirrte: lässt er nicht die neunundneunzig auf den Bergen, geht hin und sucht das verirrte? [13]Und wenn es geschieht, dass er's findet, wahrlich, ich sage euch: Er freut sich darüber mehr als über die neunundneunzig, die sich nicht verirrt haben. [14]So ist's auch nicht der Wille bei eurem Vater im Himmel, dass auch nur eines von diesen Kleinen verloren werde.	[10]Ihr müsst sehr aufpassen, dass ihr nicht arrogant werdet und auf andere runterguckt, die irgendwie nicht so toll sind wie ihr. Hey, glaubt mir, deren Engel wissen den PIN-Code zur Eingangstür, wo mein Vater im Himmel wohnt!« [11]»Der ‚Menschensohn' ist für die da, die nicht mehr wissen, wo es längs geht. [12]Was denkt ihr: Wenn jemand hundert Meerschweinchen hat, und eines büchst plötzlich aus dem Stall aus und ist verschwunden, was macht der dann? Er wird sich doch sofort aufmachen und seinen ganzen Garten durchsuchen, bis er das eine Meerschweinchen gefunden hat. Und wenn er es dann endlich unter einer Hecke findet, wird er sich nicht tierisch freuen, und zwar in diesem Augenblick mehr über das eine als über alle anderen, die ja noch im Stall sind? Genauso ist mein Papa drauf, er will nicht, dass ihm irgendjemand durch die Lappen geht, er liebt sie alle!«	

Wundergeschichten (Mk 2,1–12)

Mk 2,1–12

Und nach einigen Tagen ging er wieder nach Kapernaum; und es wurde bekannt, dass er im Hause war. Und es versammelten sich viele, sodass sie nicht Raum hatten, auch nicht draußen vor der Tür; und er sagte ihnen das Wort. Und es kamen einige zu ihm, die brachten einen Gelähmten, von vieren getragen. Und da sie ihn nicht zu ihm bringen konnten wegen der Menge, deckten sie das Dach auf, wo er war, machten ein Loch und ließen das Bett herunter, auf dem der Gelähmte lag. Als nun Jesus ihren Glauben sah, sprach er zu dem Gelähmten: Mein Sohn, deine Sünden sind dir vergeben. Es saßen da aber einige Schriftgelehrte und dachten in ihren Herzen: Wie redet der so? Er lästert Gott! Wer kann Sünden vergeben als Gott allein? Und Jesus erkannte sogleich in seinem Geist, dass sie so bei sich selbst dachten, und sprach zu ihnen: Was denkt ihr solches in euren Herzen? Was ist leichter, zu dem Gelähmten zu sagen: Dir sind deine Sünden vergeben, oder zu sagen: Steh auf, nimm dein Bett und geh umher? Damit ihr aber wisst, dass der Menschensohn Vollmacht hat, Sünden zu vergeben auf Erden – sprach er zu dem Gelähmten: Ich sage dir, steh auf, nimm dein Bett und geh heim! Und er stand auf, nahm sein Bett und ging alsbald hinaus vor aller Augen, sodass sie sich alle entsetzten und Gott priesen und sprachen: Wir haben so etwas noch nie gesehen.

Mk 10,46–52

Und sie kamen nach Jericho. Und als er aus Jericho wegging, er und seine Jünger und eine große Menge, da saß ein blinder Bettler am Wege, Bartimäus, der Sohn des Timäus. Und als er hörte, dass es Jesus von Nazareth war, fing er an, zu schreien und zu sagen: Jesus, du Sohn Davids, erbarme dich meiner! Und viele fuhren ihn an, er solle stillschweigen. Er aber schrie noch viel mehr: Du Sohn Davids, erbarme dich meiner! Und Jesus blieb stehen und sprach: Ruft ihn her! Und sie riefen den Blinden und sprachen zu ihm: Sei getrost, steh auf! Er ruft dich! Da warf er seinen Mantel von sich, sprang auf und kam zu Jesus. Und Jesus antwortete und sprach zu ihm: Was willst du, dass ich für dich tun soll? Der Blinde sprach zu ihm: Rabbuni, dass ich sehend werde. Jesus aber sprach zu ihm: Geh hin, dein Glaube hat dir geholfen. Und sogleich wurde er sehend und folgte ihm nach auf dem Wege.

Aufgaben:

1. In den alten Bibelhandschriften sind die Texte so wie auf dieser Seite ohne Überschriften, ohne Absätze und ohne Versziffern aufgeschrieben. Stellt euch vor, ihr sollt diese Geschichte verfilmen und dafür ein Storyboard erstellen. Geht beide Texte genau durch, markiert jeweils eine neue Bildeinstellung und gebt ihr eine Überschrift. Vergleicht den Ablauf beider Wundergeschichten.

2. In der ersten Wundergeschichte (Mk 2,1–12) ist ein Bruch versteckt. Du kannst sogar zwei Erzählungen in dieser Geschichte entdecken: die Geschichte einer Heilung und die Geschichte einer Sündenvergebung. Schreibe beide Geschichten getrennt auf.

3. Diskutiert: Was ist das größere Wunder und was macht die Menschen so entsetzt – die Heilung oder die Sündenvergebung? Wie könnte die Antwort des Evangelisten Markus auf diese Frage lauten?

Gal 1,1–5;6,18	**1. Kor 1,1–3; 16,21–24**
1,1–5: [1]Paulus, ein Apostel nicht von Menschen, auch nicht durch einen Menschen, sondern durch Jesus Christus und Gott, den Vater, der ihn auferweckt hat von den Toten, [2]und alle Brüder, die bei mir sind, an die Gemeinden in Galatien: [3]Gnade sei mit euch und Friede von Gott, unserm Vater, und dem Herrn Jesus Christus, [4]der sich selbst für unsre Sünden dahingegeben hat, dass er uns errette von dieser gegenwärtigen, bösen Welt nach dem Willen Gottes, unseres Vaters; [5]dem sei Ehre von Ewigkeit zu Ewigkeit! Amen. ... 6,18: Die Gnade unseres Herrn Jesus Christus sei mit eurem Geist, liebe Brüder! Amen.	1,1–3: [1]Paulus, berufen zum Apostel Christi Jesu durch den Willen Gottes, und Sosthenes, unser Bruder, [2]an die Gemeinde Gottes in Korinth, an die Geheiligten in Christus Jesus, die berufenen Heiligen samt allen, die den Namen unsres Herrn Jesus Christus anrufen an jedem Ort, bei ihnen und bei uns: [3]Gnade sei mit euch und Friede von Gott, unserm Vater, und dem Herrn Jesus Christus! ... 16,21–24: [21]Hier mein, des Paulus, eigenhändiger Gruß. [22]Wenn jemand den Herrn nicht lieb hat, der sei verflucht. Maranata!1 [23]Die Gnade des Herrn Jesus sei mit euch! [24]Meine Liebe ist mit euch allen in Christus Jesus!
Lk 1,1–4	**Eph 1,1–2; 6,23.24**
[1]Viele haben es schon unternommen, Bericht zu geben von den Geschichten, die unter uns geschehen sind, [2]wie uns das überliefert haben, die es von Anfang an selbst gesehen haben und Diener des Worts gewesen sind. [3]So habe auch ich's für gut gehalten, nachdem ich alles von Anfang an sorgfältig erkundet habe, es für dich, hochgeehrter Theophilus, in guter Ordnung aufzuschreiben, [4]damit du den sicheren Grund der Lehre erfährst, in der du unterrichtet bist.	1,1–2: [1]Paulus, ein Apostel Christi Jesu durch den Willen Gottes, an die Heiligen in Ephesus, die Gläubigen in Christus Jesus: [2]Gnade sei mit euch und Friede von Gott, unserm Vater, und dem Herrn Jesus Christus! ... 6,23–24: [23]Friede sei mit den Brüdern und Liebe mit Glauben von Gott, dem Vater, und dem Herrn Jesus Christus! [24]Die Gnade sei mit allen, die lieb haben unsern Herrn Jesus Christus, in Unvergänglichkeit.

Philemon 1–3.23–25
[1]Paulus, ein Gefangener Christi Jesu, und Timotheus, der Bruder, an Philemon, den Lieben, unsern Mitarbeiter, [2]und an Aphia, die Schwester, und Archippus, unsern Mitstreiter, und an die Gemeinde in deinem Hause: [3]Gnade sei mit euch und Friede von Gott, unserm Vater, und dem Herrn Jesus Christus! ... [23]Es grüßt dich Epaphras, mein Mitgefangener in Christus Jesus, [24]Markus, Aristarch, Demas, Lukas, meine Mitarbeiter. [25]Die Gnade des Herrn Jesus Christus sei mit eurem Geist!

Aufgaben:

1. Markiere und notiere, was den Briefanfängen und den Schlussworten gemeinsam ist und was sie unterscheidet.

2. Vergleiche diese Briefanfänge und Grüße mit einem Brief, den du selbst schreibst, mit einer Postkarte aus dem Urlaub, mit einer SMS, einer Email oder einem Posting in einem sozialen Netzwerk.

Mein Bild von der Zukunft

Heute schreiben wir den _____ (Datum). In zehn Jahren wird das Jahr _____ sein,

in 50 Jahren das Jahr _____ und in hundert Jahren das Jahr _____.

Ich blicke in die Zukunft und stelle mir vor:

Ich selbst werde in zehn Jahren _____ sein. Ich werde in _____ leben

und mein Beruf wird _____ sein.

In fünfzig Jahren (Jahr: _____) wird die Umwelt _____

_____

_____.

Die wichtigste Energiequelle wird _____ sein.

Es wird neue Berufe geben: _____

_____

Die wichtigste Fortbewegungsart wird _____ sein.

Die Völker auf der Welt werden _____

Meine Kinder werden _____

Die Kirche wird _____

Der Glaube an Gott wird _____

Aufgaben:
1. Gestalte eine Vision von Zukunft. Überlege dir, ob du ein positives (hoffnungsvolles) oder ein negatives (unheilvolles) Bild gestaltest. Vielleicht gibt es in deiner Vision beide Seiten.
2. Bearbeite dein Blatt ein zweites Mal und versuche, positive und negative Visionen auszutauschen.
3. Entwirf unterschiedliche Logos oder eine grafische Darstellung für deine unterschiedlichen Visionen der Zukunft.

Psalm 22

2 Mein Gott, mein Gott, warum hast du mich verlassen? Ich schreie, aber meine Hilfe ist ferne.

3 Mein Gott, des Tages rufe ich, doch antwortest du nicht, und des Nachts, doch finde ich keine Ruhe.

4 Du aber bist heilig, der du thronst über den Lobgesängen Israels.

5 Unsere Väter hofften auf dich; und da sie hofften, halfst du ihnen heraus.

6 Zu dir schrien sie und wurden errettet, sie hofften auf dich und wurden nicht zuschanden.

12 Sei nicht ferne von mir, denn Angst ist nahe; denn es ist hier kein Helfer.

20 Aber du, HERR, sei nicht ferne; meine Stärke, eile, mir zu helfen!

21 Errette meine Seele vom Schwert, mein Leben von den Hunden!

22 Hilf mir aus dem Rachen des Löwen / und vor den Hörnern wilder Stiere – du hast mich erhört!

23 Ich will deinen Namen kundtun meinen Brüdern, ich will dich in der Gemeinde rühmen:

24 Rühmet den HERRN, die ihr ihn fürchtet; ehret ihn, ihr alle vom Hause Jakob, und vor ihm scheuet euch, ihr alle vom Hause Israel!

25 Denn er hat nicht verachtet noch verschmäht das Elend des Armen und sein Antlitz vor ihm nicht verborgen; und als er zu ihm schrie, hörte er's.

26 Dich will ich preisen in der großen Gemeinde, ich will mein Gelübde erfüllen vor denen, die ihn fürchten.

27 Die Elenden sollen essen, dass sie satt werden; / und die nach dem HERRN fragen, werden ihn preisen; euer Herz soll ewiglich leben.

28 Es werden gedenken und sich zum HERRN bekehren aller Welt Enden und vor ihm anbeten alle Geschlechter der Heiden.

29 Denn des HERRN ist das Reich, und er herrscht unter den Heiden.

32 Sie werden kommen und seine Gerechtigkeit predigen dem Volk, das geboren wird. Denn er hat's getan.

Hiobs Klage (Hiob 3)

1 Danach tat Hiob seinen Mund auf und verfluchte seinen Tag.

2 Und Hiob sprach:

3 Ausgelöscht sei der Tag, an dem ich geboren bin, und die Nacht, da man sprach: Ein Knabe kam zur Welt!

4 Jener Tag soll finster sein und Gott droben frage nicht nach ihm! Kein Glanz soll über ihm scheinen!

5 Finsternis und Dunkel sollen ihn überwältigen und düstere Wolken über ihm bleiben, und Verfinsterung am Tage mache ihn schrecklich!

6 Jene Nacht – das Dunkel nehme sie hinweg, sie soll sich nicht unter den Tagen des Jahres freuen noch in die Zahl der Monde kommen!

7 Siehe, jene Nacht sei unfruchtbar und kein Jauchzen darin!

11 Warum bin ich nicht gestorben bei meiner Geburt? Warum bin ich nicht umgekommen, als ich aus dem Mutterleib kam?

12 Warum hat man mich auf den Schoß genommen? Warum bin ich an den Brüsten gesäugt?

13 Dann läge ich da und wäre still, dann schliefe ich und hätte Ruhe

14 mit den Königen und Ratsherren auf Erden, die sich Grüfte erbauten,

15 oder mit den Fürsten, die Gold hatten und deren Häuser voll Silber waren;

16 wie eine Fehlgeburt, die man verscharrt hat, hätte ich nie gelebt, wie Kinder, die das Licht nie gesehen haben.

20 Warum gibt Gott das Licht dem Mühseligen und das Leben den betrübten Herzen?

24 Denn wenn ich essen soll, muss ich seufzen, und mein Schreien fährt heraus wie Wasser.

25 Denn was ich gefürchtet habe, ist über mich gekommen, und wovor mir graute, hat mich getroffen.

26 Ich hatte keinen Frieden, keine Rast, keine Ruhe, da kam schon wieder ein Ungemach!

Aufgaben:

1. Lest beide Texte zuerst leise, dann laut und gemeinsam. Achtet auf die Bilder und auf die Stimmungen, die bei denen, die dieses Gebet sprechen, zum Ausdruck kommen.

2. Vergleicht in jedem Vers die erste und die zweite Hälfte des Verses. Beschreibt eure Beobachtungen.

Moses Lobgesang

1 Damals sangen Mose und die Israeliten dies Lied dem HERRN und sprachen:

Ich will dem HERRN singen, denn er hat eine herrliche Tat getan; Ross und Mann hat er ins Meer gestürzt.

2 Der HERR ist meine Stärke und mein Lobgesang und ist mein Heil.

Das ist mein Gott, ich will ihn preisen, er ist meines Vaters Gott, ich will ihn erheben.

3 Der HERR ist der rechte Kriegsmann, HERR ist sein Name.

4 Des Pharao Wagen und seine Macht warf er ins Meer, seine auserwählten Streiter versanken im Schilfmeer.

5 Die Tiefe hat sie bedeckt, sie sanken auf den Grund wie die Steine.

6 HERR, deine rechte Hand tut große Wunder; HERR, deine rechte Hand hat die Feinde zerschlagen.

7 Und mit deiner großen Herrlichkeit hast du deine Widersacher gestürzt; denn als du deinen Grimm ausließest, verzehrte er sie wie Stoppeln.

8 Durch dein Schnauben türmten die Wasser sich auf, die Fluten standen wie ein Wall; die Tiefen erstarrten mitten im Meer.

9 Der Feind gedachte: Ich will nachjagen und ergreifen und den Raub austeilen und meinen Mut an ihnen kühlen. Ich will mein Schwert ausziehen, und meine Hand soll sie verderben.

10 Da ließest du deinen Wind blasen, und das Meer bedeckte sie, und sie sanken unter wie Blei im mächtigen Wasser.

11 HERR, wer ist dir gleich unter den Göttern? Wer ist dir gleich, der so mächtig, heilig, schrecklich, löblich und wundertätig ist?

12 Als du deine rechte Hand ausrecktest, verschlang sie die Erde.

13 Du hast geleitet durch deine Barmherzigkeit dein Volk, das du erlöst hast, und hast sie geführt durch deine Stärke zu deiner heiligen Wohnung.

14 Als das die Völker hörten, erbebten sie; Angst kam die Philister an.

15 Da erschraken die Fürsten Edoms, Zittern kam die Gewaltigen Moabs an, alle Bewohner Kanaans wurden feig.

16 Es fiel auf sie Erschrecken und Furcht; vor deinem mächtigen Arm erstarrten sie wie die Steine, bis dein Volk, HERR, hindurchzog, bis das Volk hindurchzog, das du erworben hast.

17 Du brachtest sie hinein und pflanztest sie ein auf dem Berge deines Erbteils, den du, HERR, dir zur Wohnung gemacht hast, zu deinem Heiligtum, Herr, das deine Hand bereitet hat.

18 Der HERR wird König sein immer und ewig.

Aufgaben:

1. Vergleicht in jedem Vers die erste und die zweite Hälfte des Verses bzw. die aufeinander folgenden Verse. Beschreibt eure Beobachtungen.
2. Lest Ex 13,17–14,31 und erinnert euch an die Geschichte des Auszugs des Volkes Israel aus Ägypten. Entdeckt Parallelen und Unterschiede in dem Psalm des Mose.
3. Vergleicht das Lied des Mose mit dem gleich anschließenden Lied der Miriam (Ex 15,21).
4. Lest Psalm 78 und vergleicht die Geschichte, die dort erinnert wird.

Gebote und Weisungen,
Antithesen der Bergpredigt, Doppelgebot/Dreifachgebot der Liebe

Ex 23,7–11

[7]Halte dich ferne von einer Sache, bei der Lüge im Spiel ist. Den Unschuldigen und den, der im Recht ist, sollst du nicht töten; denn ich lasse den Schuldigen nicht Recht haben. [8]Du sollst dich nicht durch Geschenke bestechen lassen; denn Geschenke machen die Sehenden blind und verdrehen die Sache derer, die im Recht sind. [9]Die Fremdlinge sollt ihr nicht unterdrücken; denn ihr wisst um der Fremdlinge Herz, weil ihr auch Fremdlinge in Ägyptenland gewesen seid.

[10]Sechs Jahre sollst du dein Land besäen und seine Früchte einsammeln. [11]Aber im siebenten Jahr sollst du es ruhen und liegen lassen, dass die Armen unter deinem Volk davon essen; und was übrig bleibt, mag das Wild auf dem Felde fressen. Ebenso sollst du es halten mit deinem Weinberg und deinen Ölbäumen.

Mt 22,37–39

[37]Jesus antwortete ihm: »Du sollst den Herrn, deinen Gott, lieben von ganzem Herzen, von ganzer Seele und von ganzem Gemüt«. [38]Dies ist das höchste und größte Gebot. [39]Das andere aber ist dem gleich: »Du sollst deinen Nächsten lieben wie dich selbst« (3. Mose 19,18). [40]In diesen beiden Geboten hängt das ganze Gesetz und die Propheten.

Lev 19,18

Du sollst dich nicht rächen noch Zorn bewahren gegen die Kinder deines Volks. Du sollst deinen Nächsten lieben wie dich selbst; ich bin der HERR.

> »Ein Christenmensch ist ein freier Herr über alle Dinge und niemand untertan. Ein Christenmensch ist ein dienstbarer Knecht aller Dinge und jedermann untertan.«
> *Martin Luther, Von der Freiheit eines Christenmenschen*

Dtn 20,4–9

denn der HERR, euer Gott, geht mit euch, dass er für euch streite mit euren Feinden, um euch zu helfen. [5]Und die Amtleute sollen mit dem Volk reden und sagen: Wer ein neues Haus gebaut hat und hat's noch nicht eingeweiht, der mache sich auf und kehre heim, auf dass er nicht sterbe im Krieg und ein anderer es einweihe. [6]Wer einen Weinberg gepflanzt hat und hat seine Früchte noch nicht genossen, der mache sich auf und kehre heim, dass er nicht im Kriege sterbe und ein anderer seine Früchte genieße. [7]Wer mit einem Mädchen verlobt ist und hat es noch nicht heimgeholt, der mache sich auf und kehre heim, dass er nicht im Krieg sterbe und ein anderer hole es heim. [8]Und die Amtleute sollen weiter mit dem Volk reden und sprechen: Wer sich fürchtet und ein verzagtes Herz hat, der mache sich auf und kehre heim, auf dass er nicht auch das Herz seiner Brüder feige mache, wie sein Herz ist. [9]Und wenn die Amtleute dies alles zu dem Volk geredet haben, so sollen sie Heerführer an die Spitze des Volks stellen.

Dtn 6,4f.

[4]Höre, Israel, der HERR ist unser Gott, der HERR allein. [5]Und du sollst den HERRN, deinen Gott, lieb haben von ganzem Herzen, von ganzer Seele und mit all deiner Kraft.

Mt 5,21.22

[21]Ihr habt gehört, dass zu den Alten gesagt ist (2.Mose 20,13; 21,12): »Du sollst nicht töten«; wer aber tötet, der soll des Gerichts schuldig sein. [22]Ich aber sage euch: Wer mit seinem Bruder zürnt, der ist des Gerichts schuldig; wer aber zu seinem Bruder sagt: Du Nichtsnutz!, der ist des Hohen Rats schuldig; wer aber sagt: Du Narr!, der ist des höllischen Feuers schuldig.

Aufgaben:

1. Lies die biblischen Weisungen auf dieser Seite mit den Augen Martin Luthers (Zitat in der Mitte). Wie kann man diese Weisungen als Wegweiser in die Freiheit beschreiben?
2. Manche sagen, das Doppelgebot der Liebe (oben rechts) müsste eigentlich das Dreifach-Gebot heißen. Entscheide selbst.
3. Versuche dir vorzustellen, wie sich die Anweisungen für den Kriegsfall (unten links) heute auswirken würden.

Auf der Suche nach Gott, über Gott nachdenken und sprechen

Bildungsstandards für Werkrealschule und Realschule

Bildungsstandards für die Werkrealschule

Die Schülerinnen und Schüler

- können Auskunft geben, wie Christen von Gottes Wirken in dieser Welt reden, und entdecken an Menschen der Bibel, wie diese durch ihren Glauben gestärkt und ermutigt werden (WRS 9, 4.1)
- wissen, dass Menschen von Gott nur in Bildern reden können und kennen verschiedene Gottesbilder (WRS 9, 4.2)
- verfügen über Möglichkeiten, Gott in unterschiedlichen Lebenssituationen anzusprechen und ihre Erfahrungen in spirituellen Formen auszudrücken (WRS 9, 4.3).
- **wissen, dass Menschen in Krisen auch die Existenz Gottes infrage stellen und dennoch im Glauben Antworten finden (WRS 10, 4.2)**
- können verschiedene Gottesbilder und ihre Bedeutsamkeit auf dem Hintergrund ihrer eigenen Entwicklungen und ihres Lebensweges reflektieren (WRS 10, 4.1)

Bildungsstandards für die Realschule

Die Schülerinnen und Schüler

- können Geschichten von Menschen, die sich in Zweifel und Vertrauen an Gott wenden, wiedergeben (RS 5.1)
- können Motive aus Bibel und christlicher Tradition, zum Beispiel in Musik, darstellender Kunst, Film, Literatur oder populärer Kultur, entdecken (RS 4.2)
- kennen christlich-spirituelle und symbolische Formen, in denen Menschen ihren Glauben an Gott zum Ausdruck bringen (RS 4.3)
- sind in der Lage, kleine religiöse Feiern (zum Beispiel Gebet, Andacht, Meditation, Stilleübungen) mitzugestalten (RS 4.4)

Themenfelder

Auf der Suche nach Gott: Gottesbilder und Gottesvorstellungen

- Wer ist mein Gott? (WRS)
- Nach Gott fragen: Erfahrungen, Zweifel, Vorstellungen und Bilder von Gott (WRS)
- Nach Gottes Geist fragen: Lebensbilder und Projekte – sich bewegen und verändern lassen (WRS)
- Gottesbilder in der Bibel – (Der Gott Israels und der Vater Jesu Christi) (RS)
- Wer bin ich vor Gott? – Die reformatorische Entdeckung (RS)
- Gott in Bekenntnistexten und heutiges Reden von Gott (RS)
- Offenbarung des verborgenen Gottes: Gotteserfahrungen heute (zum Beispiel Theodizee, Religion im Alltag, Taizé) (RS)

So wie die Biologie die Wissenschaft vom Leben oder die Ethnologie die Völkerkunde ist, so ist die Theologie die Wissenschaft von Gott. Im Unterschied zu anderen Wissenschaften ist der Theologie Gott nicht gegeben wie ein Gegenstand unter anderen. Das Nachdenken über Gott schließt deshalb immer auch die Frage nach den Möglichkeiten und den Quellen der Rede über Gott mit ein. Alle Rede über und Erfahrung mit Gott ist notgedrungen menschliche Rede. Insofern ist ein Kapitel bzw. eine Lernsequenz über Gott einerseits das »theologischste« Kapitel, andererseits kein besonderes oder »heiliges«, sondern ein durch und durch menschliches Kapitel. Die Schülerinnen und Schüler und ihre eigenen Erfahrungen – oder der Mangel an eigenen Erfahrungen – mit Gott und die damit verbundene Möglichkeit und Notwendigkeit, über Gott nachzudenken, wird sich wie ein roter Faden durch eine Lernsequenz zum Thema Gott ziehen.

Der Gottesglaube unterliegt in der modernen, aufgeklärten – und vermeintlich auch über Gott aufgeklärten! – Gesellschaft einer merkwürdigen Paradoxie. Umfragen bestätigen regelmäßig, dass deutlich mehr Menschen, ausdrücklich auch Jugendliche, als sich bewusst einer Religion, Konfession oder Kirche zurechnen, an »so etwas wie einen Gott« glauben. Die Auseinandersetzungen um den Gottesbezug in der Europäischen Verfassung haben gezeigt, dass man nicht an einen bestimmten Gott glauben muss, um sich auf ihn zu beziehen. Dahinter verbirgt sich das Unsichtbarwerden Gottes als personale Größe: Gott ist allenfalls eine Macht, ein Kraftfeld, oder steht für die Transzendenz. Das ist aus christlicher Sicht insofern von Belang, als die Differenzierung zwischen Gott und der Person Jesu Christi theologisch nicht möglich ist. Das Sprechen zu einem Du im Gebet ist deshalb eine unverzichtbare Erinnerung an das Personsein Gottes.

Die Jugendlichen der Klassenstufe 9/10 haben ihre kindlichen Gottesvorstellungen weitgehend abgelegt. Die kindliche Logik, die keinen Anstoß daran nimmt, dass Gott Dinge tun kann, die niemand anders kann – eben weil er Gott ist, der das eben kann! – trägt nicht mehr. Gott lässt sich nicht beweisen. Sollte es ihn dann überhaupt geben? Erstaunlicherweise ist es sogar ein Anliegen der Theologie und des Glaubens, die Unbeweisbarkeit Gottes zu unterstreichen: Gott erweist sich selbst – als Gott.

Vorbemerkung zur Lernsequenz:

Durch die Einteilung der Standard-Jahrgangsstufen im Baden-Württembergischen Bildungsplan für die Werkrealschule in die Klassen 5/6 und 7/9 reichen die »Unterrichtsideen Religion 7/8 NEU« teilweise bis in die Klassenstufe 9. Im vorliegenden Band ergeben sich deshalb mögliche Überschneidungen, zumal die Realschule anders aufteilt, nämlich in die Klassen 5/6, 7/8 und 9/10. Der Schwerpunkt des vorliegenden Kapitels liegt deshalb auf der Frage nach der »theologischen« Frage nach Gott, also den tradierten und den eigenen Versuchen, Gott zu denken. Für die Realschule finden sich zahlreiche Anregungen, etwa zu Hiob, bereits in den »Unterrichtsideen Religion NEU 7/8«: »Nach Gott fragen, Gott begegnen und dem Geheimnis Gottes auf die Spur kommen«, S. 121–157.

Elementare Fragen	■ Gibt es Gott überhaupt und woher weiß man das?
	■ Warum gibt es so unterschiedliche Aussagen darüber, wie Gott ist?
	■ Muss ich meinen Verstand aufgeben, wenn ich an Gott glauben will?
	■ Wie kann ich mir meine eigenen Gedanken zu Gott machen?

| Leitmedien | ■ Pinnwand (vgl. **M 1**) mit den Aussagen der Schülerinnen und Schüler über Gott. |

Die Schülerinnen und Schüler

- kennen biblische Geschichten, die von Gottes Wirken erzählen und Gottesbilder vermitteln (WRS 9, 4.1)
- kennen Beispiele, wie Menschen von Gott in Bildern und Symbolen sprechen, und können diese deuten (WRS 9, 4.2)
- kennen in Grundzügen das christliche Bekenntnis zu Gott als dem dreieinen Gott: Vater, Sohn und Heiliger Geist (WRS 9, 4.3)
- setzen sich mit der Frage nach eigenen Gottesbildern auseinander (WRS 9, 4.4)
- erfahren an Lebensbildern, dass Christen sich an Gott wenden und aus dieser Gottesbeziehung Kraft schöpfen (WRS 9, 4.5)
- wissen um die Möglichkeit, sich in Lebenssituationen, die geprägt sind von Freude, Dankbarkeit, aber auch von Enttäuschung, Leid und Trauer, Gott anvertrauen zu können und in eigenen spirituellen Formen auszudrücken (WRS 9, 4.6)
- wissen anhand ausgewählter Lebensbeispiele, dass glaubende Menschen ihr Suchen und ihre Antworten auf die großen Fragen des Lebens als Frage nach Gott verstehen (WRS 10, 4.2)
- verfügen über Möglichkeiten, ihre existentiellen Erfahrungen in tradierten und individuell gestalteten spirituellen Formen mit Gott in Verbindung zu bringen (WRS 10, 4.4)
- wissen, dass jeder Mensch eine Grund-Sehnsucht nach Ganzheit und Heil in sich trägt, die zur Frage nach Gott werden kann (RS, 4.1)
- können religiöse Aussagen und Symbole in Bildern, Texten, Musik und Film erschließen. (RS, 4.5)

Themenfelder

An Gott Glauben – mit Gott leben – nach Gott suchen

- Vorstellungen von Gott – Veränderungen in meinem Gottesbild (WRS 9)
- Das christliche Bekenntnis zum dreieinen Gott – Glaubensbekenntnisse (WRS 9)
- Ganzheitliche Zugänge zum Glauben – Stille, Gebet, Meditation (WRS 9)
- Nach Gott fragen: Erfahrungen, Zweifel, Vorstellungen und Bilder von Gott (WRS 10)
- Nach Gottes Geist fragen: Lebensbilder und Projekte (WRS 10)

<table>
<tr>
<td>Die Schülerinnen und Schüler können zeigen, was sie schon können und kennen</td>
<td>

- Schülerinnen und Schüler sammeln ihre individuellen Einschätzungen bzw. ihre Erfahrungen und ihr Vorwissen über Gott. Dazu notieren sie »wie Gott ist«, »was Gott tut / kann« oder sie ergänzen einen Satz, der lediglich mit dem Wort »Gott ...« beginnt (**M 1**). Auf den Feldern mit ihren Satzergänzungen bringen sie individuelle Kürzel an.
- Die Blätter werden (vgl. Aufgabenstellung **M 1**) auseinandergeschnitten und nach den jeweils gleichen Satzanfängen sortiert und für alle sichtbar aufgehängt (Pinnwand). Die Schülerinnen und Schüler untersuchen ihre Aussagen auf Gemeinsamkeiten, aber auch Widersprüche. Zu klären ist, ob die Aussagen der Schülerinnen und Schüler anonym bleiben (siehe Kürzel).
- Im Anschluss daran findet ein Unterrichtsgespräch darüber statt, woraus bzw. aus welchen Quellen man denn sein Wissen oder seine Gewissheit über Gott schöpft. Im Hintergrund der Frage steht die Trias von biblischer Überlieferung (Geschichten, Psalmen, andere Texte wie Paulusbriefe, Taufspruch, Konfirmationsspruch usw.), menschlicher Erfahrung (Erlebnisse, mitgeteilte Erlebnisse anderer) und kirchlicher, liturgischer Tradition (Glaubensbekenntnis, Lieder, Gebet). Zu welcher der drei Kategorien gehört die Aussage: »Das haben Sie (Lehrkraft) so gesagt«?
- Die Pinnwand bleibt den ganzen Verlauf der Lernsequenz über sichtbar stehen. An unterschiedlichen Stationen des Lernweges können Schülerinnen und Schüler (nun ggf. ohne Kürzel) Aussagen verändern, erweitern, modifizieren. Klar muss sein, dass niemand einen Zettel abhängt, den er oder sie nicht selbst verfasst hat.
- Variante: Die Vorlage **M 1** wird auf das Format DIN A3 vergrößert, die einzelnen Zettel erhalten dann etwa das Format DIN A5. Mithilfe von kleineren Zetteln können Schülerinnen und Schüler Fragen an andere Zettel anheften. Dabei sollten die ursprünglichen Zettel immer noch lesbar bleiben, also genügend Platz vorhanden sein. Die Fragen können anschließend ins Gespräch eingebracht werden: »Ich habe an den Zettel ... folgende Frage (Kommentar, Ergänzung usw.)«.

</td>
</tr>
<tr>
<td>Die Schülerinnen und Schüler können biblischen Texten Aussagen über das Handeln und die Eigenschaften Gottes entnehmen, sie vergleichen und mithilfe ihrer eigenen Fragen deuten</td>
<td>

- Die Künstlerin Juli Gudehus (geb. 1968) wurde international bekannt durch ihre Darstellung der biblischen Schöpfungsgeschichte in Form von Piktogrammen. Die Italiener Mateo Civaschi und Gianmarco Milesi haben diese Idee variiert in Form von Kurzgeschichten (»in 5 Sekunden«), die ebenfalls mit Piktogrammen erzählt werden (**M 2**, [Gott] und weitere Beispiele). Im Internet gibt es zahlreiche frei zugängliche, kostenlos nutzbare Sammlungen von Piktogrammen. Einzelne Schülerinnen und Schüler können auch eigene Piktogramme entwerfen. Die Aufgabe lautet, die biblische Schöpfungsgeschichte so umzusetzen, dass deutlich wird, was gut »tut«.
Variante: Die Klasse teilt sich in Gruppen auf, die jeweils Gen 1–2,4 und Gen 2 bearbeiten. Wie unterscheiden sich die Ergebnisse, was »tut« Gott jeweils anderes? Andere geeignete Texte: Psalmen, »Kleines heilsgeschichtliches Credo« (Dtn 26,5ff).
- Die Erschaffung/Entstehung der Welt aus zwei Perspektiven (**M 3**): Die beiden Texte werden in Klassenstärke kopiert, am besten auf unterschiedlich farbigem Papier. Sodann werden die Texte je zur Hälfte gemischt (am besten abwechselnd der eine und der andere Text) und an die Schülerinnen und Schüler verteilt, so dass jeder nur einen der beiden Texte erhält. Es können, je nach Sitzordnung, aber auch immer die zwei Jugendlichen, die

</td>
</tr>
</table>

sich eine Bank teilen, denselben Text erhalten. Danach müsste noch einmal dieselbe Anzahl an Kopien übrig sein, d.h. für alle der jeweils andere Text. Diese Kopien verbleiben zunächst bei der Lehrkraft.

Der Arbeitsauftrag lautet: »Lies deinen Text leise für dich durch. Beantworte dann die Frage, was in diesem Text berichtet wird.« Spannend ist jedes Mal die Frage, wie lange es dauert, bis die Klasse bemerkt, dass sie unterschiedliche Texte zum gleichen Sachverhalt gelesen haben. Mögliche Anschlussfragen:
– Wie viele unterschiedliche Texte sind offensichtlich gerade in der Klasse?
– Woran merkt ihr die Unterschiede?

■ Die Schülerinnen und Schüler gruppieren sich jeweils nach dem einen oder dem anderen Text, den sie gelesen haben. Wenn sie ihren Text mithilfe von Piktogrammen gestalten (s.o.), werden sich die Ergebnisse kaum unterscheiden. Aber der zweite Text kommt ganz ohne Gott aus.
Wäre die Welt so, wie sie ist, wenn man sich Gott wegdenkt?
Anschließend erhalten die Schülerinnen und Schüler den jeweils anderen Text zum Vergleich.

■ Die »Sechs Grundbescheide« (H. K. Berg): In seiner »Bibeldidaktik« hat Horst Klaus Berg für die gesamte biblische Überlieferung sechs zentrale Motive ausfindig gemacht, die allesamt als Wesensbeschreibungen Gottes formuliert sind (**M 4**). Ähnlich hat Gerd Theißen insgesamt 14 »Grundmotive biblischen Glaubens« formuliert. Für den Unterricht praktikabler und leichter auf die biblische Überlieferung über Gott anzuwenden sind Bergs »Grundbescheide«. An den Grundbescheiden wird deutlich: Es geht beim biblischen Zeugnis des Gottesglaubens nicht um statische (»Charakter«-) Eigenschaften Gottes, sondern um die Zuwendung Gottes zu den Menschen, das heißt um ein Handeln, das sich in der Erfahrung von Menschen niederschlägt. Mehrere Varianten sind möglich:
– An die Schülerinnen und Schüler werden die sechs Grundbescheide (**M 4**) in Kopie ausgeteilt. Die Schülerinnen und Schüler tragen Erinnerungen an biblische Überlieferungen zusammen, die sie einem oder mehreren der Grundbescheide zuordnen. Die jeweils gewählte biblische Überlieferung wird nacherzählt und die Zuordnung begründet.
– Die Schülerinnen und Schüler arbeiten mit Nachschlagewerken: Erklärungsteil einer Bibel, Bibellexikon, Konkordanz, Internetrecherche. Wie unterscheiden sich die Hilfsmittel? Was unterscheidet die Fundstellen in einer Konkordanz von einem Lexikonartikel?
– Die Schülerinnen und Schüler erhalten eine Liste mit Bibelstellen, die sie nachschlagen, lesen und zuordnen. Die Bibelstellen können auch als kopierte Texte ausgeteilt werden (**M 5**). Achtung: Theologisch wichtig ist die Verteilung von Texten auf beide Testamente. Natürlich sind die Texte austauschbar. Bei einigen Texten sind unterschiedliche Zuordnungen möglich. Die »Grundbescheide« sind ja keine voneinander isoliert zu betrachtenden Motive, sondern beziehen sich alle auf den einen Gott der Bibel.

■ Comenius: Orbis sensualium pictus, Gott (S. 6)
Johann Amos Comenius (1593–1670) wurde nicht zuletzt berühmt mit seinem bis heute käuflichen Kinder- und Jugendbuch »Orbis sensualium pictus« (»Die sichtbare Welt«), in der er versucht hat, die gesamte Wirklichkeit einschließlich Gott für Kinder verstehbar zu erläutern. Goethe erzählt in seiner zwischen 1808 und 1831 entstandenen Autobiografie »Dichtung und Wahrheit«, wie er mit diesem Büchlein gelernt hat. Auf der Doppelseite 6 und 7 in Comenius' Buch findet sich der Abschnitt »Deus.Gott« (**M 6**).
Varianten:

Auf der Suche nach Gott, über Gott nachdenken und sprechen

Die Schülerinnen und Schüler können mithilfe des Apostolischen Glaubensbekenntnisses eigene Positionen zum überlieferten christlichen Glauben einnehmen und begründen

– In der Zusammenstellung der Begriffe, Erklärungen und Eigenschaften Gottes lässt sich Comenius' Text vergleichen mit den »99 schönsten Namen Gottes« im Islam (vgl. »Unterrichtsideen Religion NEU 7/8«, 1. Halbband, S. 139). Die Schülerinnen und Schüler analysieren die Begriffe bei Comenius:

a) sie unterscheiden: welche Begriffe leuchten dir ein, welche nicht?

b) sie finden in der linken Spalte mit den lateinischen Begriffen Wörter, die sie an bekannte Wörter erinnern (z.B. »spiritualis« / Spiritus, spirit; »sanctus« / Sankt ...; »Maximus« / Maxi-...; »Optimus« / optimal; »Conservator« / Konserve, konservieren ...) und vergleichen diese mit der Übersetzung in der rechten Spalte;

c) sie assoziieren biblische Überlieferungen zu den einzelnen Begriffen;

d) sie streichen bzw. ergänzen Begriffe und Beschreibungen nach ihrer eigenen Einschätzung und begründen diese;

e) sie formulieren eine entsprechende Textseite für Jugendliche ihres Alters. Welches Bild könnte dafür geeignet sein?

■ »Glaubensprofil« (**M 7**)

Die Ursprünge des Apostolischen Glaubensbekenntnisses gehen bis in das 4. Jahrhundert n.Chr. zurück. Aus dem Apostolischen Glaubensbekenntnis haben sich zahlreiche, zu ihrer Entstehungszeit »moderne« Glaubensbekenntnisse entwickelt. Bis auf den heutigen Tag weisen fast alle christlichen Glaubensbekenntnisse die trinitarische Grundstruktur auf (anders Bonhoeffer, vgl. **M 9**).Die Arbeit mit dem »Glaubensprofil« kann in folgenden Schritten erfolgen:

Die Schülerinnen und Schüler lesen den Text in Stillarbeit durch. In einem zweiten Durchgang notieren sie ihre individuelle Distanz oder Nähe zum jeweiligen Textelement durch ein Bleistiftkreuz im entsprechenden Feld. Alle Felder werden bearbeitet. Anschließend verbinden sie die Kreuze von oben nach unten mit einer Linie, die mehr oder weniger gezackt verlaufen wird.

Weiterarbeit:

– Sie legen ihr ausgefülltes Blatt vor sich auf den Tisch und drehen es um 90° nach links (Querformat), dann decken sie es mit einem zweiten Blatt völlig ab. Nun wird das abdeckende Blatt vorsichtig nach »unten« gezogen, bis die erste Kästchenreihe (mit dem Wert +5) sichtbar wird. Gibt es bereits einzelne Bleistiftkreuze in dieser Kästchenreihe? Oder wo befinden sich die ersten »Gipfel« dieses »Glaubensprofils«? Sobald diese sichtbar werden, findet ein erster Austausch in der Klasse statt. Die Summe dieser »Gipfel« umschreibt so etwas wie die gemeinsame Glaubensbasis (in der Regel: »Gott, der Vater«, »Jesus Christus«, »Vergebung der Sünden« o.ä.). Es ist auch nicht auszuschließen, dass es größere Differenzen in der Klasse gibt. Durch weiteres Aufdecken der folgenden Kästchenreihe (+4; +3 usw.) wird das Bild differenzierter. Umgekehrt: Wo sind die tiefsten »Schluchten« in meinem Glaubensprofil?

– Variante: Statt des »Glaubensprofils« erhalten die Schülerinnen und Schüler in Gruppen von je 5–10 Personen je einen kopierten Satz der Textkarten (**M 8a**) des Glaubensbekenntnisses. Ein angedeuteter Strich auf dem Boden (Kreppband) markiert die »Nulllinie« (vgl. **M 7**). Nun versuchen sich die Jugendlichen in ihrer Gruppe zu verständigen: Wie weit nach rechts (plus) bzw. nach links (minus) verschieben wir die jeweiligen Textkarten? Vorher haben sie die Reihenfolge der Textkarten entweder auswendig ermittelt oder nach einer Textvorlage auf den Boden gelegt. Hilfsweise könnten die Textkarten auch mit Nummern versehen werden. Der Schritt in der Gruppe könnte anstelle der Einzelarbeit (s.o.) oder im Anschluss daran erfolgen.

- »Text verdoppeln«
Eine besondere Form der Deutung und gleichzeitig der liturgischen Arbeit mit dem Glaubensbekenntnis (und vielen anderen Texten) kann durch das »Text verdoppeln« geschehen. Die Schülerinnen und Schüler erhalten je eine Textkarte des Glaubensbekenntnisses. Dazu müssen je nach Klassengröße einzelne Textzeilen ggf. zusammengefasst werden (vgl. **M 8b**). In großen bis sehr großen Gruppen bis hin zum Schulgottesdienst können auch mehrere Kartensätze verteilt werden, so dass mehrere Jugendliche denselben Text erhalten. Die Aufgabe lautet: »Lies deinen Text zweimal leise für dich durch. Nun notiere auf der Rückseite deiner Textkarte einen Einfall: einen Kommentar, deine Übersetzung, eine Frage – aber keine Geschichte.« Zum Schreiben verwenden die Jugendlichen am besten einen kräftigen Faserschreiber. Die Schrift sollte so groß und deutlich sein, dass sie auch auf 2–3 m Distanz noch gelesen werden kann.
Anschließend werden das Glaubensbekenntnis sowie die Texte der Jugendlichen vorgetragen. Folgende Varianten sind möglich:
  - Die Gruppe stellt sich in der Reihenfolge der Texte im Kreis oder in einer Reihe auf. Nun liest die Lehrkraft den aufgedruckten Text des Bekenntnisses im Original von der ersten Karte ab. Darauf erfolgt, wie eine Antwort, die Verlesung des selbst geschriebenen Textes des oder der betreffenden Jugendlichen. Nun folgt die zweite Karte usw.
  - Die Lehrkraft liest den originalen Text des Bekenntnisses in einem Zug, anschließend lesen die Jugendlichen ihre Texte in der Reihenfolge des Bekenntnisses. Diese Art der »Sprechmotette« kann auch in einem Gottesdienst dargeboten werden. Sie sollte aber auch im Klassenzimmer einen angemessenen äußeren Rahmen haben: langsames Lesen im Stehen und Pausen.

- Bilder Heiliger Geist: Schreibgespräch
Ikonografische Darstellungen der Trinität (**M 10**) eignen sich für ein Schreibgespräch. Mögliche Fragestellungen: Wie unterscheiden sich Vater, Sohn und Heiliger Geist und wie gehören sie zusammen? Der Heilige Geist ist für mich ...; Der Heilige Geist ist wie ...

- Film »Spin oder wenn Gott ein DJ wäre«
Der achtminütige Kurzspielfilm ist in den Medienzentralen und Bildstellen zu erhalten (auch auf YouTube zugänglich). Es gibt zahlreiche Arbeitshilfen für den unterrichtlichen Einsatz dieses Films (vgl. Literatur). Hier wird der Fokus auf tradierte theologische Antworten auf die Frage nach dem Eingreifen Gottes in die Wirklichkeit gelegt. Es werden die Begriffe »Prädestination«, »Praescientia«, »Gubernatio« und »Concursus Divinus« in Übersetzung angeboten: »Vorsehung (Gottes)«, »Vorauswissen (Gottes)«, »Lenkung (Gottes)«, »Mitgehen (Gottes)« (**M 11**); der letzte Begriff kann auch durch den der »Compassion«, das »Mit-Leiden Gottes«, ersetzt werden. Auf dem Arbeitsblatt der Schülerinnen und Schüler fehlt die Vokabel »Gott«, weil die Deutung der Hauptperson als Gott offen bleiben soll und durchaus strittig ist. Die Schülerinnen und Schüler verwenden **M 11** als Beobachtungsbogen für den Film und tragen anschließend in die entsprechen-den Felder ein, was sie im Film wahrgenommen haben. Können alle Felder beschriftet werden? Leidet die Hauptperson mit dem Schicksal der übrigen Menschen oder ist der DJ am Ende nur der Menschen überdrüssig? Der

Die Schülerinnen und Schüler können darstellen, was neu gelernt wurde

Untertitel im Konjunktiv – wenn Gott ein DJ *wäre* – eröffnet die Frage: Was würde ich von Gott erhoffen bzw. erwarten? Entspricht der DJ dem Gottesbild des Glaubens und der Bibel?

■ Pinnwand vom Anfang
Die Pinnwand der Eingangsevaluation wurde vielleicht im Verlauf der Lernsequenz immer wieder herangezogen (s.o.). Nun kann sie zum Abschluss der Sequenz noch einmal betrachtet werden: Welche Einschätzungen haben sich verändert, sind hinzugekommen, sind verschwunden? Können nun die zunächst nur als Stichworte genannten Eigenschaften Gottes (biblisch) begründet werden?

■ Briefe schreiben
Im Anschluss an verschiedene Bausteine – **M 6** (Comenius), Film »Spin« – verfassen die Schülerinnen und Schüler einen Brief an Gott, in dem sie ihn mit ihren Einsichten und Fragen konfrontieren. Die Briefe der Schülerinnen und Schüler können sich auch an einen Zweifler oder an einen Jugendlichen richten. In allen Fällen geht es darum, Einsichten zu formulieren und zu begründen.

Literatur und Medien zur Unterrichtsgestaltung	Dietrich Bonhoeffer: Werke, Band 8: Widerstand und Ergebung, Gütersloh 2011. Johann Amos Comenius, Orbis sensualium pictus, Trier 2006. entwurf 2/2013: Film. Thomas Erne / Sabine Jocher / Alexander Weiler: Wo geht's hier zum Leben? Was Gott mit deinem Alltag zu tun hat, Stuttgart 2005. Gerhard Ziener / Mathias Kessler: Kompetenzorientiert unterrichten mit Methode. Methoden entdecken, verändern, erfinden, Seelze 2012.

Gott ist …	**Gott macht …**
Gott kann …	**Gott …**

Aufgaben:

1. Ergänze mindestens einen der Satzanfänge auf diesem Blatt. Du kannst auch mehrere Sätze in ein Feld schreiben.
2. Bringe unten rechts in jedem Feld, das du ausgefüllt hast, ein Kürzel oder ein Symbol an, das nur du kennst.
3. Schneide anschließend dein Blatt in die vier Felder auseinander.

Auf der Suche nach Gott, über Gott nachdenken und sprechen

»Gott und die Welt« in Bildern

[Gott]

[Menschen]

[Tiere]

[Fahrzeuge]

[Sport]

[Städte]

[Objekte]

[Lebensmittel]

Quelle: Mateo Civaschi / Gianmarco Milesi, Das Leben in 5 Sekunden. 200 Biografien von Gott bis Pippi Langstrumpf. © 2012 H-57 S.r.l. Für die deutschsprachige Ausgabe: © S. Fischer Verlag GmbH, Frankfurt/M. 2013

Zwei Perspektiven

Wie alles anfing

Am Anfang war – nichts. Es war Gott, der einen Anfang gesetzt hat.
Gott kann selbst mit nichts etwas anfangen. Das erste, was Gott gemacht hat, war das Wasser.
Und dann ging Gott erst richtig zu Werk.
Man kann sich Gottes Werk vorstellen wie eine Woche aus lauter Tagen:

Erst schuf Gott das Licht, damit die Finsternis begrenzt ist (Tag 1).

Danach trennte Gott das Wasser vom Festland, damit man auftreten kann (Tag 2).

Danach ließ Gott auf dem Land Samen aufgehen: Erste Pflanzen, Kraut und Bäume, die Früchte tragen.
Das braucht man zum Leben (Tag 3).

Die Welt ist größer als die Erde, auf der wir leben. Gott machte den ganzen Kosmos: Sonne, Mond und Sterne
(Tag 4).

Im Wasser wimmelte schon Leben und am Himmel flogen schon Vögel: Ungetüme waren darunter, Saurier,
Schlangen, Kröten und Schmetterlinge (Tag 5).

Und dann ging es Schlag auf Schlag: Gott sorgte dafür, dass es Herdentiere, Wild, Behaartes und Geschupptes
gab, und am Ende: uns Menschen, wie wir sind. Mann und Frau, aber nicht wie Tiere, sondern begabt mit
Vernunft und Liebe, also gesegnet. Das fand Gott gut, und wir eigentlich auch (Tag 6).

Dann ruhte Gott sich aus. Alles war geschafft. Am Ende war ein Fest, das noch andauert, wenn wir es nicht
stören. Gott feiert seine Welt, und wir arbeiten noch daran.

Was am Anfang war

Am Anfang war – der Wasserstoff. Was davor war, wissen wir nicht. Am Anfang war jedenfalls nichts,
was man sich vorstellen kann.

Wir wissen heute, dass der Grundstoff der Welt das Atom ist. Das einfachste Atom ist das Wasserstoffatom:
Ein Proton und ein Elektron. Die erste Materie war das Wasser aus Wasserstoff und Sauerstoff, die erste Ordnung
im Chaos. Gleichzeitig mit der Erde entstanden unzählige Gestirne und Planeten, aber der Prozess ist noch nicht
abgeschlossen.

Alles Leben kommt aus dem Wasser. Deshalb entstanden zuerst Lebewesen im Wasser. Erst einzelne Zellen,
wie Bakterien und Amöben. Daraus entstanden kompliziertere Organismen, also Pflanzen und Tiere, von denen
einige an Land gingen.

An Land brauchten die Lebewesen Nahrung. Die ersten Lebewesen ernährten sich von Pflanzen.
Einige dieser Lebewesen blieben an Land und entwickelten Lungen. Wieder andere entwickelten Flügel, mit
denen sie sich in die Luft erheben konnten: fliegende Saurier. Und wieder andere bekamen ein Fell, mit dem sie
auch kalte Jahreszeiten überstehen konnten: die Säugetiere.

Sehr viel später entwickelte sich der Mensch. Er ist eine Art höheres Säugetier, und doch ganz anders: Er kann
denken und hat ein Bewusstsein. Menschen fragen sich, woher sie kommen und wofür sie da sind. Menschen
können Verantwortung übernehmen für ihre Zukunft. Das unterscheidet Menschen von Tieren. Aber manchmal
merkt man das gar nicht.

Quelle: Gerhard Ziener

Sechs biblische Grundbescheide (Horst Klaus Berg)

ZENTRALE MOTIVE BIBLISCHER ÜBERLIEFERUNG NACH HORST KLAUS BERG	
Grundbescheide der Bibel	**(theologische) Themen**
Gott schafft Leben	Schöpfung
Gott stiftet Gemeinschaft	Gemeinschaft, Partnerschaft, Ökumene
Gott leidet mit und an seinem Volk	Leiden und Leidenschaft
Gott befreit die Unterdrückten	Befreiung
Gott gibt seinen Geist	Heiliger Geist und Begeisterung
Gott herrscht in Ewigkeit	Gottesherrschaft, Schalom

Gott schafft Leben	Gott stiftet Gemeinschaft

Gott leidet mit und an seinem Volk	Gott befreit die Unterdrückten

Gott gibt seinen Geist	Gott herrscht in Ewigkeit

Nach: Horst Klaus Berg, Grundriss der Bibeldidaktik. Konzepte, Modelle, Methoden, Calwer/Kösel, Stuttgart/München 1993, S. 76ff.

GOTT SCHAFFT LEBEN

Gen 2,5–6

⁵Und alle die Sträucher auf dem Felde waren noch nicht auf Erden, und all das Kraut auf dem Felde war noch nicht gewachsen; denn Gott der HERR hatte noch nicht regnen lassen auf Erden, und kein Mensch war da, der das Land bebaute; ⁶aber ein Nebel stieg auf von der Erde und feuchtete alles Land.

Lk 7,11–15

¹¹Und es begab sich danach, dass er in eine Stadt mit Namen Naïn ging; und seine Jünger gingen mit ihm und eine große Menge. ¹²Als er aber nahe an das Stadttor kam, siehe, da trug man einen Toten heraus, der der einzige Sohn seiner Mutter war, und sie war eine Witwe; und eine große Menge aus der Stadt ging mit ihr.
¹³Und als sie der Herr sah, jammerte sie ihn und er sprach zu ihr: Weine nicht!
¹⁴Und trat hinzu und berührte den Sarg, und die Träger blieben stehen. Und er sprach: Jüngling, ich sage dir, steh auf!
¹⁵Und der Tote richtete sich auf und fing an zu reden, und Jesus gab ihn seiner Mutter.

Ps 104,13–15.27–29

¹³Du feuchtest die Berge von oben her, du machst das Land voll Früchte, die du schaffest. ¹⁴Du lässest Gras wachsen für das Vieh und Saat zu Nutz den Menschen, dass du Brot aus der Erde hervorbringst, ¹⁵dass der Wein erfreue des Menschen Herz und sein Antlitz schön werde vom Öl und das Brot des Menschen Herz stärke …
²⁷Es warten alle auf dich, dass du ihnen Speise gebest zur rechten Zeit. ²⁸Wenn du ihnen gibst, so sammeln sie; wenn du deine Hand auftust, so werden sie mit Gutem gesättigt. ²⁹Verbirgst du dein Angesicht, so erschrecken sie; nimmst du weg ihren Odem, so vergehen sie und werden wieder Staub.

Joh 11,41–44

⁴¹Jesus aber hob seine Augen auf und sprach: Vater, ich danke dir, dass du mich erhört hast.
⁴²Ich weiß, dass du mich allezeit hörst; aber um des Volkes willen, das umhersteht, sage ich's, damit sie glauben, dass du mich gesandt hast.
⁴³Als er das gesagt hatte, rief er mit lauter Stimme: Lazarus, komm heraus!
⁴⁴Und der Verstorbene kam heraus, gebunden mit Grabtüchern an Füßen und Händen, und sein Gesicht war verhüllt mit einem Schweißtuch. Jesus spricht zu ihnen: Löst die Binden und lasst ihn gehen!

Bibeltexte zu den »Sechs biblischen Grundbescheiden« (Horst Klaus Berg)

GOTT STIFTET GEMEINSCHAFT

Psalm 133,1

Siehe, wie fein und lieblich ist's, wenn Brüder einträchtig beieinander wohnen!

1. Kor 10,16

Der gesegnete Kelch, den wir segnen, ist der nicht die Gemeinschaft des Blutes Christi? Das Brot, das wir brechen, ist das nicht die Gemeinschaft des Leibes Christi?

Eph 2,11–14

[11]Darum denkt daran, dass ihr, die ihr von Geburt einst Heiden wart und Unbeschnittene genannt wurdet von denen, die äußerlich beschnitten sind, [12]dass ihr zu jener Zeit ohne Christus wart, ausgeschlossen vom Bürgerrecht Israels und Fremde außerhalb des Bundes der Verheißung; daher hattet ihr keine Hoffnung und wart ohne Gott in der Welt. [13]Jetzt aber in Christus Jesus seid ihr, die ihr einst Ferne wart, Nahe geworden durch das Blut Christi. [14]Denn er ist unser Friede, der aus beiden »eines« gemacht hat und den Zaun abgebrochen hat, der dazwischen war, nämlich die Feindschaft.

Psalm 100,2–4

[2]Dienet dem HERRN mit Freuden, kommt vor sein Angesicht mit Frohlocken! [3]Erkennet, dass der HERR Gott ist! Er hat uns gemacht und nicht wir selbst zu seinem Volk und zu Schafen seiner Weide. [4]Gehet zu seinen Toren ein mit Danken, / zu seinen Vorhöfen mit Loben; danket ihm, lobet seinen Namen!

Auf der Suche nach Gott, über Gott nachdenken und sprechen

Bibeltexte zu den »Sechs biblischen Grundbescheiden«
(Horst Klaus Berg)

GOTT LEIDET MIT UND AN SEINEM VOLK

Jer 4,19–21

[19]Diese Qual in meinen Eingeweiden! Ich winde mich vor Schmerzen. Mein Herz klopft, dass es fast zerspringt. Ich kann nicht mehr schweigen! Ich höre Kriegshörner und Schlachtrufe. [20]Von überall her meldet man Niederlagen und Zerstörungen, das ganze Land wird verwüstet. Plötzlich sind unsere Zelte umgestürzt, die Zeltdecken zerfetzt. [21]Wie lange muss ich noch die Feldzeichen der Feinde sehen und das Dröhnen der Kriegshörner hören?

Lk 13,34

Jerusalem, Jerusalem, die du tötest die Propheten und steinigst, die zu dir gesandt werden, wie oft habe ich deine Kinder versammeln wollen wie eine Henne ihre Küken unter ihre Flügel und ihr habt nicht gewollt!

Gen 6,5.6

[5]Als aber der HERR sah, dass der Menschen Bosheit groß war auf Erden und alles Dichten und Trachten ihres Herzens nur böse war immerdar, [6]da reute es ihn, dass er die Menschen gemacht hatte auf Erden, und es bekümmerte ihn in seinem Herzen.

Jes 53,3–5

[3]Er war der Allerverachtetste und Unwerteste, voller Schmerzen und Krankheit. Er war so verachtet, dass man das Angesicht vor ihm verbarg; darum haben wir ihn für nichts geachtet. [4]Fürwahr, er trug unsre Krankheit und lud auf sich unsre Schmerzen. Wir aber hielten ihn für den, der geplagt und von Gott geschlagen und gemartert wäre. [5]Aber er ist um unsrer Missetat willen verwundet und um unsrer Sünde willen zerschlagen. Die Strafe liegt auf ihm, auf dass wir Frieden hätten, und durch seine Wunden sind wir geheilt.

Bibelzitate aus: Lutherbibel, revidierte Fassung 1984, durchgesehene Ausgabe in neuer Rechtschreibung © 1999 Deutsche Bibelgesellschaft, Stuttgart
Jer 4,19–21 aus: Gute Nachricht Bibel, revidierte Fassung, durchgesehene Ausgabe © 2000 Deutsche Bibelgesellschaft, Stuttgart

Bibeltexte zu den »Sechs biblischen Grundbescheiden«
(Horst Klaus Berg)

GOTT BEFREIT DIE UNTERDRÜCKTEN

Jes 49,13

[13]Freut euch, Himmel und Erde; jubelt, ihr Berge! Denn der HERR hilft seinem Volk, er hat Erbarmen mit den Unterdrückten.

Lk 1,46–55

[46]Und Maria sprach: Meine Seele erhebt den Herrn, [47]und mein Geist freut sich Gottes, meines Heilandes; [48]denn er hat die Niedrigkeit seiner Magd angesehen. Siehe, von nun an werden mich selig preisen alle Kindeskinder. [49]Denn er hat große Dinge an mir getan, der da mächtig ist und dessen Name heilig ist. [50]Und seine Barmherzigkeit währt von Geschlecht zu Geschlecht bei denen, die ihn fürchten. [51]Er übt Gewalt mit seinem Arm und zerstreut, die hoffärtig sind in ihres Herzens Sinn. [52]Er stößt die Gewaltigen vom Thron und erhebt die Niedrigen. [53]Die Hungrigen füllt er mit Gütern und lässt die Reichen leer ausgehen. [54]Er gedenkt der Barmherzigkeit und hilft seinem Diener Israel auf, [55]wie er geredet hat zu unsern Vätern, Abraham und seinen Kindern in Ewigkeit.

Dtn 26,5–9

[5]Mein Vater war ein Aramäer, dem Umkommen nahe, und zog hinab nach Ägypten und war dort ein Fremdling mit wenig Leuten und wurde dort ein großes, starkes und zahlreiches Volk. [6]Aber die Ägypter behandelten uns schlecht und bedrückten uns und legten uns einen harten Dienst auf. [7]Da schrien wir zu dem HERRN, dem Gott unserer Väter. Und der HERR erhörte unser Schreien und sah unser Elend, unsere Angst und Not [8]und führte uns aus Ägypten mit mächtiger Hand und ausgerecktem Arm und mit großem Schrecken, durch Zeichen und Wunder, [9]und brachte uns an diese Stätte und gab uns dies Land, darin Milch und Honig fließt.

Hes 30,21

Du Menschenkind, ich habe den Arm des Pharao, des Königs von Ägypten, zerbrochen, und siehe, er ist nicht verbunden worden, dass er wieder heilen könnte, auch nicht mit Binden umwickelt, dass er wieder stark würde und ein Schwert fassen könnte.

Bibeltexte zu den »Sechs biblischen Grundbescheiden«
(Horst Klaus Berg)

GOTT GIBT SEINEN GEIST

Gen 1,1–4

[1]Am Anfang schuf Gott Himmel und Erde. [2]Und die Erde war wüst und leer, und es war finster auf der Tiefe; und der Geist Gottes schwebte auf dem Wasser. [3]Und Gott sprach: Es werde Licht! Und es ward Licht. [4]Und Gott sah, dass das Licht gut war. Da schied Gott das Licht von der Finsternis

Joel 3,1.2

[1]Und nach diesem will ich meinen Geist ausgießen über alles Fleisch, und eure Söhne und Töchter sollen weissagen, eure Alten sollen Träume haben, und eure Jünglinge sollen Gesichte sehen. [2]Auch will ich zur selben Zeit über Knechte und Mägde meinen Geist ausgießen.

Apg 2,1–4

[1]Und als der Pfingsttag gekommen war, waren sie alle an »einem« Ort beieinander. [2]Und es geschah plötzlich ein Brausen vom Himmel wie von einem gewaltigen Wind und erfüllte das ganze Haus, in dem sie saßen. [3]Und es erschienen ihnen Zungen, zerteilt wie von Feuer; und er setzte sich auf einen jeden von ihnen, [4]und sie wurden alle erfüllt von dem Heiligen Geist und fingen an zu predigen in andern Sprachen, wie der Geist ihnen gab auszusprechen.

2. Sam 23,1–4

[1]Dies sind die letzten Worte Davids. Es spricht David, der Sohn Isais, es spricht der Mann, der hoch erhoben ist, der Gesalbte des Gottes Jakobs, der Liebling der Lieder Israels: [2]Der Geist des HERRN hat durch mich geredet, und sein Wort ist auf meiner Zunge.
[3]Es hat der Gott Israels zu mir gesprochen, der Fels Israels hat geredet: Wer gerecht herrscht unter den Menschen, wer herrscht in der Furcht Gottes, [4]der ist wie das Licht des Morgens, wenn die Sonne aufgeht, am Morgen ohne Wolken.

Bibeltexte zu den »Sechs biblischen Grundbescheiden«
(Horst Klaus Berg)

GOTT HERRSCHT IN EWIGKEIT

Joh 14,16.17

[16]Und ich will den Vater bitten und er wird euch einen andern Tröster geben, dass er bei euch sei in Ewigkeit: [17]den Geist der Wahrheit, den die Welt nicht empfangen kann, denn sie sieht ihn nicht und kennt ihn nicht. Ihr kennt ihn, denn er bleibt bei euch und wird in euch sein.

Jes 59,21

Und dies ist mein Bund mit ihnen, spricht der HERR: Mein Geist, der auf dir ruht, und meine Worte, die ich in deinen Mund gelegt habe, sollen von deinem Mund nicht weichen noch von dem Mund deiner Kinder und Kindeskinder, spricht der HERR, von nun an bis in Ewigkeit.

Ps 29,10

Der HERR hat seinen Thron über der Flut; der HERR bleibt ein König in Ewigkeit.

Lk 1,30–33

[30]Und der Engel sprach zu ihr: Fürchte dich nicht, Maria, du hast Gnade bei Gott gefunden.
[31]Siehe, du wirst schwanger werden und einen Sohn gebären, und du sollst ihm den Namen Jesus geben.
[32]Der wird groß sein und Sohn des Höchsten genannt werden; und Gott der Herr wird ihm den Thron seines Vaters David geben,
[33]und er wird König sein über das Haus Jakob in Ewigkeit, und sein Reich wird kein Ende haben.

Johann Amos Comenius: Orbis sensualium pictus
oder Die sichtbare Welt, 1658

Der große Pädagoge Johann Amos Comenius (1592–1670) hat im Jahr 1658 ein Unterrichtsbuch für Kinder und Jugendliche geschaffen, in dem er die ganze Welt, zu der für ihn auch Gott gehörte, für Kinder verständlich darstellen und beschreiben wollte. Auch der Dichter Johann Wolfgang von Goethe hat mit diesem Buch gelernt.

So sieht Comenius' Erklärung für Gott aus:

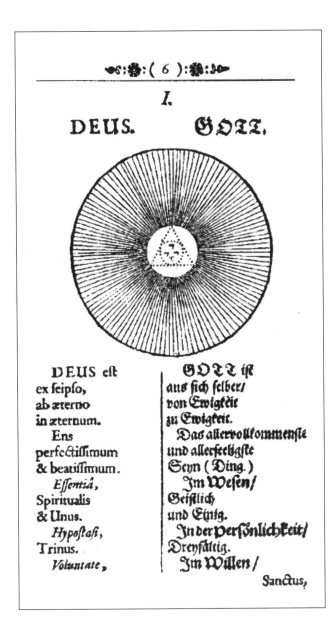

Aufgaben:
1. Markiere diejenigen Begriffe, Erklärungen und Eigenschaften, die dir einleuchten, und diejenigen, die dir nicht einleuchten, mit unterschiedlichen Farben.
2. Wie kommt Comenius zu seinen Beschreibungen, an welche biblischen Texte könnte er dabei denken?
3. Welche Eigenschaften und Beschreibungen Gottes würdest du streichen oder ergänzen? Erläutere!

Mein persönliches »Glaubensprofil«

⇦ liegt mir ferner					Glaubensaussage	Zustimmung / liegt mir nahe ⇨				
- 5	- 4	- 3	- 2	- 1	- 0 -	+ 1	+ 2	+ 3	+ 4	+ 5
					Ich glaube an Gott den Vater					
					den Allmächtigen					
					den Schöpfer des Himmels und der Erde					
					Und an Jesus Christus					
					seinen eingeborenen Sohn					
					unseren Herrn.					
					Empfangen durch den Heiligen Geist					
					geboren von der Jungfrau Maria					
					gelitten unter Pontius Pilatus					
					gekreuzigt, gestorben und begraben.					
					Hinabgestiegen in das Reich des Todes					
					am dritten Tage auferstanden von den Toten					
					aufgefahren in den Himmel.					
					Er sitzt zur Rechten Gottes, des Allmächtigen Vaters					
					von dort wird er kommen					
					zu richten die Lebenden und die Toten.					
					Ich glaube an den Heiligen Geist					
					die heilige christliche Kirche					
					Gemeinschaft der Heiligen					
					Vergebung der Sünden					
					Auferstehung der Toten					
					und das ewige Leben. Amen.					

Ich glaube an Gott den Vater	am dritten Tage auferstanden von den Toten
den Allmächtigen	aufgefahren in den Himmel.
den Schöpfer des Himmels und der Erde	Er sitzt zur Rechten Gottes, des Allmächtigen Vaters
und an Jesus Christus	von dort wird er kommen
seinen eingeborenen Sohn	zu richten die Lebenden und die Toten.
unseren Herrn.	Ich glaube an den Heiligen Geist
Empfangen durch den Heiligen Geist	die heilige christliche Kirche
geboren von der Jungfrau Maria	Gemeinschaft der Heiligen
gelitten unter Pontius Pilatus	Vergebung der Sünden
gekreuzigt, gestorben und begraben.	Auferstehung der Toten
Hinabgestiegen in das Reich des Todes	und das ewige Leben. Amen.

Textkarten Apostolisches Glaubensbekenntnis (2)

Ich glaube an Gott den Vater, den Allmächtigen
den Schöpfer des Himmels und der Erde
und an Jesus Christus seinen eingeborenen Sohn
unseren Herrn.
Empfangen durch den Heiligen Geist
geboren von der Jungfrau Maria
gelitten unter Pontius Pilatus
gekreuzigt, gestorben und begraben.
Hinabgestiegen in das Reich des Todes
am dritten Tage auferstanden von den Toten
aufgefahren in den Himmel.
Er sitzt zur Rechten Gottes, des Allmächtigen Vaters
von dort wird er kommen zu richten die Lebenden und die Toten.
Ich glaube an den Heiligen Geist
die heilige christliche Kirche
Gemeinschaft der Heiligen
Vergebung der Sünden
Auferstehung der Toten und das ewige Leben. Amen.

Glaubensbekenntnis von Dietrich Bonhoeffer

Ich glaube,

dass Gott aus allem, auch aus dem Bösesten,

Gutes entstehen lassen kann und will.

Dafür braucht er Menschen,

die sich alle Dinge zum Besten dienen lassen.

Ich glaube,

dass Gott uns in jeder Notlage

soviel Widerstandskraft geben will,

wie wir brauchen.

Aber er gibt sie nicht im Voraus,

damit wir uns nicht auf uns selbst,

sondern allein auf ihn verlassen.

In solchem Glauben müsste alle Angst

vor der Zukunft überwunden sein.

Ich glaube, dass auch unsere Fehler und Irrtümer nicht vergeblich sind,

und dass es Gott nicht schwerer ist, mit ihnen fertig zu werden,

als mit unseren vermeintlichen Guttaten.

Ich glaube,

dass Gott kein zeitloses Fatum ist,

sondern dass er auf aufrichtige Gebete

und verantwortliche Taten wartet und antwortet.

Aus: Dietrich Bonhoeffer, Wiederstand und Ergebung, © 1998 Gütersloher Verlagshaus, Gütersloh, in der Verlagsgruppe Random House GmbH.

Aufgaben:

1. Dietrich Bonhoeffer hat dieses Glaubensbekenntnis im Jahr 1943 zur Zeit der nationalsozialistischen Herrschaft geschrieben. Deute seinen Text, indem du ihn vergleichst mit dem, was du über die Zeit des Nationalsozialismus weißt.

2. Vergleiche Bonhoeffers Text mit dem Apostolischen Glaubensbekenntnis. Erkennst du Stellen, an denen Bonhoeffer von Gott dem Vater, dem Sohn und dem Heiligen Geist redet?

3. Bonhoeffer hat dieses Glaubensbekenntnis geschrieben in einem längeren Text, in dem es auch heißt: »Dummheit ist ein gefährlicherer Feind des Guten als Bosheit. Gegen das Böse lässt sich protestieren, es lässt sich bloßstellen, es lässt sich notfalls mit Gewalt verhindern ... Gegen die Dummheit sind wir wehrlos. Weder mit Protesten noch mit Gewalt lässt sich hier etwas ausrichten ... Tatsachen, die dem eigenen Vorurteil widersprechen, brauchen einfach nicht geglaubt zu werden.« – Diskutiert über diese Sätze Bonhoeffers.

Vor(her)sehung

Beobachtungen im Film:

_____

_____

_____

_____

_____

Was ich von Gott erwarte oder erhoffe:

Dass Gott _____

_____

_____

Vorauswissen

Beobachtungen im Film:

_____

_____

_____

_____

_____

Was ich von Gott erwarte oder erhoffe:

Dass Gott _____

_____

_____

Lenkung

Beobachtungen im Film:

_____

_____

_____

_____

Was ich von Gott erwarte oder erhoffe:

Dass Gott _____

_____

_____

Mit-Leiden

Beobachtungen im Film:

_____

_____

_____

_____

Was ich von Gott erwarte oder erhoffe:

Dass Gott _____

_____

_____

Als Glieder der Kirche politisch denken und handeln

Bildungsstandards für die Realschule

Schwerpunktkompetenz und weitere Kompetenzen

Die Schülerinnen und Schüler

- wissen, dass der Mensch zu einer freien, verantwortlichen Gestaltung seines eigenen und des gemeinschaftlichen Lebens berufen ist (1.2)
- **wissen, dass nach dem Verständnis des christlichen Glaubens Menschen zu verantwortlichem Handeln bestimmt sind, dass sie scheitern können und ihnen Vergebung zugesagt ist (2.1)**
- können eine christliche Position zu einem ethischen Bereich darstellen, wie zum Beispiel Friedenssicherung, Medizin, Biologie, Technik, Wirtschaft, soziale Gerechtigkeit, Diakonie oder Ökologie (2.3)
- wissen um das Wirken und die Bedeutung Martin Luthers sowie um seine reformatorische Erkenntnis (6.2)
- kennen Beispiele gelebter Ökumene vor Ort oder das Engagement der Kirchen für Gerechtigkeit, Frieden und Bewahrung der Schöpfung (6.3)
- sind in der Lage, unterschiedliche Motive für christliches Engagement zu erfassen und eigene Handlungsmöglichkeiten zu bedenken (6.4)

Themenfelder:
Die Bergpredigt und ihre Wirkungsgeschichte
Ehrfurcht vor dem Leben: ein ethischer Konfliktfall
Kirche und Politik heute (zum Beispiel Friedensfrage, soziale Gerechtigkeit, ökologische Verantwortung, Theologie der Befreiung)

Zur Lebensbedeutsamkeit

Christlicher Glaube beginnt im Individuum und drängt auf Gemeinschaft. Daran erinnert das bekannte Wort des Nikolaus Ludwig Graf von Zinzendorf: »Ich konstatiere kein Christentum ohne Gemeinschaft.« So könnte man die kürzeste Verbindungslinie zwischen persönlich zugesprochenem Heil und Gemeinde formulieren, zwischen Soteriologie und Ekklesiologie. Dieser Gemeinschaftsgedanke wird jedoch kontrastiert durch die seit langem feststellbare Tendenz zur Privatisierung alles Religiösen – jedenfalls in unseren westeuropäischen Gesellschaften. Damit verbunden ist ein allmählicher Bedeutungsverlust von Religion und Glauben in der Öffentlichkeit – und damit zugleich ein Verlust an Beteiligung und Wahrnehmung von Religion in öffentlichen, politischen Diskursen. Alleine schon die Bezeichnung des Themenfeldes als »Kirche und Politik heute« wirft die Frage auf, ob das überhaupt noch ein Thema von »heute« sein kann oder nicht vielmehr ein Thema der 80er-Jahre, der Zeit der Überwindung des Apartheidregimes in Südafrika, der Friedens- und der Ökologiebewegung. Der »Konziliare Prozess der Kirchen für Frieden, Gerechtigkeit und Bewahrung der Schöpfung« begann im Jahr 1983 in Vancouver und bezeichnet jedenfalls nicht mehr das »Heute« heutiger Jugendlicher.

Umso mehr stellt sich die Frage nach der überindividuellen Bedeutung von Glauben und Religion, gerade heute. Den Geltungsanspruch des Glaubens »auf unser ganzes Leben« haben die Thesen der Theologischen Erklärung der Bekenntnissynode von Barmen 1934 eingeschärft und damit deutlich gemacht, dass der Glaube zwar nicht zu politischen Programmen führt, dass aber Christen politischen Programmen, die sich selber als »einzige und totale

Ordnung menschlichen Lebens« verstehen (These 5), im Namen des Glaubens widersprechen müssen. Die politische Verantwortung der Kirche wurde in Barmen so umrissen: Die Kirche »erinnert an Gottes Reich, an Gottes Gebot und Gerechtigkeit und damit an die Verantwortung der Regierenden und Regierten«.

Was heißt das für die politische Dimension des Christseins und der Kirche heute – und was heißt das für die Wahrnehmung und die Lebenswelt heutiger Schülerinnen und Schüler an der Schwelle vom Jugend- zum Erwachsenenalter?

Christsein als Thema der Zivilgesellschaft, bürgerschaftliches Engagement aus christlichen Beweggründen, den Glauben ins Leben ziehen und die Welt im Lichte des Glaubens sehen, verbunden mit der Selbstwahrnehmung als Glied einer christlichen Gemeinde sind die Themen dieser Praxisimpulse für den Religionsunterricht. Karl Barths Formulierung, ein Christenmensch trage »in einer Hand die Bibel, in der anderen Hand die Zeitung«, fasst knapp zusammen, dass es immer um beide Perspektiven zugleich geht.

Elementare Fragen
- Braucht man zum Glauben eine Kirche?

- Was macht eigentlich die Kirche heute?

- Warum können die Kirchen so wenig bewirken?

Die Schülerinnen und Schüler

- wissen, dass Menschen sich an ihrem persönlichen Gewissen orientieren und verantwortlich handeln sollen (1.2)
- sind in der Lage, zu einem ausgewählten ethischen Problem selbstständig zu recherchieren und einen eigenen Standpunkt einzunehmen, mit einer christlichen Position zu vergleichen und einen eigenen Standpunkt einzunehmen (2.5)
- übernehmen christliche Wertmaßstäbe für ihr Handeln und treten für eine »Kultur der Barmherzigkeit« ein (2.7)
- kennen Beispiele von Christen im Widerstand gegen Menschenrechtsverletzungen (6.5)

Ein Blick auf katholische Bildungsstandards

- Wörtersuche – um die Wette
  Einzelarbeit: Alle Schülerinnen und Schüler suchen Wortzusammensetzungen, in denen »Kirche«, »Kirch-«, oder »Kirchen-« vorkommen (von Kirchturm bis Kirchenfunk, von Kirchentag bis Kirchenwahl, von Kirchenbank bis Kirchenoberhaupt, von Jugendkirche bis Kirchgeld ...). Anschließend: Zusammenführen der Ergebnisse. Welches Bild (welche Erscheinungsbilder) von Kirche zeichnen sich ab?
- Was bedeutet das Wort »Kirche« in unserer Sprache?
  Du wirst Zeuge / Zeugin eines angeregten, aber auch kontroversen Gesprächs im Nachbarabteil des Zuges. Immer wieder fällt das Wort »... Kirche ...«.
  Tragt Ideen zusammen: Worüber sprechen die Menschen, wenn sie über »Kirche« sprechen? Geht folgendermaßen vor:
  – Denkt euch Sätze aus, in denen das Wort »Kirche« vorkommt, und sammelt sie auf Karten. Ihr findet Sätze, die zusammenpassen, weil das Wort »Kirche« darin dieselbe Bedeutung hat. Ordnet solche Sätze in Gruppen.
  – Welche unterschiedlichen Bedeutungen kann das Wort »Kirche« in unserer Alltagssprache haben? Versucht, selbst Definitionen zu finden: »Kirche kann bedeuten: ...«
  – Ordnet den von euch gefundenen Bedeutungen typische Sätze / Satzbeispiele zu, indem ihr ähnliche Sätze erfindet!
  – Vergleicht euer Ergebnis mit dem Vorschlag (**M 1**).
- Ein Blick in die Biografie bzw. in das Lebensumfeld:
  Wo ist mir im Laufe meines Lebens (in der eigenen Lebensgeschichte / bei anderen Menschen) »Kirche« im weitesten Sinne des Wortes begegnet?
  Clustern: begegnet Kirche in Grenzsituationen (Trauer, Sterben), in angenehmen Zusammenhängen (Taufe, Trauung), im Alltag / Freizeit (im Religionsunterricht, in der Zeitung, in Nachrichten, in der Jugendarbeit, Sommerfreizeit) – oder überhaupt nicht? – Wo habe ich (für mich / für andere) Kirche vermisst? Wo fand ich Kirche fehl am Platz?

Die Schülerinnen und Schüler berichten über ihr Vorwissen über die Kirche, tauschen sich aus über Wahrnehmungen von Kirche und formulieren Erwartungen an die Lernsequenz

---

- Fotosafari (am Schulort / Heimatort / in der benachbarten Großstadt): die Schülerinnen und Schüler erhalten den Arbeitsauftrag, in ihrem Lebensumfeld »Religion«, »Glaube« und »Kirche« aufzuspüren und zu fotografieren. Mögliche Einschränkungen: ausgenommen sind Kirchengebäude, kirchlicher Friedhof o.ä. Entdecken die Jugendlichen Türschilder (von Beratungseinrichtungen, Kindertageseinrichtungen, diakonischen Einrichtungen usw.)? Entdecken sie Symbole und Ornamente (an einem Bestattungs-

Die Schülerinnen und Schüler nehmen die Wirklichkeit von Glaube, Religion und Kirche(n) in der Öffentlichkeit ihrer Lebenswelt wahr und berichten darüber

---

Als Glieder der Kirche politisch denken und handeln

unternehmen), Schmuck (Halskreuz), Buchauslagen, Bahnhofsmission, Plakate (Brot für die Welt) ...?

- Bilder von »Kirche« in den Medien.
Die Schülerinnen und Schüler sammeln Erscheinungsbilder von »Kirche« im weitesten Sinne in farbigen Zeitschriften und im Internet: Was muss man in eine Suchmaschine eingeben, um andere Bilder als Kirchengebäude zu erhalten? Lassen sich die Bilder ebenso clustern (systematisch ordnen) wie die Begriffe von Kirche? Gibt es »Kirche« sichtbar und »unsichtbar«?
Im Hintergrund steht die Unterscheidung zwischen »ecclesia visibilis« und »ecclesia invisibilis«, wobei es wichtig ist, die »eigentliche« Kirche nicht in die »unsichtbare«, also nur ideell und gar nicht real existierende Kirche aufzulösen. Es geht vielmehr um die Unverfügbarkeit der Kirche Jesu Christi, die aber inmitten der sichtbaren Kirche erfahren wird.

- »In der einen Hand die Bibel, in der anderen Hand die Zeitung« (Karl Barth) I:
  - Lektüre einer beliebigen Tageszeitung unter der Frage: Wie kommen Religion / Glaube / Kirche an einem beliebigen Tag (Woche) in der Öffentlichkeit vor?
  Darauf achten, dass etwa auch Traueranzeigen, kirchliche Kalender, Veranstaltungshinweise, Kursangebote usw. in den Blick kommen!
  - Verfassen eines fiktiven Leserbriefs zu einem aktuellen Zeitungsartikel.
  - Lektüre des politischen Teils und des Wirtschaftsteils der Zeitung: Zu welchen Themen und Ereignissen könnte die Kirche (eine kirchliche Institution oder ein kirchliches Amt) bzw. ein Christenmensch sich äußern? Mit welchen Beweggründen könnte er dies tun?
  - Erstellen eines Plakates mit der Überschrift: »Christen müssten eigentlich ...« bzw. »Die Kirche müsste eigentlich ...«. Auf dem Plakat werden Bilder oder Zeitungsausschnitte (Schlagzeilen) aufgeklebt, dazu werden die Erwartungen bzw. Forderungen an Kirche formuliert. Achtung: Handelt es sich bei den Erwartungen an die Kirche um (a) »Worte« (Protestnoten, Anklagen) oder um (b) Taten? Kommt auch die Möglichkeit (c) des stellvertretenden liturgischen Handelns (Friedensgebet, Fürbitte, Politisches Nachtgebet usw.) in den Blick? Vgl. dazu den letzten Baustein dieser Einheit.
  - Kritische Reflexion: Warum sind die Schülerinnen und Schüler der Meinung, die Kirche sollte gerade zu diesen Herausforderungen Stellung beziehen bzw. initiativ werden? Wo liegen die Grenzen kirchlichen Handelns? Rückblick auf den RU der vergangenen zwei Jahrgangsstufen: Themen wie Prophetie, Träume, Süchte, Sehnsüchte, Diakonie- / Sozialprojekt, themenorientiertes Projekt, soziales Engagement (TOP SE) usw.

Die Schülerinnen und Schüler können Herausforderungen und Beispiele nennen für das Engagement der Kirche(n) im öffentlichen und politischen Leben

- »Wenn ich einen Tag lang ›Chefin‹ (Bischof, Bischöfin) der Kirche wäre, dann würde ich ...«
Schülerinnen und Schüler ergänzen in Einzelarbeit (Partnerarbeit, Tischgruppen) diesen Satzanfang, ggf. unterstützt durch strukturierende Hinweise oder thematische Stichworte:
  - Armut und Hunger in der Welt
  - Kriege
  - Friedliches Zusammenleben der Religionen
  - Klimakatastrophe

- Der Religionsunterricht an den öffentlichen Schulen
- Die Sonn- und Feiertage
- Christen und Muslime
- Jugendliche
- ... (eigene Stichworte der Schülerinnen und Schüler)

Die Schülerinnen und Schüler stellen ihre Ergebnisse einander vor und lassen sich etwa folgendermaßen befragen: Wie kommst du (kommt ihr) zu euren Schlussfolgerungen? Welche konkreten Schritte könntet ihr euch vorstellen? Welche Einwände (Zweifel, Gegenargumente) könnten erhoben werden?

- »In der einen Hand die Bibel, in der anderen Hand die Zeitung« (Karl Barth) II:
  Lektüre einer beliebigen Tageszeitung parallel zu Mt 25,31–46: die Werke der Barmherzigkeit.
  Die Schülerinnen und Schüler stellen Verbindungen her zwischen den Werken der Barmherzigkeit in Mt 25 und aktuellen Herausforderungen. Gelingt es, den biblischen Text mit Hilfe der Zeitung zu ›aktualisieren‹?

- »Die Existenz eines Christenmenschen«: Christengemeinde, Bürgergemeinde und das zweifache Regiment
  - Textarbeit Martin Luther: (**M 2**); Arbeitsblatt zur Zwei-Regimenter-Lehre (**M 3**).
  - Aktualisierungen und Unterscheidung zwischen politischen Themen, die die Kirche in die Öffentlichkeit tragen, d.h. »politisieren« möchte (den Feiertag heiligen? Sonntagsschutz und verkaufsoffene Sonntage; Religionsfreiheit) und solchen Themen, bei denen es strittig ist, ob sie »die Kirche etwas angehen«: Präimplantationsdiagnostik (PID), garantiertes Grundeinkommen, Jugendarbeitslosigkeit ...; vgl. die vorangegangenen Beispiele.

  Die – anspruchsvolle! – Einbeziehung der Zwei-Regimenter-Lehre in die Diskussion um »Kirche und Politik heute« ermöglicht eine theologische Rückschau auf die in den vorangegangenen Bausteinen gewählten Aktualisierungen.
- Die Grenze der Unterscheidung zwischen geistlichem und weltlichem Regiment: Sollen / dürfen / müssen Christen Widerstand leisten?
  Text von Dietrich Bonhoeffer (**M 4a/b**) mithilfe Arbeitsblatt **M 3** erschließen: Was passiert, wenn der Staat seine Grenzen überschreitet?
  Vergleich von Röm 13 mit Apg 5,17–41 (Apg 5,29!). In welcher Situation könnte das Gebot Röm 13 gelten, in welcher Situation Apg 5,29?

Die Schülerinnen und Schüler reflektieren Luthers Zwei-Regimenter-Lehre und deren Wirkungsgeschichte (→ 6.2, 2.1, 1.2)

- Beispiele aus der weltweiten Kirche und der Gemeinde vor Ort:
  - Was tut eigentlich Brot für die Welt? Eine Welt, Brot für die Welt, fair gehandelte Waren
  - Engagement für die Armen? Vesperkirche, Tafelläden, Seniorenmittagstisch
  - Der grüne Gockel: Umweltengagement einer Kirchengemeinde (kirchlichen Einrichtung)
  - Menschen mit und ohne Behinderung: Sozialdiakonisches Engagement vor Ort
  - Arbeit mit Asylsuchenden und Flüchtlingen

Die Schülerinnen und Schüler können an einem konkreten Beispiel die Übernahme gesellschaftlicher / politischer Verantwortung durch die Kirche recherchieren und präsentieren

Die Grundidee dieser Recherchen besteht darin, öffentliches Engagement von Kirchen / Christenmenschen wertschätzend wahrzunehmen und auf die Beweggründe hin (theologisch) zu befragen: warum handeln die Kirche / die Einzelnen so, wie sie handeln – und warum tun sie es als Christinnen und Christen?

Eine mögliche Struktur solcher Recherchen könnte sein:

1. Gibt es einen bestimmten Auslöser, eine bestimmte Notsituation, die das Engagement hervorgerufen hat?
2. Worin besteht das Engagement (Aufgaben, Personen, Strukturen, Konzepte, Finanzierung, Dauer)
3. Welche christlichen Motive stehen hinter dem Engagement; gibt es dafür biblische Anhaltspunkte?
4. Was bewirkt das Engagement? Was bewirkt es nicht?
5. Was wäre anders in der Gesellschaft, in der Welt, wenn es dieses Engagement nicht gäbe?

Die Schülerinnen und Schüler entdecken die neue Gerechtigkeit Jesu im Neuen Testament und können über deren Umsetzbarkeit in ihrer Lebenswelt und in der Gesellschaft nachdenken (→ 6.2, 2.1, 1.2)	■ Die ›unmögliche‹ Gerechtigkeit Gottes in der Botschaft Jesu: – Lektüre der Gleichnisse von den Arbeitern im Weinberg (Mt 20,1–16), vom unbarmherzigen Knecht (»Schalksknecht« Mt 18,21–34[35]), der Parabel vom Weltgericht (Mt 25,31–46), Die Gabe (»Scherflein«) der Witwe (Lk 21,1–4) unter der Frage: was ist ›recht‹ vor Gott – und ist das gerecht? – Die Schülerinnen und Schüler erstellen eine Gegenüberstellung: Jesu Gerechtigkeit – Gerechtigkeit in unserer Welt – Zur Bergpredigt vgl. Teilband 1, S. 95ff. ■ Theologisieren: »Wie sähe es in der Welt aus, wenn alle Christen ›richtige‹ Christen (im Sinne der Gerechtigkeit Jesu) wären?«
Die Schülerinnen und Schüler können einen liturgischen Baustein zu einem politischen Thema gestalten	■ »In der einen Hand die Bibel, in der anderen Hand die Zeitung« (Karl Barth) III: Welcher der biblischen Impulse der zurückliegenden Lernsequenz lässt sich aktualisieren – welche gegenwärtige Herausforderung lässt sich in das Licht biblischer Überlieferungen stellen? – Arbeit mit der Wortkonkordanz bzw. http://www.bibleserver.com/ oder einer anderen Quelle – zu Themen und Herausforderungen, die im Verlauf der Unterrichtseinheit bearbeitet wurden. ■ Weiterarbeit mit dem im zweiten Baustein dieser Einheit vorgeschlagenen Plakat: Zu den Sparten »Herausforderung« und »Die Kirche müsste eigentlich ...« tritt hinzu: »Darum bitten wir Gott ...«. Unterscheidung beachten: bitten wir Gott (a) um Dinge, die eigentlich von Menschen zu leisten wären, (b) um Unterstützung, Begleitung usw. bei dem, was wir tun (»Hilf uns, wenn wir ...«, »Segne unser Tun ...«) oder (c) um Dinge, die wir selbst nie bewirken könnten? ■ Ein liturgischer Baustein entsteht: Mögliche Gliederung bzw. Schritte: Information – Fürbitte (– Aktion). Die Schülerinnen und Schüler wählen ein Thema, das sie im Laufe dieser Sequenz bearbeitet haben. Sie verfügen bereits über Informationen und können die Herausforderung, die damit verbunden ist, benennen. Sie formulieren Fürbitten (siehe voriger Schritt). Je nach Beispiel wird es ggf. möglich sein, eine Aktion entweder selbst durchzuführen oder darauf zu verweisen bzw. sie vorzustellen.

- Theologisieren:
  Über einen stummen Impuls (Tafelanschrieb) kommen die Schülerinnen und Schüler ins Gespräch:
  - »Für meinen Glauben brauche ich keine Kirche« – »Ohne die Kirche wäre der Glaube schon längst vergessen.«
  - »Wenn es keine Kirche mehr gäbe, dann ...«
  - »Mein Traum von Kirche ...«
  - »Die Kirche sollte unbedingt ...«
  - »Wenn Jesus heute wiederkäme und sähe seine Kirche, dann ...«

  Mögliches Vorgehen nach den drei Schritten des Think-Pair-Share: Die Schülerinnen und Schüler notieren sich zunächst eigene Gedanken und Einfälle bzw. Satzergänzungen (ca. 5 Min.). Danach tauschen sie sich in Partnerarbeit oder in Tischgruppen aus (ca. 5 Min.). Abschließend folgt eine Aussprache im Plenum. Mögliche Fragestellungen: Welche Sichtweisen sind in der Lerngruppe vertreten? Welche Sichtweisen lassen sich unterscheiden?

- Die Werke der Barmherzigkeit (**M 5**).
  Die Schülerinnen und Schüler identifizieren auf dem Gemälde von Pieter Bruegel d.J. die Werke der Barmherzigkeit nach Mt 25,31–46. In einem zweiten Schritt »aktualisieren« sie das Bild mit Hilfe von Textkarten, Überklebung (Collage) oder durch schriftliche Kommentierungen. Dazu können Recherchen erforderlich sein.

- Frieden, Gerechtigkeit und Bewahrung der Schöpfung
  Rechercheauftrag: Findet in eurer Ortsgemeinde (einer Kirchengemeinde, eurer Kirche) Beispiele für öffentliches Engagement von Christinnen und Christen. Präsentiert in eurer Lerngruppe:
  - das Engagement (Projekt, Einrichtung)
  - die biblische (christliche) Begründung für dieses Engagement
  - findet Beispiele für ein ähnliches Engagement ohne christlichen Hintergrund und vergleicht sie miteinander.

Die Schülerinnen und Schüler können zeigen, was sie neu gelernt haben

---

Dorothee Sölle / Fulbert Steffensky: Nicht nur Ja und Amen. Von Christen im Widerstand, Hamburg 1993.

Margot Käßmann: Mehr als Ja und Amen. Doch, wir können die Welt verbessern, Asslar 2013.

Arnulf Zitelmann: Die Geschichte der Christen, Weinheim / Basel 2009.

www.jugendkirche-stuttgart.de

Literatur zur Unterrichtsgestaltung

Mit »Kirche« bezeichnet man **1. DAS KIRCHENGEBÄUDE.** Ein typischer Satz lautet: _____ _____ _____ _____ _____ _____ _____	Mit »Kirche« bezeichnet man **2. DEN GOTTESDIENST.** Ein typischer Satz lautet: _____ _____ _____ _____ _____ _____ _____
Mit »Kirche« bezeichnet man **3. DIE INSTITUTION.** Ein typischer Satz lautet: _____ _____ _____ _____ _____	Mit »Kirche« bezeichnet man **4. DIE GEMEINDE JESU CHRISTI.** Ein typischer Satz lautet: _____ _____ _____ _____ _____

Martin Luthers »Zwei-Reiche-Lehre«

Martin Luther: Darum hat Gott zwei Regimente verordnet

Martin Luther (1483–1546) beschäftigte sich in seiner grundlegenden Schrift »Von weltlicher Obrigkeit« aus dem Jahr 1523 mit der Grundfrage, wie Gott die Welt regiert und wie Menschen nach Gottes Geboten in der Welt leben können.

Hier müssen wir Adams Kinder und alle Menschen teilen in zwei Teile: die ersten zum Reich Gottes, die anderen zum Reich der Welt. Die zum Reich Gottes gehören, das sind alle rechtgläubigen Christenmen-
5 schen. [...] Nun sieh: diese Menschen brauchen (eigentlich) kein weltliches Gericht noch Recht. Und wenn alle Welt aus guten Christen, also Gläubigen, bestehen würde, so wäre kein Fürst, König, Herrscher, Richter noch Soldat notwendig. Denn wozu
10 sollten sie notwendig sein, wenn alle doch den Geist Gottes im Herzen trügen, der sie lehrt und bewirkt, dass sie niemandem Unrecht tun und jedermann lieben? Darum sollte eigentlich das weltliche Schwert unter Christenmenschen nichts zu tun haben. [...]
15 Zum Reich der Welt oder unter das Gesetz gehören alle Menschen, die nicht Christen sind. Denn da in der Welt nur wenige sind, die an Christus glauben und nach seinen Worten leben, [...] hat Gott in der Welt außer dem christlichen Stand und seinem
20 Reich ein zweites Regiment verschafft und sie dem Schwert unterworfen, so dass sie, auch wenn sie gerne anders wollte, nicht nach ihrer Bosheit leben; und wenn sie es tun, dass sie, und sei es aus Furcht vor dem Gesetz, in Frieden und Glück leben kön-
25 nen. Wenn es das weltliche Regiment Gottes nicht gäbe, würde einer den anderen fressen, so dass niemand könnte Weib und Kind aufziehen, sich nähren und Gott dienen, und die Welt wäre wüst und leer. Darum hat Gott zwei Regimenter verordnet: das
30 geistliche, welches Christen und fromme Leute macht durch den heiligen Geist, und das Weltliche, das den Unchristen und den Bösen wehrt, dass sie Friede halten müssen, ob sie wollen oder nicht. Darum muss man beide Regimente sorgfältig voneinan-
35 der unterscheiden und beide bestehen lassen: eines, das fromm macht, und ein anderes, das äußerlich Frieden schafft, dem Bösen wehrt und den Hilflosen beschützt. [...] Darum hat auch Christus kein Schwert benutzt und in seinem Reich keines einge-
setzt. Denn er ist ein König über die Christen allein 40 durch den heiligen Geist. Nun sagt aber der Apostel Paulus, auch die Staatsgewalt sei Gottes Dienerin. Damit will er sagen: auch unter denen, die nicht Christen sind, muss ja Frieden sein und dem Bösen gewehrt werden, und auch das ist Gottes Wille. [...] 45 Wenn aber die Staatsgewalt und das Schwert auch ein Gottesdienst ist, so können auch Christenmenschen Richter, Fürsten, Henker (und Politiker) sein. Es muss ja einer da sein, der die Bösen fängt, sie verklagt, ihnen wehrt und damit die Guten schützt, ver- 50 teidigt und rettet. Darum: wenn es Christen sind, die dabei nicht ihr eigenes Interesse suchen, sondern nur das Recht handhaben helfen, so können sie's ausführen wie jedes andere Handwerk auch.
Aber merke: die Rechte des weltlichen Regiments 55 dürfen nicht weiter reichen als über Leib und Gut und was äußerlich ist auf Erden. Denn über die Seele des Menschen kann und will Gott niemanden regieren lassen als sich selbst allein. Darum: wo weltliche Gewalt sich anmaßt, der Seele Gesetze zu 60 geben, da greift sie Gott in sein Regiment und verführt und verdirbt nur die Seelen. Was aber die Fragen des Glaubens und der Seligkeit angeht, so merke: der Seele soll und kann niemand gebieten, er wisse ihr denn den Weg zum Himmel zu weisen. 65 Das kann aber kein Mensch tun, sondern Gott allein. Was sind denn die Bischöfe und Pfarrer? Antwort: Ihr Regiment ist nicht eine Obrigkeit oder Gewalt, sondern ein Dienst und Amt. Ihr Regiment ist nichts anderes als Gottes Wort treiben, mit ihm die 70 Christen führen und Ketzerei überwinden.

Zusammenfassung:
- *Nach Auffassung Martin Luthers hat Gott in der Welt zwei Bereiche geschaffen: den Bereich, in dem sein Geist und das Evangelium von Jesus Christus regieren, und den anderen Bereich, in dem weltliche Gesetze und weltliche Herrscher regieren. Auch in diesem zweiten Bereich regiert Gott, aber mit anderen Mitteln und so, dass es den Menschen nicht von selbst bewusst wird.*
- *Ein Christenmensch lebt in beiden Bereichen und wird von beiden Bereichen in Anspruch genommen: auf der einen Seite von den (weltlichen, von Menschen gemachten) Ordnungen und Gesetzen – auf der anderen Seite von der Ordnung der Vergebung, der Liebe und des Friedens.*
- *Was heißt das für einen Christenmenschen im Alltag der Welt?*

Hinweis:
Die Textarbeit kann mithilfe von **M 3** unterstützt werden, indem die Schülerinnen und Schüler jeweils eintragen, was Luthers Unterscheidung der beiden Regimenter (Reiche) für Kirche und Staat, dann aber auch für den Christenmenschen als Mitglied der Welt und als Glied im Reich Gottes bedeutet.

Regiment
GOTTES

Die Obrigkeit (Staat, Regierung)
darf und muss

_____

_____

_____

Die Obrigkeit (Staat, Regierung)
darf und muss *nicht*

_____

_____

_____

_____

Als Christin oder Christ
soll ich in der Welt

_____

_____

_____

_____

_____

_____

_____

_____

_____

Die Kirche darf und muss

_____

_____

_____

Die Kirche darf und muss *nicht*

_____

_____

_____

_____

Dietrich Bonhoeffer: Die Kirche vor der Judenfrage

Der evangelische Theologe Dietrich Bonhoeffer (1906–1945) war bereits 1933 ein entschiedener Gegner des Nationalsozialismus. Als einer der ganz wenigen in der evangelischen Kirche wagte Bonhoeffer den Schritt in den politischen Widerstand, weshalb er wenige Tage vor dem Ende der NS-Herrschaft umgebracht wurde. Der folgende Text stammt aus dem Jahr 1933.

Die wahre Kirche Christi aber, die allein vom Evangelium lebt und um das Wesen des staatlichen Handelns weiß, wird dem Staat nie in der Weise ins Handwerk greifen, dass sie dessen (…) Handeln vom Standpunkt eines (…) Ideals her kritisiert. Sie weiß um die wesenhafte Not-
5 wendigkeit der Gewaltanwendung in dieser Welt und um das mit der Gewalt notwendig verbundene »moralische« Unrecht bestimmter konkreter Akte des Staates. Die Kirche kann nicht (…) unmittelbar politisch handeln; denn die Kirche maßt sich keine Kenntnis des Geschichtsverlaufes an. (…) Aber das bedeutet nicht, dass sie teilnahmslos das politi-
10 sche Handeln an sich vorüberziehen lässt; sondern sie kann und soll (…) den Staat immer wieder danach fragen, ob sein Handeln von ihm als legitim staatliches Handeln verantwortet werden könne, d. h. als Handeln, in dem Recht und Ordnung, nicht Unrecht und Unordnung, geschaffen werden. (…) Sie wird diese Frage heute in bezug auf die Ju-
15 denfrage in aller Deutlichkeit stellen müssen. Sie greift damit gerade nicht in die Verantwortlichkeit des staatlichen Handelns ein, sondern schiebt im Gegenteil dem Staat selbst die ganze Schwere der Verantwortung (…) zu. (…) Sowohl ein Zuwenig an Ordnung und Recht als auch ein Zuviel an Ordnung und Recht zwingt die Kirche zum Han-
20 deln. Ein Zuwenig ist jedesmal dort vorhanden, wo eine Gruppe von Menschen rechtlos wird. (…) Dem Zuwenig an Ordnung und Recht steht das Zuviel an Ordnung und Recht gegenüber. Es besagt, dass der Staat seine Gewalt so ausbaut, dass er der christlichen Verkündigung und dem christlichen Glauben (…) sein eigenes Recht raubt. (…)
25 Das bedeutet eine dreifache Möglichkeit des kirchlichen Handelns dem Staat gegenüber: erstens (wie gesagt) die an den Staat gerichtete Frage nach dem legitim staatlichen Charakter seines Handelns, d. h. die Verantwortlichmachung des Staates. Zweitens der Dienst an den Opfern des Staatshandelns, (…) auch wenn sie nicht der christlichen Gemein-
30 de zugehören. (…) Die dritte Möglichkeit besteht darin, nicht nur die Opfer unter dem Rad zu verbinden, sondern dem Rad selbst in die Speichen zu fallen. Solches Handeln wäre unmittelbar politisches Handeln der Kirche und ist nur dann möglich und gefordert, wenn die Kirche den Staat (…) versagen sieht.

Aus: Dietrich Bonhoeffer, Berlin 1932-1933, © 1997, Gütersloher Verlagshaus, Gütersloh,
in der Verlagsgruppe Random House GmbH (gekürzte Textfassung).

Dietrich Bonhoeffer: Die Kirche vor der Judenfrage

Der evangelische Theologe Dietrich Bonhoeffer (1906–1945) war bereits 1933 ein entschiedener Gegner des Nationalsozialismus. Als einer der ganz wenigen in der evangelischen Kirche wagte Bonhoeffer den Schritt in den politischen Widerstand, weshalb er wenige Tage vor dem Ende der NS-Herrschaft umgebracht wurde. Der folgende Text stammt aus dem Jahr 1933.

Die Kirche Jesu Christi, die allein vom Evangelium lebt und um die Notwendigkeit staatlichen Handelns weiß, wird dem Staat nie in der Weise ins Handwerk greifen, dass sie dessen Handeln von einem ... sagen wir: menschlichen Ideal her kritisiert. Die Kirche weiß, dass Gewaltanwen-
5 dung in dieser Welt prinzipiell notwendig ist. ... Die Kirche kann nicht unmittelbar politisch handeln; damit würde sie sich an die Stelle des Staates setzen und sich anmaßen, den Geschichtsverlauf vorherzusehen. ... Aber das bedeutet nicht, dass die Kirche das politische Geschehen einfach an sich vorüberziehen lässt. Sondern die Kirche kann und
10 soll den Staat immer wieder danach fragen, ob sein Handeln von ihm gerechtfertigt werden könne, das heißt ein Handeln, in dem Recht und Ordnung geschaffen werden, und nicht etwa Unrecht und Unordnung. Die Kirche wird den Staat genau dort nach seinem Verständnis von Recht und Ordnung anfragen, wo der Staat als Staat bedroht erscheint.
15 Sie greift damit gerade nicht in die Verantwortung des Staates ein, sondern schiebt im Gegenteil dem Staat die ganze Verantwortung für sein Handeln zu.

Es gibt Situationen, da garantiert der Staat für zu wenig Ordnung und
20 Recht – und andere, da vergreift sich der Staat am Recht seiner Bürger. Zum Beispiel, wenn der (nationalsozialistische) Staat seine Gewalt so ausbaut, dass er der christlichen Verkündigung und dem Glauben sein eigenes Recht raubt. ... Der Staat, der die christliche Verkündigung gefährdet, gefährdet sich selbst.
25

Das bedeutet eine dreifache Möglichkeit kirchlichen Handelns gegenüber dem Staat: erstens die an den Staat gerichtete Frage, ob sein Handeln sich wirklich begründen lässt, d.h.: die Kirche macht den Staat verantwortlich. – Zweitens der Dienst an den Opfern des staatlichen
30 Handelns. Die Kirche ist den Opfern des Staates grundsätzlich verpflichtet, auch wenn diese nicht der christlichen Gemeinde angehören. ... Die dritte Möglichkeit besteht darin, nicht nur die Opfer unter dem Rad zu verbinden, sondern dem Rad selbst in die Speichen zu fallen. Solches Handeln ist nur möglich, wenn die Kirche den Staat vor seiner
35 Aufgabe, Recht und Ordnung zu schaffen, versagen sieht.

Nach: Dietrich Bonhoeffer, Berlin 1932-1933, © 1997, Gütersloher Verlagshaus, Gütersloh, in der Verlagsgruppe Random House GmbH (bearbeitete und veränderte Textfassung).

Pieter Bruegel d.J., Werke der Barmherzigkeit

M 5

Buddhismus

Bildungsstandards für Hauptschule, Realschule und Gymnasium

Hauptschule und Werkrealschule (Klasse 10)
Die Schülerinnen und Schüler

- **kennen elementare Überzeugungen einer fernöstlichen Religion und können diese in unserem plural-religiösen Kontext identifizieren (7.1)**

Realschule
Die Schülerinnen und Schüler

- **sind in der Lage, mit Menschen anderer Religionen zu sprechen und ihre Einstellungen zu erfragen (7.2)**
- **können ihren eigenen Standpunkt in Auseinandersetzung mit anderen Religionen oder Weltanschauungen erkennen und artikulieren (7.3)**
- sind in der Lage, Situationen der Freude und des Leides, der Angst und der Hoffnung wahrzunehmen und ihnen auf unterschiedliche Weise Ausdruck zu geben (1.3).

Bezüge zu dem Themenfeld »Grenzen des Lebens«:
Umgang mit Sterben und Tod

Gymnasium
Die Schülerinnen und Schüler

- **kennen die Buddhalegende und können sie auf Lehrinhalte des Buddhismus beziehen (7.5)**
- **können Ausdrucksformen buddhistischen Glaubens und Lebens erläutern (7.6)**
- **können die konstitutive Bedeutung des Mönchtums für den Buddhismus darstellen (7.7)**
- **können das buddhistische Verständnis von Leben und Tod entfalten und mit christlichen Vorstellungen vergleichen (7.8)**
- können erläutern, wie die Begrenztheit menschlichen Lebens zur Deutung von Angst, Leid und Tod herausfordert (1.1)
- kennen christliche Bilder der Hoffnung, insbesondere der Auferstehung, und können sie mit entsprechenden Vorstellungen anderer Religionen vergleichen (1.2)
- können das christliche Gottesverständnis mit hinduistischen oder buddhistischen Vorstellungen vergleichen (4.5)
- können das Verständnis Jesu im christlichen Glauben abheben vom Verständnis religiös herausragender Menschen im Hinduismus oder Buddhismus (5.3).

Bezüge zu den Themenfeldern:
»Stärker als der Tod«

- Erfahrungen mit Sterben und Tod: eigene Ängste, Hoffnungen, Vorstellungen
- Vorstellungen anderer Religionen

> **»Buddhismus«**
> - Ausdrucksformen buddhistischen Glaubens und Lebens, zum Beispiel Ikonographie (Buddhafigur u.a.) und Symbolsprache
> - Verständnis von Leben und Tod im Vergleich mit christlichen Vorstellungen
> - Geographische Verbreitung und historische Entfaltung
> - Die Buddhalegende
> - Heilswege des Buddhismus und Vergleich mit christlichen Heilsvorstellungen
> - Mönchtum und herausragende Gestalten des Buddhismus: zum Beispiel der Dalai Lama

Zur Lebensbedeutsamkeit

Auch wenn der Buddhismus vor allem in Süd-, Ost- und Mittelasien verbreitet ist wie beispielsweise in China, Sri Lanka oder Thailand, so leben in Deutschland zurzeit immerhin ca. 250.000 Anhänger des Buddhismus. Etliche buddhistische Zentren dienen ihrer Vernetzung. Ausgangspunkt für die zunächst eher akademische Rezeption des Buddhismus in Deutschland war insbesondere die Beschäftigung Arthur Schopenhauers (1788–1860) und diejenige Friedrich Nietzsches (1844–1900) mit dieser fernöstlichen Religion. 1922 erschien dann Hermann Hesses »Siddhartha«, der das buddhistische Denken literarisch aufgreift und einem größeren Publikum näher bringt. Dieses Werk wird bis heute insbesondere von jungen Menschen gerne gelesen.

Im Religionsunterricht dient die Beschäftigung mit dem Buddhismus vor allem dem für unsere Gesellschaft zunehmend wichtiger werdenden interreligiösen und interkulturellen Lernen. Vielfältige Bestrebungen nach neuer Spiritualität haben Konjunktur. Den 15- und 16-jährigen Jugendlichen kommt die Begegnung mit einer eher fremdartigen, aber teilweise durchaus faszinierend wirkenden Religion in ihrem eigenen Prozess der Identitätsfindung zugute. Dabei ist der individuell unterschiedliche Entwicklungsstand der Schülerinnen und Schüler zu berücksichtigen. Dass der Buddhismus bei einer Umfrage der Zeitschrift »Der Spiegel« von 43 Prozent der befragten Personen zur »friedlichsten Religion« gewählt wurde, liegt vermutlich vor allem an der Popularität und Wertschätzung des Dalai Lama.

Elementare Fragen

Wer war Buddha?
Wie stellte sich Buddha die Welt vor? Was dachte er über Leben und Tod?
Warum wurde Buddhas Lehre zu einer Weltreligion?
Was fasziniert Menschen heute am Buddhismus?
Wie leben Buddhisten? Welche Regeln sollten sie im Alltag beachten?
Wie leben buddhistische Mönche?
Was haben Buddha und Jesus gemeinsam? Was unterscheidet sie?
Was unterscheidet Buddhisten von Christen?

Leitmedium

- Eine Mindmap mit dem Rad des Lebens im Zentrum (**M 1**), das den edlen achtgliedrigen Pfad symbolisiert
- »Mein Lerntagebuch zum Buddhismus« (ein »öffentliches« und ein persönliches)

Gymnasium

Die Schülerinnen und Schüler

- können anhand der Biografie des Buddha zentrale Überzeugungen und Lebensziele des Buddhismus erläutern und mit dem Christentum vergleichen (7.3)
- sind aufgrund eines kritischen und selbstkritischen Vergleichs in Ansätzen zu einem Dialog mit anderen Religionen und Weltanschauungen befähigt (7.4)

Realschule

Die Schülerinnen und Schüler

- können sich Informationen über eine Weltreligion beschaffen und diese dokumentieren (7.5)
- können mit Menschen anderer Religionen und Weltanschauungen sprechen, ihre Einrichtungen erkunden und ihre Einstellungen erfragen (7.6)
- treten für die gegenseitige Achtung von Menschen anderer Religionen und Kulturen sowie für ein respektvolles Zusammenleben mit ihnen ein (7.7).

Hauptschule und Werkrealschule (Klasse 9)

Die Schülerinnen und Schüler

- kennen die Grundzüge einer fernöstlichen Religion (Hinduismus oder Buddhismus) (7.2)
- wissen, dass Achtung und Toleranz gegenüber Andersgläubigen für ein verständnisvolles Zusammenleben wichtig ist (7.4).

- Gemeinsames Anfertigen einer Mindmap zum Thema »Buddhismus« mit dem Rad des Lebens, das aus acht Speichen besteht, als Mitte (**M 1**). Diese Mindmap kann als Leitmedium vielfältig verwendet werden, beispielsweise auch zur eigenen Lernwegsgestaltung: Die Schülerinnen und Schüler formulieren frei eigene Assoziationen / Fragen und Aussagesätze. Möglicherweise sind bereits einzelne von ihnen schon einmal in ein buddhistisches Land gereist und können davon berichten.
- Schülerinnen und Schüler können anhand der Betrachtung der Fotos zweier unterschiedlicher Buddhafiguren (**M 2**) ihre Kenntnisse über Buddha zusammentragen und diese mit ihrem Jesusbild vergleichen.

Die Schülerinnen und Schüler können zeigen, was sie schon wissen und können

---

- Schülerinnen und Schüler markieren in der Mindmap, was sie behandeln möchten.
- Foto-Protokoll des Gestaltungsprozesses der Mindmap.
- Schülerinnen und Schüler recherchieren im Internet nach weiteren Informationen zum Buddhismus und formulieren offene Fragen dazu.
- Tafelanschrieb: Linke Seite: Ausgangspunkt (bereits vorhandene Kompetenzen). Überschrift »Das können wir schon«; Rechte Seite: Überschrift »Das werden wir lernen« (schülergerechte Kompetenzformulierungen); Tafelmitte: Lernwege, Methoden. Die Abfolge einzelner Schritte mit den Schülerinnen und Schülern überlegen und diese gemeinsamen Ergebnisse sichern, ggf. Hefteintrag.
- »Mein Lerntagebuch zum Buddhismus«: Ein »öffentliches« und ein persönliches (Leitmedium).

Die Schülerinnen und Schüler wissen, welche Kompetenzen es zu erwerben gilt, und können ihren Lernweg mitgestalten

- Mögliche Fragen: Was habe ich gelernt? Habe ich etwas Neues über mich entdeckt?
- Als Lerntagebuch ausformulieren, evtl. mit Bildern, kreativer Umgang mit dem wachsenden Wissen über den Buddhismus; Reflexion des Lernprozesses oder / und Deutung von Alltagssituationen aus einer buddhistischen Perspektive.

Die Schülerinnen und Schüler können über den historischen Buddha Auskunft geben und lernen die Legende von den vier Ausfahrten des Prinzen Gautama kennen	<ul><li>Schülerinnen und Schüler bekommen zunächst die beiden Fotos von den Buddhafiguren (**M 2**), beschreiben diese möglichst genau (Sitzhaltung, Gesichtsausdruck, Handhaltung, Symbole etc.) und entdecken Gemeinsamkeiten und Unterschiede.</li><li>Die Schülerinnen und Schüler sehen den Film »Gautama Buddha – ein Leben im Licht«, und erarbeiten sich mithilfe des Arbeitsblatts (**M 3**) grundlegende Informationen zum Leben des Gautama Buddha. Alternativ dazu können auch die entsprechenden Ausschnitte aus dem Film von Hans Küng gezeigt und erarbeitet werden.</li><li>Mithilfe eines Infotextes zu Buddha und zur Entstehung der beiden Hauptströmungen des Buddhismus (**M 4**) können die Schülerinnen und Schüler einen »Steckbrief« zum Leben des Buddhas und seiner unmittelbaren Wirkung erstellen.</li><li>Die Schülerinnen und Schüler führen eine Internetrecherche zu der Legende von den vier Ausfahrten des Prinzen Gautama durch. Bei der Präsentation ihrer Ergebnisse erklären sie, warum es sich dabei um eine Legende handelt und welche Inhalte durch diese vermittelt werden sollen.</li><li>Die Schülerinnen und Schüler vervollständigen das Rad des Lebens mit dem Wort »Buddha« im Zentrum mit prägnanten Stichwörtern an den acht Speichen.</li><li>Sie halten ihre ersten Eindrücke von der Beschäftigung mit dem historischen Buddha und dem Buddhismus in ihrem Lerntagebuch schriftlich fest.</li></ul>
Die Schülerinnen und Schüler können sich gegenseitig die vier edlen Wahrheiten und den edlen achtfachen Pfad als Grundlage buddhistischer Lehre anhand von Parabeln und anderen Geschichten erläutern	<ul><li>Die Schülerinnen und Schüler finden aktuelle Beispiele aus Zeitungsartikeln, in denen Leidsituationen von Menschen eine Rolle spielen, und schreiben eigene Leiderfahrungen in ihrem persönlichen Buddhismus-Tagebuch auf.</li><li>Sie bearbeiten in Partnerarbeit die Arbeitsblätter mit der Predigt von den vier edlen Wahrheiten und dem achtfachen edlen Pfad (**M 5** und **M 6**), indem sie die Predigt Buddhas auf die formulierten Leiderfahrungen beziehen. Mithilfe des Leitmediums »Rad des Lebens« mit seinen acht Speichen kann man die wichtigen Stichworte des achtfachen edlen Pfads grafisch gut darstellen (vgl. etwa Das Kursbuch Religion 3, S. 213).</li><li>Mithilfe des indischen Märchens »Die Rose und die Nachtigall« (**M 7**) erläutern die Schülerinnen und Schüler die zweite der vier edlen Wahrheiten. Sie formulieren eine eigene Geschichte dazu und tauschen diese in der Lerngruppe aus.</li><li>Die Schülerinnen und Schüler lesen die »Chinesische Parabel« von Hermann Hesse (**M 8**) und setzen sie zum edlen achtfachen Pfad in Beziehung. Sie spielen die Geschichte nach mit dem Ziel zu verstehen, auf welchen »Pfad« hin sich die Parabel am ehesten verstehen lässt.</li><li>Die Lehrperson liest die Buddhistische Geschichte zum Vertrauen (**M 9**) vor. Die Schülerinnen und Schüler erzählen die Geschichte so nach, als ob</li></ul>

Buddhismus

diese in der heutigen Zeit spielt. Sie kann dann als Rollenspiel inszeniert werden.

Einmal kann die Geschichte so nachgespielt werden, dass die beteiligten Menschen alle neidisch, missgünstig und misstrauisch miteinander umgehen. Das andere Mal sind die Personen in der Geschichte alle freundlich und hilfsbereit zueinander. Wie geht es den Schülerinnen und Schülern mit diesen beiden Möglichkeiten? Auf welche »Pfade« hin lässt sich die Geschichte dabei am besten verstehen?

- Die Schülerinnen und Schüler lesen einen Auszug aus Hermann Hesses »Siddhartha« (**M 10**) und formulieren, welchen Sinn für Siddhartha die Meditation hat und wofür demnach der 8. Pfad von der »Rechten Versenkung« dienlich ist.
- Sie erfahren, z.B. durch einen kurzen Lehrervortrag, von den Besonderheiten des Zen-Buddhismus, lesen eine Zen-Dichtung zur Meditation (**M 11**) und vergleichen ihre Erkenntnisse mit dem Text aus »Siddhartha«.
- Die Schülerinnen und Schüler führen jeden Tag eine Woche lang selbst eine Meditationsübung durch und berichten dann von ihren Erfahrungen, die sie in ihr Lerntagebuch zum Buddhismus aufschreiben. Es ist sinnvoll, diese Achtsamkeitsmeditation einmal im Unterricht durchgeführt zu haben. Zusätzlich können die Schülerinnen und Schüler auf andere Art und Weise meditieren, indem sie z.B. eigene Mandalas gestalten.
- Die Schülerinnen und Schüler recherchieren im Internet nach buddhistischen Klöstern in Deutschland, finden dabei möglichst viel über das Leben der buddhistischen Mönche und ihre Regeln heraus und präsentieren ihre Ergebnisse.

Die Schülerinnen und Schüler entdecken in der Meditation ein für buddhistische Mönche und Laien zentrales Element des Buddhismus

- Auf dem Arbeitsblatt **M 12** »Wie sich Buddha einen vollkommenen Menschen vorstellt« kreuzen die Schülerinnen und Schüler an, welche Ziele auch Jesus für erstrebenswert halten könnte. Ihre Ergebnisse tauschen sie in Kleingruppen aus und entdecken auf diese Weise Gemeinsamkeiten und Unterschiede zwischen Buddha und Jesus.
- Welche Ziele halten die Schülerinnen und Schüler für sich persönlich als erstrebenswert? Ihre Erkenntnisse halten sie im persönlichen und öffentlichen Lerntagebuch schriftlich fest.
- Mithilfe des Arbeitsblatts **M 13** erarbeiten sich die Schülerinnen und Schüler Gemeinsamkeiten und Unterschiede zwischen der Ethik Buddhas und der Ethik Jesu. Anhand der Arbeitsblätter **M 14** und **M 15** vergleichen sie das Todesverständnis in Christentum und Buddhismus.
- Es bietet sich an, den relativ langen Text zum Verhältnis von Mann und Frau im Buddhismus (**M 16**) von den Schülerinnen und Schülern im Gruppenpuzzle erarbeiten zu lassen.
- Wie die buddhistische Lehre als Ganzes verstanden werden kann, zeigt das Gleichnis vom Floß (**M 17**). Diese indische Parabel kann dahingehend gedeutet werden, dass die Lehre des Buddhismus vor allem darin ihren Sinn hat, den richtigen Weg und damit über sich selbst hinauszuweisen. Die Schülerinnen und Schüler erkennen dies, indem sie das Gleichnis vom Floß nacherzählen. Arbeitsauftrag: Formuliert mit eigenen Worten die Pointe des Gleichnisses in einem Satz. Die gefundenen Aussagen werden auf einem Plakat zusammengetragen und ihr wesentlicher Kern dialogisch herausgearbeitet.

Die Schülerinnen und Schüler können wichtige Merkmale von Buddhismus und Christentum darstellen und miteinander vergleichen

■ Um das religiöse und staatliche Oberhaupt der Tibeter näher kennenzulernen, betrachten die Schülerinnen und Schüler das Foto vom 14. Dalai Lama (**M 18**) genau (Welche Körperhaltung nimmt er ein? Welche Kleidung trägt er? Was scheinen seine Augen zu sagen?) und lesen abschnittsweise aus dessen Autobiographie (**M 19**). Die Schülerinnen und Schüler schreiben dazu ein Drehbuch für einen Film über den Dalai Lama.

Die Schülerinnen und Schüler können darstellen, was sie gelernt haben	■ Die Schülerinnen und Schüler präsentieren anhand des Leitmediums vom Rad des Lebens den achtfachen Pfad auf kreative Weise, indem sie dazu jeweils eine Geschichte, eine Parabel, eine Erfahrung, ein Bild oder anderes unter verschiedenen Gesichtspunkten vorstellen. Das Kurzglossar zum Buddhismus (**M 20**) kann dabei hilfreich sein. ■ Die Schülerinnen und Schüler recherchieren die geographische Verbreitung des Buddhismus und stellen ihre Entdeckungen und Ergebnisse vor. ■ Ausgewählte Bücher des Dalai Lama werden von den Schülerinnen und Schülern in Einzelarbeit oder Partnerarbeit gelesen, damit sie anschließend eine Buchvorstellung vor der Lerngruppe durchführen können. ■ Die Schülerinnen und Schüler recherchieren z.B. im Internet, in der Bibliothek oder in einem buddhistischen Zentrum nach buddhistischer Musik. Welche Instrumente werden verwendet? Wie sehen die Liedtexte aus? Vorschlag zum Kennenlernen buddhistisch-meditativer Musik: Joachim Ernst Berendt, Nada Brama – Die Welt ist Klang, Teil 1; → YouTube.

Literatur und Medien für den Unterricht

Schulbücher
Das Kursbuch Religion 3, S. 203–217.
Spuren Lesen 3. Neuausgabe, S. 136–149.223–232.
Religion entdecken – verstehen – gestalten.
Moment mal! Evangelische Religion Gymnasium.

Unterrichtspraktisches
Peter Kliemann: Das Haus mit den vielen Wohnungen. Eine Einführung in die Religionen der Welt, Stuttgart ³2012, S. 83–116.
Henning Wrogemann: Religionen im Gespräch. Hinduismus. Buddhismus. Islam. Ein Arbeitsbuch zum interreligiösen Lernen, Stuttgart 2008, S. 63–100.

Material für die Hand des Lehrers
Wolfgang Gaßner: Lernen an fremden Religionen – der Buddhismus, Norderstedt 2006.
Hermann Hesse: Siddhartha. Eine indische Dichtung (1922), Taschenbuchausgabe, ⁹2013, Berlin.
Friedrich D. Hinze: Acht Schritte zur Achtsamkeit. Ein Buch zum Tun und Lassen, Göttingen 2011.
Damien Keown: Der Buddhismus. Aus dem Englischen übersetzt von Ekkehard Schöller. Mit 14 Abbildungen und 3 Karten, 5. bibliographisch ergänzte Auflage, Stuttgart 2010.

Internetadressen
www.buddhismus.de · www.dharma.de · www.dalailama.com

Das Rad des Lebens (Leitmedium)

Buddhafiguren

Arbeitsblatt zum Film: Gautama Buddha – ein Leben im Licht

1.   Buddhas Eltern nannten ihn »Siddharta«. – Was bedeutet der Name ins Deutsche übersetzt?

2.   Warum hungerte Buddha absichtlich (Askese)?

3.   Welcher Weg war nach der Ansicht Buddhas der richtige Weg zur Erleuchtung?

4.   Was bedeutet »Buddha« übersetzt?

5.   Was ist Erleuchtung im buddhistischen Sinn?

6.   Was bedeutet der »mittlere Weg«?

7.   Die Lehre des Buddhismus gründet auf den »Vier edlen Wahrheiten.« – Zähle sie auf.

     1. _____

     2. _____

     3. _____

     4. _____

8.   Was ist »Nirwana«?

Infotext zu Buddha und zur Entstehung der beiden Hauptströmungen des Buddhismus

SIDDHARTA GAUTAMA, DER BUDDHA

Geboren wurde er um 560 v.Chr. als Sohn eines Fürsten, dessen Reich in der mittleren Gangesebene an der heutigen indisch-nepalesischen Grenze lag. Er genoss eine adlige Erziehung in Pracht und Herrlichkeit, heiratete eine schöne junge Frau und bekam von ihr einen Sohn. Aber aller Reichtum und Glanz befriedigten ihn nicht; er begann zu grübeln und an der Vergänglichkeit des Lebens zu verzweifeln. Die Legende erzählt von vier Ausfahrten des Kronprinzen, welche ihm die Vergänglichkeit und das Leiden in vierfacher Gestalt zur Anschauung brachten: in der Begegnung mit einem Greis, einem Kranken, einem Toten und einem Asketen. Heimlich verließ er den Palast seines Vaters, entledigte sich seiner fürstlichen Kleider, schor sich die Haare und suchte zunächst Erlösung nach bewährter hinduistischer Methode: er wollte durch Übungen des Yoga sein inneres Selbst (Atman) mit der Weltseele (Brahman) vereinen. Aber selbst die härtesten Kasteiungen führten ihn nicht zur Erlösung von den irdischen Dingen. Schließlich setzte er sich unter einen Feigenbaum und wartete beharrlich und standhaft gegen alle Versuchungen auf die gesuchte Erleuchtung. Sie wurde ihm zuteil, als er die vier Stufen der Versenkung erreichte: er war zum Erwachten (Buddha) geworden. In den folgenden Nächten erkannte er auf weiteren Stufen der Versenkung die vier edlen Wahrheiten. Der Weg ins Nirwana stand ihm offen. Er wollte ihn aber nicht betreten, um seine Lehre weiterverkünden zu können.

DIE ENTSTEHUNG DES BUDDHISMUS. HINAJANA UND MAHAJANA

45 Jahre lang verkündete Buddha seine Lehre. Dem einfachen Volk predigte er nur die hinduistische Lehre von der Wiederverkörperung gemäß der guten und bösen Taten, die jemand in seinem Leben begangen hat. Den Gebildeten aber legte er die vier Wahrheiten aus und gründete für sie Orden mit strengen Regeln. Im Alter von ungefähr achtzig Jahren starb er. Buddha selbst hat keine Schriften hinterlassen. Die schriftlich vorliegende Überlieferung der verschiedenen buddhistischen Richtungen ist unübersehbar. Zwei Hauptüberlieferungen jedoch sind prägend für die Geschichte des Buddhismus gewesen. Angelegt sind sie bereits in Buddhas differenzierender Predigt für die Masse einerseits, für die Fortgeschrittenen andererseits. Die vor allem in Sri Lanka, Kambodscha und Thailand anzutreffende ursprüngliche Form des Theravada-Buddhismus (»Lehre der Alten«) oder das so genannte Kleine Fahrzeug (Hinajana) lässt nur die ganz strenge Lehre des Buddha gelten, der sich infolgedessen nur Mönche anschließen können. Das sogenannte Große Fahrzeug (Mahajana) hingegen integriert und erkennt das Hinajana zwar an, lehnt es in seiner Exklusivität aber ab und sorgt sich auch um das Heil der Massen.

Das Mahajana lehrt über das Gedankengut des Hinajana hinaus: 1. Wir können etwas über das Jenseits aussagen: Der Urbuddha ist Gott. 2. Wir müssen uns nicht selbst erlösen, sondern Gott befreit in seiner Liebe alle Lebewesen vom Leiden. 3. Gott offenbart sich immer wieder der Welt in menschlichen Verkörperungen (Buddhas und Bodhisattwas). 4. Gebete können Wunder bewirken. 5. Bilder der Buddhas sind zu verehren; Feste der Hindus, Riten und Zeremonien auch anderer Religionen (Schintoismus, Bon Religion) werden übernommen. 6. Zauber und Ekstase können das Weltgeschehen beeinflussen und zum Heil führen. 7. Das Nirwana wird mit Paradiesvorstellungen verknüpft.

Die Predigt von den vier edlen Wahrheiten

Als Siddharta Gautama zum Erleuchteten geworden war, zeigte er den Menschen den Weg zur Erleuchtung. Wer die vier edlen Wahrheiten erkannt hat, der ist befreit. Er wird nicht mehr wiedergeboren werden, sondern tritt in das Nirwana ein.

»Dies ist die edle Wahrheit vom Leiden: Geburt ist Leiden, Alter ist Leiden, Krankheit ist Leiden, Sterben ist Leiden. Mit Unliebem vereint zu sein ist Leiden, von Liebem getrennt zu sein ist Leiden, nicht erlangen, was man begehrt, ist Leiden.	Was prägt alles Leben?
Dies ist die edle Wahrheit von der Entstehung des Leidens: Es ist der Durst, der das Wiedergeborenwerden im Werden verursacht, begleitet von sinnlichen Freuden, der hier und dort seine Befriedigung findet, der Durst nach Lust, der Durst nach Werden, der Durst nach Nicht-Existenz.	Was ist der Grund allen Leidens?
Dies ist die edle Wahrheit von der Aufhebung des Leidens: Es ist die Aufhebung jenes Durstes, so dass kein Begehren mehr übrig bleibt. Es ist das Aufgeben, sich-loslösen, sich-befreien, sich entäußern, von diesem Begierdedurst.	Was hilft aus dem Leid heraus?
Dies ist die edle Wahrheit von dem zur Aufhebung des Leidens führenden Wege: *Es ist dieser edle achtgliedrige Pfad nämlich:* • rechte Anschauung • rechte Gesinnung • rechtes Wort • rechte Tat • rechtes Leben • rechtes Streben • rechtes Überdenken • rechtes sich-versenken«.	Welcher Weg ist zu gehen?

Aus: Buddhas Predigt von Benares

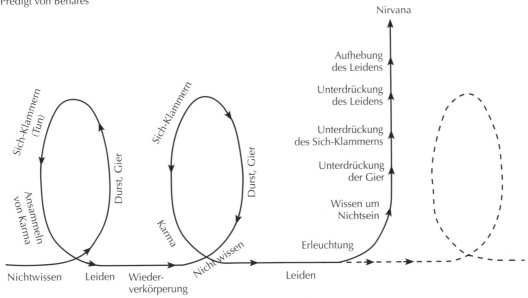

Der Weg der Erlösung im klassischen Buddhismus

Der edle achtfache Pfad

Der edle achtfache Pfad zeigt dem Buddhisten auf, in welcher Weise man sittliches Verhalten, Meditation und Weisheit immer weiter vervollkommnen soll:

1 1. Rechte Anschauung bedeutet, die buddhistischen Lehren anzunehmen und sie in der eigenen Erfahrung später zu festigen.

2 2. Rechte Gesinnung bedeutet, sich ernsthaft um richtige Einstellungen zu bemühen.

3 3. Rechte Rede bedeutet, die Wahrheit zu sagen und besonnen und rücksichtsvoll zu sprechen.

4 4. Rechtes Handeln bedeutet, Untaten wie Töten, Stehlen oder Fehlverhalten bei sinnlichen Freuden zu meiden.

5 5. Rechtes Leben bedeutet, sich auf kein Tun einzulassen, das anderen Schaden zufügt.

6 6. Rechtes Streben bedeutet, seine Gedanken beherrschen zu lernen und sich in positivem Denken zu üben.

7 7. Rechte Wachheit bedeutet, das Bewusstsein ständig zu schärfen.

8 8. Rechtes Sichversenken bedeutet, immer tiefere Zustände der Versenkung zu erreichen durch Techniken, die den Geist sammeln und die Persönlichkeit vervollständigen.

Nach: Damien Keown, Der Buddhismus, Stuttgart 2010. S. 79f.

Die Rose und die Nachtigall, ein indisches Märchen

In Indien lebte einst ein Mann, der einen großen Garten besaß, voll der schönsten Blumen und Früchte. Das Allerschönste in diesem Garten aber war ein Rosenstrauch, der am Rande eines Rasenplatzes stand und das ganze Jahr hindurch über und über mit herrlich duftenden, leuchtenden Rosen bedeckt war. Jeden Tag entfalteten sich neue Knospen, und der Besitzer des Gartens hatte seine helle Freude daran und liebte die Rosen über alle Maßen.

Eines Tages hörte er durch das offene Fenster den süßen Gesang einer Nachtigall. Er trat hinaus in den Garten, um zu sehen, von woher die lieblichen Töne kämen. Da sah er die singende Nachtigall auf dem Rosenstrauch sitzen. Und er sah zugleich, wie sie in den kurzen Pausen, in denen sie sich von ihren Liedern erholte, mit ihrem scharfen Schnabel an der schönen, frischesten jungen Rosenknospe zupfte und diese gar bald zerpflückt und zerrupft hatte.

Da wurde der Mann sehr zornig und beschloss, die Nachtigall zu fangen und zu töten. Er streute Körner auf den Weg und legte ein Netz darüber und wartete nun, bis die Nachtigall, müde und hungrig vom Singen, die Körner auf dem Weg entdeckte und zu essen begänne. Und bald hing sie mit dem Köpfchen in den Maschen des Netzes.

Da kam der Mann herzu und sprach zu ihr: »Ich werde dich umbringen.« Der kleine Vogel flatterte und zitterte in Todesangst und fragte. »Aber warum denn? Was habe ich dir getan?«

»Du hast eine meiner Rosen, meiner geliebtesten Blumen, zerpflückt und zerrupft.«

Da sprach die Nachtigall: »Lieber Mann, die eine Rose ist unter all deinen unzählig vielen Glücksmomenten nur ein winzig kleiner Punkt. Wenn du aber mich jetzt tötest, so nimmst du mir damit meine sämtlichen Glücksmöglichkeiten. Das ist doch nicht gerecht!«

Da überlegte der Mann und sagte: »Ja, das ist wirklich nicht gerecht. Ich lasse dich frei.«

Die Nachtigall aber dankte ihm und sprach: »Weil du dich mir gegenüber als milde und wohltätig erwiesen hast, will auch ich mich dir mit einer Wohltat erkenntlich zeigen. Wisse, unter dem Baum, unter welchem du gerade stehst, ist ein großer Schatz verborgen. Grab nach und verwende ihn zu deinem Nutzen.«

Der Mann tat, wie ihm die Nachtigall geheißen, und fand in der Erde einen Krug, der bis zum Rand mit Gold gefüllt war.

Voller Verwunderung fragte er darauf die Nachtigall: »Ei, Nachtigall, es wundert mich doch sehr, dass du den Krug unter der Erde zu sehen vermochtest, nicht aber das Netz über der Erde.«

Da sprach die Nachtigall: »Ja, so ist es eben, mit dem Golde kann ich nichts anfangen, die Körner aber begehre ich, und das Begehren macht blind.«

Aus: Vorlesebuch Fremde Religionen. Für Kinder von 8–14. Band 2: Buddhismus – Hinduismus, hg. von Monika und Udo Tworuschka, Kaufmann/Patmos Verlag, 2. veränderte Auflage, Lahr/Düsseldorf 1994, S. 69f.

Hermann Hesse: Chinesische Parabel

Ein alter Mann mit Namen Chunglang, das heißt »Meister Felsen«, besaß ein kleines Gut in den Bergen. Eines Tages begab es sich, dass er eins von seinen Pferden verlor. Da kamen die Nachbarn, um ihm zu diesem Unglück ihr Beileid zu bezeugen.

Der Alte aber fragte: »Woher wollt Ihr wissen, dass das ein Unglück ist?« Und siehe da: Einige Tage darauf kam das Pferd wieder und brachte ein ganzes Rudel Wildpferde mit. Wiederum erschienen die Nachbarn und wollten ihm zu diesem Glücksfall ihre Glückwünsche bringen.

Der Alte vom Berge aber versetzte: »Woher wollt Ihr wissen, dass das ein Glücksfall ist?«

Seit nun so viele Pferde zur Verfügung standen, begann der Sohn des Alten eine Neigung zum Reiten zu fassen, und eines Tages brach er das Bein. Da kamen sie wieder, die Nachbarn, um ihr Beileid zum Ausdruck zu bringen. Und abermals sprach der Alte zu ihnen: »Woher wollt Ihr wissen, dass das ein Unglücksfall ist?«

Im Jahr darauf erschien die Kommission der »Langen Latten« in den Bergen, um kräftige Männer für den Stiefeldienst des Kaisers und als Sänftenträger zu holen. Den Sohn des Alten, der noch immer seinen Beinschaden hatte, nahmen sie nicht.

Chunglang musste lächeln.

Aus: Hermann Hesse: China. Weisheit des Ostens, Suhrkamp Verlag, Frankfurt am Main, 1. Aufl. 2009, S. 98.

Eine buddhistische Geschichte zum Vertrauen

In einer Stadt war zur Bewachung des Stadttors ein Torhüter bestellt. Eines Tages kam ein Fremder und fragte: »Wie sind die Leute in der Stadt? Ich möchte mich in ihr niederlassen.« Der Torhüter fragte zurück: »Wie waren denn die Menschen in deiner Heimatstadt?« »Ach«, sagte der Fremde, »die waren neidisch und streitsüchtig!« Da sagte der Torhüter: »So sind sie auch hier.« Bald darauf kam wieder ein Fremder mit der gleichen Frage. Auch ihn fragte der Torhüter nach den Menschen seiner Heimat: »Oh!«, sagte der andere, »die sind immer freundlich und hilfsbereit gewesen.« Da sagte der weise Torhüter: »So sind die Leute auch hier.«

Ein Freund, der beide Gespräche mit angehört hatte, fragte: »Wie kannst du über die Bürger in unserer Stadt so unterschiedliche Urteile fällen?« Der Torhüter antwortete: »Die Menschen sind gut und schlecht. Sie können freundlich und feindlich sein, hilfsbereit und rücksichtslos. Es kommt darauf an, wie man sie anspricht: Wie soll ich darum erwarten dürfen, dass die beiden Fremden in unserer Stadt andere Erfahrungen machen werden als in ihrer Heimat? Wenn sie den Menschen vertrauen, werden sie sie als vertrauenswürdig erleben. Und wenn sie ihnen misstrauen, werden sie sie als feindselig erleben.«

Aus: Udo Tworuschka, Himmel ist überall. Geschichten aus den Weltreligionen, Gütersloh 1985, S. 17f.

Hermann Hesse: Siddhartha (Auszug)

Siddharta trifft im hohen Alter seinen Jugendfreund Govinda wieder und spricht zu ihm über seine Einsichten:
»Es gibt in der tiefen Meditation die Möglichkeit, die Zeit aufzuheben, alles gewesene, seiende und sein werdende Leben als gleichzeitig zu sehen, und da ist alles gut, alles vollkommen, alles ist Brahman. Darum scheint mir das, was ist, gut, es scheint mir Tod wie Leben, Sünde wie Heiligkeit, Klugheit wie Torheit, alles muss so sein, alles bedarf nur meiner Zustimmung, nur meiner Willigkeit, meines liebenden Einverständnisses, so ist es für mich gut, kann mich nur fördern, kann mir nie schaden.

Ich habe an meinem Leibe und an meiner Seele erfahren, dass ich der Sünde sehr bedurfte, ich bedurfte der Wollust, des Strebens nach Gütern, der Eitelkeit und bedurfte der schmählichsten Verzweiflung, um das Widerstreben aufgeben zu lernen, um die Welt lieben zu lernen, um sie nicht mehr mit irgendeiner von mir gewünschten, von mir eingebildeten Welt zu vergleichen, einer von mir ausgedachten Art der Vollkommenheit, sondern sie zu lassen, wie sie ist, und sie zu lieben, und ihr gerne anzugehören.«

Aus: Hermann Hesse: Siddhartha. Eine indische Dichtung, Suhrkamp Taschenbuch 182, Frankfurt am Main 1974, S. 115.

Zen-Dichtung zur Meditation

Der erhabene Weg ist nicht schwer
für den, der frei von Vorlieben ist.
Bist du ohne Liebe und Hass,
wird alles klar und unverhüllt.
Machst du jedoch nur die kleinste Unterscheidung,
dann sind Himmel und Erde unendlich getrennt.
Willst du die Wahrheit sehen,
dann sei ohne Meinung für oder gegen etwas.
Das, was du magst, gegen das zu stellen, was du nicht magst,
ist die Krankheit des Geistes.
Wird die Bedeutung der Dinge nicht erkannt,
so wird der Friede des Geistes nur nutzlos gestört.

Der Weg ist vollkommen wie der weite Raum,
es gibt kein Zuwenig und kein Zuviel.
Wirklich, nur Ergreifen und Verwerfen sind der Grund,
warum wir das wahre Wesen der Dinge nicht erkennen.
Lebe weder in Verstrickung mit den äußeren Dingen
noch in der Vorstellung innerer Leerheit.
Sei heiter in der Einheit der Dinge,
und solche irrigen Ansichten verschwinden von selbst.
Wenn du versuchst, Aktivität zum Stillstand zu bringen,
um Passivität zu erlangen,
erfüllt dich schon dieses Bemühen mit Aktivität.
Solange du in einem der Extreme weilst,
wirst du die Einheit nie kennen.

Aus: Die Weisheit Asiens. Das Lesebuch aus China, Japan, Tibet, Indien und dem vorderen Orient. Ausgewählt und zusammengestellt von Michael Günther, 2. Aufl. Diederichs Verlag, Kreuzlingen/München 2001, S. 106f.; Foto: © picture-alliance / Leemage

Wie sich Buddha einen vollkommenen Menschen vorstellt

- Ein Friedvoller hat alles Verlangen hinter sich gelassen, noch bevor sein Körper zerfällt.

- Er fragt sich nicht, wie alles begann oder wie es enden wird, und hängt auch nicht an dem, was dazwischen geschieht. Solch ein Mensch hat keine Erwartungen und Wünsche für die Zukunft.

- Er fühlt keinen Zorn, keine Angst und keinen Stress.

- Nichts stört sein Gewissen und seine Geistesruhe.

- Er ist ein Weiser, der besonnen spricht.

- Er hat kein Verlangen nach der Zukunft, kein Bedauern für die Gegenwart.

- Frei von der verworrenen Sinnenwelt leiten ihn keine Meinungen und Ansichten.

- Er verbirgt nichts und nimmt nichts in Besitz.

- Er lebt bescheiden, unaufdringlich, ohne Habsucht oder Neid; verachtet, verleumdet und beleidigt niemanden.

- Er ist nicht überheblich und nicht süchtig nach Vergnügen.

- Er ist voll Sanftheit und hellwacher Achtsamkeit, ohne blinden Glauben und hegt keinerlei Abneigung.

- Er strebt nicht nach Gewinn, bleibt unberührt, wenn er nichts erhält.

- Man findet kein Begehren nach immer neuen Geschmäckern in ihm.

- Seine Achtsamkeit paart sich mit ständigem Gleichmut, wo Überheblichkeit unmöglich ist.

- Er vergleicht sich nicht mit dem Rest der Welt als »überlegen«, »unterlegen« oder »gleich«.

- Weil er versteht, wie die Dinge wirklich sind, ist er frei von Abhängigkeit und stützt sich auf nichts.

- Für ihn gibt es kein Begehren mehr, zu existieren oder nicht zu existieren.

- Den nenn' ich friedvoll, der nach Lüsten nicht mehr trachtet, den nichts mehr fesselt und der alles Haften überwand.

- Er ist ein Mann ohne Söhne, ohne Wohlstand, ohne Felder, ohne Vieh – ein Mensch, in dem nichts nach Besitz verlangt und der nichts als nicht seins zurückweist.

- Er ist ein Mensch, der vom Gerede von Priestern, von Asketen und anderen Menschen unberührt bleibt.

- Er ist ein Mensch ohne Eifersucht und Ehrgeiz.

- Als Weiser sieht er sich nicht »überlegen«, »unterlegen« oder »gleich«.

- Bloßer gedanklicher Spekulation gibt er sich nicht hin.

- Er ist ein Mensch, der nichts in dieser Welt sein eigen nennt und der nicht klagt, überhaupt nichts zu besitzen.

- Friedvoll ist, »wer den Dingen nicht nachgeht«.

Aus dem Purabheda-Sutta des Sutta-Nipāta

Ein Vergleich zwischen der Ethik Buddhas und der Ethik Jesu

Brahmanen und Hausväter eines Dorfes kamen zum Erhabenen und sagten: »Möge der Herr uns die Lehre so darlegen, wie sie für unsereinen passt!« Da sprach der Erhabene: »Ein edler Laienanhänger stellt folgende Erwägung an: Ich möchte leben und nicht sterben, ich möchte Glück und nicht Leid erfahren. Würde mich jemand des Lebens berauben, so wäre mir das nicht lieb. Und würde ich einen anderen des Lebens berauben, so wäre ihm dies nicht lieb. Wie kann ich also einem anderen etwas zufügen, was mir nicht lieb ist? Aufgrund dieser Überlegung tötet er nicht, veranlasst auch andere nicht zu töten, und preist das Unterlassen des Tötens. Weiterhin stellt ein Laienanhänger die folgenden Erwägungen an: Wenn jemand in diebischer Absicht mir etwas, das ich ihm nicht gegeben habe, fortnähme – wenn einer mich durch Verleumdung mit meinen Freunden entzweite – mich durch barsche Worte verletzte – mich durch leeres Geschwätz belästigte, so wäre mir dies nicht lieb. Auch einem anderen kann es nicht lieb sein. Auf Grund dieser Überlegungen tut er dies alles nicht, veranlasst auch andere dazu es nicht zu tun, und preist das Unterlassen dieser Dinge. So ist er völlig rein in Werken und Worten.

Nach: Helmut von Glasenapp, Der Pfad zur Erleuchtung, München [6]1994, S. 90f.

Aufgaben:
1. Lies zum Vergleich Mt 5,21–22.38–48, Mt 6,19–34 und Mt 7,1–5.7–12.
2. Vergleiche die Ethik Buddhas mit der Ethik Jesu.

Der Tod im Buddhismus

Wunschlosigkeit im Nirwana

Zum Buddhismus bekennen sich etwa 300 Millionen Gläubige, vor allem in Hinterindien, Tibet, Japan und Ceylon. Sein Gründer ist Buddha (560 bis 480 v. Chr.), ein indischer Fürstensohn, der sich mit 29 Jahren aus dem weltlichen Leben zurückzog, Frau und Kind verließ und die gelbe Kutte eines Mönches anzog. Er lebte ein Leben der Entsagung und kam so zur Erleuchtung.

Auch der Buddhismus kennt die Vorstellung von der Wiedergeburt. Der Mensch wird so oft wiedergeboren, wie er noch nicht zu einer wirklichen Selbstlosigkeit gefunden hat. Nur so kann er dem Leiden der Welt entfliehen. Ursache allen Leidens in der Welt ist nach der Lehre Buddhas die Lebensgier. Heilung kann also nur durch Entsagung erfolgen. Nur der wunschlose Mensch, der nichts mehr will, weder Himmel noch Erde, weder Leben noch Tod, weder Freude noch Leid, wird nichts mehr verlieren können.

So ist eben das Nichts die höchste Erlösung, das Nirwana. Sie kann zum Gleichmut, aber auch zur Gleichgültigkeit in diesem Leben führen. So werden bestimmte Haltungen verständlich, wie wir sie bei buddhistischen Gläubigen kennen: Japanische Kamikazeflieger z.B., die sich als lebende Bomber auf feindliche Ziele stürzen, oder vietnamesische Mönche, die sich selbst verbrennen.

Wer erkannt hat, von den Dingen dieser Welt und seinen egoistischen Wünschen abzusehen, der ist erlöst. So ist der Tod, der den Menschen alles wegnimmt, was er krampfhaft festhält, der beste Prediger der Wunschlosigkeit: Er lehrt, loszulassen und darüber gelassen zu werden. Deshalb ist für buddhistische Mönche die Erinnerung des Todes von großer Bedeutung. Sie werden angewiesen, sich auf einem Friedhof oder in einem Grab niederzulassen und über die Asche der Körper, die verbrannt worden sind, und über die Leichen, die dort in verschiedenen Stadien des Verfalls liegen, nachzudenken.

Aus: Peter Neysters / Karl Heinz Schmitt, Getröstet werden. Das Hausbuch zu Leid und Trauer, Sterben und Tod, © 2012, Kösel-Verlag, München, in der Verlagsgruppe Random House GmbH.

Aufgaben:
1. Beschreibe die Einstellung des Buddhismus zum Tod.
2. Vergleiche das buddhistische Todesverständnis mit demjenigen des Christentums.

Die Wiedergeburt

Ein König fragte einmal einen buddhistischen Weisen: »Wenn einer wiedergeboren wird, ist es dann derselbe, der starb, oder ist es ein anderer?«

Der Weise antwortete: »Weder derselbe noch ein anderer. So wie der Säugling nicht derselbe ist wie der Erwachsene, wie die Flamme in der ersten Nachtwache nicht dieselbe ist wie die der letzten, so wie die frische Milch nicht dieselbe ist wie die dicke Milch, so ist der Verstorbene nicht derselbe wie der Wiedergeborene. Doch besteht zwischen dem Vorher und Nachher ein unlösbarer Zusammenhang.«

Der König fragte weiter: »Was wird dann wiedergeboren?« Der Weise entgegnete: »Eine Geist-Leiblichkeit. Durch die gegenwärtige Geist-Leiblichkeit wird ein gutes oder böses Karma geschaffen, und durch dieses Karma kommt eine neue Geist-Leiblichkeit zustande. Sie hängt mit der früheren zusammen wie die Früchte eines Baumes mit den Früchten, aus denen der Baum hervorgegangen ist.«

Die Lehre vom Karma bedeutet, dass alle menschlichen Gedanken, Gefühle und Taten unvermeidliche Wirkungen hervorrufen. Karma lässt sich, wenn auch ungenau, als »selbstverursachtes Schicksal – oder Gesetz von Tat und Vergeltung« umschreiben.

Nach Helmut von Glasenapp, Pfad zur Erleuchtung. Buddhistische Grundtexte in deutscher Übersetzung, Düsseldorf / Köln 1974, S. 83.

Das Nirwana

Bei dem, was von anderem abhängig ist, gibt es Bewegung, bei dem, was von nichts anderem abhängig ist, gibt es keine Bewegung, wo keine Bewegung ist, da ist Ruhe, wo Ruhe ist, da ist kein Verlangen, wo kein Verlangen ist, da gibt es kein Kommen und Gehen, wo es kein Kommen und Gehen gibt, da gibt es kein Sterben und Wiederentstehen, wo es kein Sterben und Wiederentstehen gibt, da gibt es weder ein Diesseits noch ein Jenseits noch ein Dazwischen – das eben ist das Ende des Leidens.

Nun will ich euch eine Lehre geben mit dem Gleichnis vom Floß, das zum Hinüberkommen, aber nicht zum Aufbewahren da ist. Höret zu und merkt es euch gut.

Ein Wanderer sieht auf seinem Wege vor sich eine große Wasserflut, das diesseitige Ufer unsicher und gefährlich, das jenseitige Ufer sicher und gefahrlos. Es ist aber kein Schiff zum Übersetzen da und keine Brücke zum anderen Ufer. Da denkt er: Vielleicht könnte ich mir Schilfrohr und Holzstämme, Zweige und Blätter sammeln, mir daraus ein Floß bauen und auf diesem Floß, mit Händen und Füßen arbeitend, heil an das andere Ufer gelangen. Diesen Plan führt er aus und kommt heil an das andere Ufer. Dort angelangt, denkt er: Dieses Floß ist mir von großem Nutzen gewesen, ich will es mir auf den Kopf und auf die Schultern laden und mitnehmen, wohin ich gehen will.

Meint ihr, meine Bhikkhu (Mönche), dass dieser Mann mit dem Floß richtig handelt? – Nein, Herr! – Wie aber würde er richtig handeln? Er würde denken: Dieses Floß ist mir zwar von großem Nutzen gewesen, jetzt aber will ich es auf trockenen Boden setzen oder ins Wasser versenken und (unbelastet) gehen, wohin ich will. So würde er mit dem Floß richtig handeln.

So habe ich euch mit dem Gleichnis vom Floß, das zum Hinüberkommen, aber nicht zum Aufbewahren da ist, eine Lehre gegeben.

Quelle: Vorlesebuch Fremde Religionen. Für Kinder von 8–14. Band 2: Buddhismus – Hinduismus. Hg. von Monika und Udo Tworuschka, Kaufmann/Patmos Verlag, 2. veränderte Auflage, Lahr/Düsseldorf 1994, S. 79.

M 16 siehe Seite 189f.

Einerseits wird die Vollkommenheit der Erkenntnis im Buddhismus gern als Frau dargestellt, andererseits heißt das nicht, dass in buddhistischen Ländern und Organisationen schon immer Gleichberechtigung geherrscht hätte.

Wie Judentum und Christentum ist der organisierte Buddhismus eine patriarchalische Machtstruktur, von Männern ins Leben gerufen und geleitet. Aufgrund dieses Übergewichts des männlichen Elements wird das Weibliche häufig mit dem Säkularen, Machtlosen, Profanen und Unvollkommenen in Verbindung gebracht. Die buddhistische Führungselite setzte, nicht anders als in anderen Religionen, die Verhaltensnormen für die Frau fest und kreierte damit ein bestimmtes Weiblichkeitsideal. Gleichzeitig wurden durch die Anforderungen ernsthafter religiöser Praxis die Möglichkeiten eingeschränkt, bei denen Männer und Frauen einander treffen konnten.

Die Schriften des buddhistischen Kanons lassen ein breites Spektrum von Ansichten über die Rolle der Frau in Erscheinung treten. Der Bogen spannt sich von den extrem frauenfeindlichen Aussagen in Sutren des Frühbuddhismus über gemäßigte bis ausgewogene Einstellungen in Texten des Mahayana bis hin zur Verehrung des Weiblichen im Tantra.

Um im frühen Buddhismus den Zusammenhalt des Mönchsordens zu gewährleisten und die unumgänglichen Kontakte mit Frauen zu begrenzen, erschien es notwendig, die Frau mit Samsara, dem Leidenskreislauf, gleichzusetzen: Aus dem Verlangen nach Sexualität entsteht Bindung, daraus entsteht immer neues Karma, dies fesselt uns an Samsara. Also stellt die Frau ein schwerwiegendes Hindernis für den Mönch auf dem Weg zur Erleuchtung, dem Gegenteil von Samsara, dar. Aus dieser Haltung erklären sich Textpassagen wie die folgende:

Narren lüstet es nach Weibern
Wie läufige Hunde
kennen sie kein Halten.
Leicht können die Frauen die
Gebote der Reinheit ruinieren.
Es fällt ihnen nicht schwer,
Tugend und Ehre zu missachten.

Ihretwegen wird man in der Hölle wiedergeboren;
sie verhindern eine Wiedergeburt
in den Himmeln. –
Warum sollte der Einsichtige
also Gefallen an ihnen finden?

Zunächst sah Buddha keinen Nonnenorden vor. Erst auf inständiges Bitten einer Verwandten ließ er von seinen Bedenken ab. In den zur Lebenszeit des Gautama Buddha entstandenen Liedern drückt sich die Freude der ersten buddhistischen Nonnen aus, die im Streben nach innerer Freiheit und Erleuchtung den Buddha als großes Vorbild priesen. Ein im Agama-Sutra überliefertes Wort gilt als Beleg für die religiöse Gleichstellung zwischen Mann und Frau: »Wer dieses Fahrzeug nimmt, sei es ein Mann oder eine Frau, gelangt zum Heil, zum Nirvana.« Schon früh aber sehen buddhistische Mönche Frauen als Herausforderung und Versuchung, die sie von Askese und Meditation fernhalten. Buddhas Lieblingsjünger Ananda fragte einmal den Erwachten: »Wie sollen wir uns den Frauen gegenüber benehmen?« Der Herr: »Sie nicht sehen.« Ananda: »Und wenn wir sie sehen müssen?« Der Herr: »Nicht mit ihnen sprechen!« Ananda: »Und wenn wir mit ihnen sprechen müssen?« Der Herr: »Unsere Gedanken scharf unter Kontrolle halten!«

In dem heute vor allem in Sri Lanka und Thailand verbreiteten Theravada-Buddhismus gilt Gautama Buddha nur als Wegweiser und Lehrer. Mönche und Nonnen können nach diesem Verständnis Buddha werden. Männliche und weibliche Laien können dadurch religiöse Verdienste erwerben, dass sie Mönche und Nonnen materiell unterstützen. Bis heute gibt es in vielen vom Buddhismus geprägten Ländern eine ziemlich klare Auffassung über die unterschiedliche Rolle von Mann und Frau, wobei religiöse Wertungen und patriarchalische Auffassungen nicht immer klar zu trennen sind. Männer nehmen einen höheren geistigen Rang als Frauen ein. Den Männern angeboren ist ihre Ehre, welche sie von Geburt an tragen und welcher eine Art von Heiligung und Anerkennung bei ihrer Einweihung in die buddhistische Mönchsgemeinde gegeben wird. Wegen der Möglichkeit des Mannes zur geistigen Weiterentwicklung ordnen sich zum Beispiel die birmanischen Frauen bereitwillig unter. Jedoch bezieht sich diese Unterordnung nicht zwangsläufig auf alle gesellschaftlichen Bereiche, und die Sonderstellung des Mannes ist auf den symbolischen Eintritt in das klösterliche Leben beschränkt.

Bei einem Pagodenbesuch führt die ganze Familie die gleichen Handlungen der Anbetung aus, so das Entzünden von Räucherstäbchen und Kerzen, Einstecken von Blumen, Geldspenden oder Läuten der Glocke als Zeichen der Erfüllung eines guten Werkes. Da die moderne Lebensform die Möglichkeiten des Mannes zur religiösen Betätigung einschränkt, ist die Religion in vielen Familien zu einer Angelegenheit der Frau geworden.

Nach buddhistischer Auffassung kommen der Frau Eigenschaften zu wie Weichheit, Mitleid und die Fähigkeit zu ernähren. Typische Eigenschaften des Mannes sind Härte und Stärke, aber auch Gleichgültigkeit und mangelnde Selbstdisziplin. Deshalb soll der vorübergehende Klosteraufenthalt für den Laien auch dazu beitragen, diese Eigenschaften zu überwinden. Trotz bestimmter patriarchalischer Bewertungen im Buddhismus herrscht in der Praxis ein recht freies und gleichrangiges Verhältnis von Mann und Frau vor.

In einigen Ländern gibt es auch buddhistische Nonnen. Heute ist von den weltweit etwa 60.000 buddhistischen Nonnen nur ein Viertel als »Bhikkhuni« voll ordiniert. Solche Vollordinationen kommen nur in der chinesischen, koreanischen und vietnamesischen Tradition bzw. in Taiwan vor. Spirituell fortgeschrittenen Frauen in den übrigen buddhistischen Ländern ist es allenfalls möglich, als »Schwester« (ein Ausdruck für eine Quasi-Nonne) zu leben. In Thailand werden sie »Mae Jis« genannt. Diese kahlgeschorenen Frauen in weißen Roben leben in Klöstern oder auch zu Hause. Da sie vom Religionsministerium nicht als ordiniert anerkannt sind, gewährt man ihnen nicht die für Mönche üblichen Vergünstigungen im öffentlichen Leben, keine finanziellen Zuschüsse und nicht die gleichen Bildungschancen wie Männern. Häufig arbeiten sie auf karitativem Gebiet.

Aus: M. Klöcker, Wörterbuch Ethik der Weltreligionen, Gütersloher Verlagshaus, Gütersloh ²1996 (gekürzt).

Aufgaben:

1. Fasse die wichtigsten Aussagen stichwortartig zusammen.
2. Wie wird die Sonderstellung der Frau begründet?
3. Verfasse einen Leserbrief, in dem du zu den einzelnen Punkten deine persönliche Meinung darlegst.

Der Dalai Lama

Foto: Manual Baumann

© Tibetzentrum – I.I.H.T.S., Hüttenberg, Austria.

Aus der Autobiographie des 14. Dalai Lama

Ich wurde in einem kleinen Dorf namens Taktser im Nordosten Tibets geboren. Es war der fünfte Tag des fünften Monats im Holz-Schwein-Jahr des tibetischen Kalenders, nach christlicher Zeitrech-
5 nung also das Jahr 1935.

Unsere Familie ist groß. Ich habe noch zwei Schwestern und vier Brüder, deren Geburtsdaten weit auseinanderliegen. Meine Mutter gab sechzehn Kindern das Leben, doch starben neun von
10 ihnen in zartem Alter. Liebe und Güte waren das Band, das die ganze Familie einte. Mein Vater zeichnete sich durch ausgesprochene Gutherzigkeit aus. Zwar konnte er auch ein wenig aufbrausend sein, aber sein Zorn verrauchte rasch. Weder
15 besonders groß und stark noch außergewöhnlich gebildet, war er von Natur aus anstellig und intelligent. Seine besondere Vorliebe galt den Pferden; er ritt gern und oft und hatte einen ausgeprägten Pferdeverstand. Meine Mutter ist ein sehr gütiger
20 und liebevoller Mensch. Sie hat ein weiches Herz; mit Freuden würde sie ihr Mahl an einen Hungrigen verschenken und selber darben. Trotz ihres sanften Wesens führte stets sie in unserer Familie das Regiment. Sie ist anpassungsfähig und besitzt
25 großen Weitblick. So war es für sie, nachdem meine Einsetzung in das Amt des Dalai Lama uns neue Möglichkeiten eröffnet hatte, selbstverständlich, dafür zu sorgen, dass auch ihre anderen Kinder eine gute Ausbildung erhielten.

30 Unsere Familie lebte zwar einfach, aber glücklich und zufrieden. Dies verdankten wir zu einem guten Teil Thubten Gyatso, dem dreizehnten Dalai Lama, der viele Jahre lang der geistliche und weltliche Herrscher Tibets gewesen ist.

35 Aber im Wasser-Vogel-Jahr – 1933 also – schied Thubten Gyatso aus dieser Welt. Tiefe Trauer ergriff das Volk, als die Nachricht sich in Tibet verbreitete. In unser Dorf brachte mein Vater die betrübliche Kunde. Er war auf dem Markt von
40 Kumbum gewesen und hatte sie in dem dortigen großen Mönchskloster vernommen.

Nach dem Tod des dreizehnten Dalai Lama begann unverzüglich die Suche nach seiner Reinkar-
45 nation, denn jeder Dalai Lama ist eine Wiedergeburt seines Vorgängers. Der erste, der im Jahr 1391 christlicher Zeitrechnung geboren wurde, war eine Inkarnation von Chenresi, dem Bodhisattva (werdenden Buddha) der Gnade, der gelobt hatte,
50 alle lebenden Geschöpfe zu beschützen. Zunächst musste von der Nationalversammlung ein Regent ernannt werden, der das Volk zu führen hatte, bis die neue Reinkarnation erschienen, aufgefunden und herangewachsen war. Dann wurden, den alt-
55 ehrwürdigen Gebräuchen und Überlieferungen folgend, die staatlichen Orakel und gelehrten Lamas konsultiert, um als erstes festzustellen, an welchem Ort die Reinkarnation vor sich gegangen sei. Im Nordosten Lhasas hatte man seltsame Wol-
60 kenbildungen gesichtet. Man erinnerte sich daran, dass der Körper des Dalai Lama nach seinem Tod auf einen Thron im Norbulingka, seiner Sommerresidenz in Lhasa, mit dem Gesicht nach Süden gesetzt worden war; einige Tage später jedoch ent-
65 deckte man, dass sich sein Antlitz nach Osten gewendet hatte. Und auf einem hölzernen Pfeiler an der Nordostseite des Schreins für den toten Dalai Lama zeigte sich plötzlich ein sternförmiger Schwamm. All dies und andere Erscheinungen
70 wiesen die Richtung, in der man nach dem neuen Dalai Lama zu suchen hatte.

Im folgenden Jahr wurden hohe Lamas und Würdenträger, denen das Geheimnis bekannt war, in alle Teile Tibets ausgesandt, um den Ort zu su-
75 chen, den der Regent im Wasser des heiligen Sees gesehen hatte.

Die weisen Männer, die ostwärts gewandert waren, kamen im Winter nach Dokham. Bald entdeckten sie die grünen und goldenen Dächer des
80 Klosters von Kumbum. Im Dorf Taktser stießen sie auf ein Haus mit türkisfarbenen Ziegeln. Ihr Anführer erkundigte sich, ob die Familie, die dieses Haus bewohnte, etwa Kinder habe, und man sagte ihm, dass zu ihr ein Knabe gehöre, der nahezu
85 zwei Jahre alt sei.

Als sie diese bedeutsame Kunde vernommen hatten, gingen zwei Mitglieder der Gruppe und ein Diener, geführt von zwei ortsansässigen klösterlichen Beamten, in Verkleidung zu dem Haus. Ein
90 jüngerer Klosterbeamter der Suchgruppe, der Losang Tsewang hieß, gab vor, der Leiter zu sein, während der wirkliche Anführer, Lama Kewtsang Rinpoche aus dem Kloster Sera, ärmliche Kleider angelegt hatte und den Diener spielte. Am Tor des
95 Hauses trafen die Fremdlinge mit meinen Eltern zusammen, die Losang ins Haus baten, da sie ihn für den Ranghöchsten hielten, während der Lama und die übrigen in den Räumen des Gesindes Unterkunft erhielten.
100

Hier fanden sie das jüngste Kind der Familie. Sobald der Kleine den Lama erblickte, ging er auf ihn zu und wollte unbedingt auf dessen Schoß. Der Lama hatte sich durch einen Mantel, der mit Lammfell gefüttert war, unkenntlich gemacht, aber um den Hals trug er einen Rosenkranz, der dem dreizehnten Dalai Lama gehört hatte. Der Bub entdeckte diesen Rosenkranz und bettelte darum. Der Lama versprach, ihm den Rosenkranz zu geben, wenn er herausbrächte, wer er sei. Darauf erwiderte das Kind, er sei »Sera-aga«, was im Dialekt der Gegend so viel wie »Lama von Sera« bedeutet. Nun fragte der Lama, wie denn wohl der Anführer heiße, und der Knabe nannte den Namen Losang. Außerdem wusste er, dass der richtige Diener Amdo Kasang war.

Der Lama beobachtete das Kind den ganzen Tag hindurch mit wachsendem Interesse, bis es Zeit war, es zu Bett zu bringen. Die ganze Gruppe blieb über Nacht im Haus. Früh am nächsten Morgen, als sie sich zum Aufbruch vorbereitete, kletterte der Knabe aus seinem Bett und wollte sich nicht davon abbringen lassen, mit den Fremden zu gehen.

Dieses Kind war ich.

Bis zu jenem Zeitpunkt hatten mein Vater und meine Mutter noch keine Ahnung von dem wahren Auftrag der Reisenden, die sie bei sich aufgenommen hatten. Aber einige Tage später kam die ganze Suchkommission der älteren Lamas und hohen Würdenträger gemeinsam in unser Haus in Taktser. Beim Anblick der großen Gruppe vornehmer Besucher begriffen meine Eltern, dass ich eine Reinkarnation sein müsse, denn es gibt viele wiederverkörperte Lamas in Tibet; auch mein älterer Bruder hatte sich bereits als ein solcher erwiesen. Ein verkörperter Lama war kurz zuvor im Kloster von Kumbum gestorben, und deshalb vermuteten meine Eltern, dass die Besucher nach seiner Reinkarnation forschten. Dass ich die Reinkarnation des Dalai Lama selbst sein könnte – daran dachten meine Eltern nicht im Traum.

Bei kleinen Kindern, die Reinkarnationen sind, ist es üblich, dass sie sich an Gegenstände und Personen aus ihrem vorigen Leben erinnern. Einige können auch heilige Schriften zitieren, ohne dass man es sie gelehrt hat. Durch alles, was ich gesagt hatte, war der Lama zu der Überzeugung gekommen, dass er möglicherweise die gesuchte Reinkarnation entdeckt habe. Nun war die ganze Gruppe erschienen, um mich weiter zu prüfen. So hatten die Würdenträger zwei völlig gleiche

schwarze Rosenkränze bei sich, von denen der eine aus dem persönlichen Besitz des dreizehnten Dalai Lama stammte. Als sie mir beide darboten, ergriff ich denjenigen, der ihm gehört hatte, und legte ihn mir – wie man mir später erzählte – um den Hals. Derselbe Versuch wurde mit zwei gelben Rosenkränzen unternommen. Darauf hielten sie mir zwei Trommeln hin, eine kleine, die der Dalai Lama dazu verwendet hatte, sein Gefolge zusammenzurufen, und eine größere, viel reicher geschmückte Trommel mit goldenen Beschlägen. Ich wählte die kleine und begann sie so zu bearbeiten, wie man es während des Betens tut. Zuletzt wiesen sie mir zwei Wanderstäbe. Ich fasste den falschen an, hielt dann inne und betrachtete ihn eine Weile; schließlich nahm ich den anderen, der dem Dalai Lama gehört hatte, und behielt ihn in der Hand. Über mein Zögern verwundert, fand man später heraus, dass auch der erste Wanderstab eine Zeitlang vom Dalai Lama benutzt worden war. Er hatte ihn später einem Lama verehrt, der ihn wiederum an Kewtsang Rinpoche weiterverschenkt hatte.

Durch das Zusammentreffen all dieser Umstände kam die Suchkommission vollends zu der Überzeugung, dass die Reinkarnation gefunden war, und kabelte alle Einzelheiten nach Lhasa. Die einzige Telegraphenlinie Tibets verlief von Lhasa nach Indien; deshalb musste die verschlüsselte Nachricht von Sining durch China und Indien nach Lhasa geschickt werden. Auf demselben Weg kam die Anweisung zurück, mich unverzüglich in die heilige Stadt zu bringen.

Meine Unterweisung begann, als ich sechs Jahre alt war. Da sie sich streng nach dem uralten tibetischen Lehrsystem richtete, muss ich dessen Methoden und Ziele erklären. Obwohl schon vor vielen Hunderten von Jahren bei uns eingeführt, hat es sich noch immer als brauchbar für ein recht hohes sittliches und geistiges Niveau der Tibeter erwiesen. Dass es die wissenschaftlichen Erkenntnisse neuerer Zeit völlig außer Acht gelassen hat, muss unter modernen Gesichtspunkten zwar als Mangel gelten. Doch wie hätte es auch anders sein können? Tibet war ja bis in die Gegenwart von der Außenwelt völlig abgeschlossen.

Wie die meisten Kinder begann ich damit, lesen und schreiben zu lernen. Dabei empfand ich – wie es meiner Meinung nach wohl allen Buben dieses Alters ergeht – einen gewissen Widerwillen und eine innere Abwehr. Die Vorstellung, hinter

Büchern sitzen zu müssen, von Lehrern beaufsichtigt zu sein, schien mir nicht sonderlich anziehend. Dennoch stellte ich fest, dass ich meine
210 Lektionen zur Zufriedenheit meiner Lehrer schaffte, und als ich mich erst einmal an den strengen Studienverlauf gewöhnt hatte, fiel ihnen auf, dass ich ungewöhnlich rasch Fortschritte machte.

Mit dem dialektischen Disputieren im Religions-
215 unterricht wurde es erst in meinem zwölften Lebensjahr wirklich ernst ...

Jeden Tag musste ich ungefähr den dritten Teil einer Seite auswendig lernen, doch weit größer war das Pensum, das man zu lesen und zu durchden-
220 ken hatte. Zur selben Zeit setzte meine Unterweisung in der Kunst des dialektischen Debattierens mit der Einführung in die Grundlagen der Logik ein. Sieben Gelehrte aus den sieben Schulen der Klöster von Drepung, Sera und Gaden wurden für
225 meine Ausbildung auf diesem Gebiet ausgewählt. Als ich etwas über dreizehn Jahre alt war, im achten Monat des Feuer-Schwein-Jahrs, wurde ich formell in die beiden großen Klöster Drepung und Sera aufgenommen. Aus diesem Anlass musste
230 ich gemeinschaftlichen Debatten in den fünf Schulen dieser zwei Klöster beiwohnen. Ich beteiligte mich hier zum ersten Mal an öffentlichen Disputationen über die »Großen Schriften«. Natürlich fühlte ich mich beklommen, aufgeregt und
235 ein wenig nervös. Meine Widersacher waren gelehrte Äbte, gefürchtete Streiter im Wortgefecht. Hunderte von geistlichen Würdenträgern, jeder ein Gelehrter, und Tausende von Mönchen verfolgten das Rededuell. Die kundigen Lamas ver-
240 rieten mir jedoch später, dass ich mich zufriedenstellend gehalten hatte ...

Ich gebe zu, dass ich die meiste Zeit meiner Knabenjahre in der Gesellschaft erwachsener Männer verbracht habe. Es ist unvermeidlich, dass einer
245 Kindheit, die man ohne die beständige Anwesenheit der Mutter und anderer Kinder verlebt, etwas fehlt. Aber selbst wenn ich den Potala als Gefängnis empfunden hätte, so wäre er ein riesiges und faszinierendes Gefängnis gewesen. [...]
250

Alles in allem verlebte ich eine keineswegs unglückliche Kindheit. Das Wohlwollen meiner Lehrer wird mir immer in angenehmer Erinnerung bleiben. Sie vermittelten mir ihr religiöses Wissen,
255 das mir stets Trost und Einsicht gespendet hat und allezeit mein kostbares Gut bleiben wird; im Übrigen aber taten sie ihr Möglichstes, auch auf anderen Gebieten das zu befriedigen, was sie als meine gesunde Neugier betrachteten. Aber ich

bin mir darüber im Klaren, dass ich fast ohne jeg- 260
liche Kenntnis weltlicher Dinge aufwuchs. Und in dieser geistigen Verfassung fiel mir im Alter von sechzehn Jahren die schwere Aufgabe zu, die Regierungsgewalt über mein Land in eigene Hände zu nehmen – über mein Land, in das die Soldaten 265
Rotchinas eingedrungen waren.

Während sich diese Katastrophe in den fernen Weiten Osttibets ereignete, befragte die Regierung in Lhasa die Orakel und die hohen Lamas. 270
Auf deren Rat trat das Kabinett mit der feierlichen Aufforderung an mich heran, ich möge die Regierungsgewalt übernehmen.

Mich überkam Angst. Ich war doch erst sechzehn Jahre alt. Meine religiöse Ausbildung war noch 270
bei weitem nicht abgeschlossen, ich wusste nichts von der Welt und hatte keinerlei Erfahrung in politischen Dingen. Aber ich war bereits alt genug, um zu erkennen, wie unwissend ich war und wie viel ich noch zu lernen hatte. Zunächst wandte 275
ich ein, ich sei noch zu jung; denn traditionsgemäß übernimmt der Dalai Lama die tatsächliche Regierungsgewalt vom Regenten erst im Alter von achtzehn Jahren. Und doch begriff ich recht wohl, warum die Orakel und die Lamas darauf gedrun- 280
gen hatten, dass mir die Bitte vorgetragen würde. Die langen Jahre der Regentschaft nach dem Tod eines jeden Dalai Lama waren eine offensichtliche Schwäche unseres Regierungssystems. Während meiner Minderjährigkeit war es in unserem 285
Staatsapparat zu Zerwürfnissen zwischen verschiedenen Gruppen gekommen, und die Verwaltung des Landes lag im Argen. Wir waren an einem Punkt angelangt, an dem fast jeder davor zurückschrecken musste, die Verantwortung zu 290
übernehmen. Und doch hatten wir, bedroht von der Invasion, die Einheit nötiger denn je, und ich als Dalai Lama war der einzige Mensch, dem das ganze Land einhellig Gefolgschaft leisten würde. Die Chinesen setzten Artillerie und Bombenflug- 295
zeuge ein, nicht nur gegen die Schlupfwinkel der Guerillas, soweit sie diese ausfindig machen konnten, sondern auch gegen die Dörfer und Klöster, deren Bewohner sie zu Recht oder Unrecht verdächtigten, ihnen beigestanden zu ha- 300
ben. So waren Dörfer und Klöster völlig zerstört worden. Lamas und führende Persönlichkeiten aus dem Laienstand wurden gedemütigt, eingesperrt, gefoltert und sogar getötet. Land wurde beschlagnahmt. Heilige Bilder, heilige Schriften und 305
andere Dinge, die uns heilig sind, hat man lächerlich gemacht, vernichtet oder einfach gestohlen.

Gotteslästerungen wurden auf Plakaten und in Zeitungen verbreitet und sogar in den Schulen ge-
310 lehrt: Religion sei nur ein Mittel, das Volk auszu-beuten, und Buddha sei ein »Reaktionär«. Einige Exemplare solcher Zeitungen aus dem chinesi-schen Herrschaftsbereich gelangten nach Lhasa und zirkulierten dort unter Tibetern und chinesi-
315 schen Funktionären; die Chinesen, die die heftige tibetische Reaktion sahen und sich klar wurden, dass sie zu weit gegangen waren, boten fünf Dol-lar für jedes Exemplar, um sie auf diese Weise ver-schwinden zu lassen, bevor auch der letzte Mann
320 von ihnen erfuhr.

Für mich und für alle Flüchtlinge bleibt die Be-wahrung unseres Glaubens ebenso wichtig wie das Ringen um materielles Fortkommen in einer uns nicht vertrauten Welt. Wir halten an unseren
325 religiösen Gebräuchen fest, wie wir es in Tibet ta-ten; nur können wir die Feiern natürlich nicht in der alten Farbigkeit und Pracht begehen. Aber vielleicht waren sie in alter Zeit schließlich doch allzu prunkvoll, und es ist wohl gar nicht so falsch,
330 sie einfacher zu gestalten. Ich selbst setze mein eigenes geistliches Studium fort, lerne daneben auch Englisch und lese, so viel ich kann, um bes-ser mit der modernen Welt in Kontakt zu kom-men. Meine Pilgerfahrt zu den heiligen Stätten in
335 Indien, die bei meinem Besuch infolge der politi-schen Ereignisse abgebrochen werden musste, habe ich wiederholt; ich konnte auch einige der heiligen Stätten der Christen, der Hindus und der Jainas aufsuchen und mit Menschen dieser ande-
340 ren Religionen sprechen, und ich bin froh darü-ber, dass wir alle so viel Gemeinsames haben. Während meiner Wallfahrten nach Bodh Gaya und Benares weihte ich hundertzweiundsechzig

tibetische Mönche zu Bhikshus, zu Vollmitglie-dern des Mönchsordens. Zum ersten Mal zeleb-345 rierte ich die Weihen; dass ich dies gerade an den Stätten tun konnte, an denen Buddha gelehrt hat, machte mich glücklich in einer Zeit, da seine Leh-re in Tibet verfolgt wird.

Ganz bestimmt aber wird Tibet auch niemals wie-350 der so sein, wie es gewesen ist. Doch das wollen wir auch gar nicht. Es kann niemals mehr von der Welt isoliert sein, und es kann nicht zu seinem al-ten halbfeudalistischen Gesellschaftsaufbau zu-rückkehren. Ich habe bereits über die Reformen 355 berichtet, mit denen ich begonnen hatte, bis mir die Chinesen Einhalt geboten. Jetzt im Exil habe ich diese Reformen mit Hilfe von Fachleuten für Verfassungsrecht folgerichtig weitergeführt, in-dem ich eine neue liberale und demokratische 360 Verfassung für Tibet entworfen habe, aufgebaut auf den Prinzipien der Lehre Buddhas und der Grundsatzerklärung der Menschenrechte. Diese Arbeit ist noch nicht abgeschlossen. Sobald dies der Fall ist, werde ich die Verfassung zunächst ei-365 nem internationalen Expertenausschuss vorlegen und dann meinem Volk im Exil, aber auch so vie-len meiner Landsleute in Tibet, wie ich erreichen kann. Dann, so hoffe ich, wird mein Volk eine Ab-geordnetenversammlung wählen und selbst eine 370 provisorische Verfassung für das freie Land ausar-beiten, das zu erleben wir uns alle sehnen ...

Meine Hoffnung beruht auf dem Mut der Tibeter und auf der Liebe zur Wahrheit und Gerechtig-keit, die noch im Herzen der Menschheit lebt – 375 und mein Glaube ruht im Erbarmen Buddhas.

Aus: Klaus Klostermaier, Christ und Hindu in Vindraban, Hegner-Verlag, Köln-Olten, 1968.

Kurzglossar zum Buddhismus

Lexikon

AMITHABA-BUDDHA (= Buddha, dessen Glanz unendlich ist)	Bedeutendster Buddha des Großen Fahrzeugs (in Japan Amida oder Mida-Buddha genannt)
ATMAN	Inneres Selbst; individuelles Bewusstsein
AWALOKITESCHWARA	Meist verehrte Bodhisattwa; thront an der Seite Amithaba-Buddhas; verkörpert das Mitgefühl
BHIKKHU (BHIKSCHU)	Mönch; tibetisch »Lama«
BODHI	Einsicht Bewusstsein (eigentlich Erwachtsein)
BODHISATTWA	Ein werdender Buddha, der kurz vor dem Eingehen ins Nirwana halt macht, um Menschen zu erlösen.
BRAHMAN	Weltgeist, der sich letztlich in Menschen und Dingen manifestiert.
BUDDHA	der Erleuchtete, der ins Nirwana eingeht
DHARMA	Weltenordnung; Daseinsfaktor; Gesetz des Buddhismus
GAUTAMA	Name eines indischen Sehers; Familienname Siddhartas
HINAYANA (= Kleines Fahrzeug) THERAVADA	Richtung des Buddhismus, die ursprünglich nur für Mönche und Nonnen bestimmt war
KAMMA	Sittengesetz, beinhaltet die fünf Hauptgebote als Ergänzung zum achtteiligen Pfad
KARMA	Das freie Handeln eines Menschen, von dem die Form der Wiedergeburt abhängt
LAMAISMUS	In Tibet verbreitete Form des Buddhismus, auch Vajrayana (Diamantfahrzeug) genannt; ab 650 n.Chr.; stark mit magischen und rituellen Elementen durchsetzt; Dalai Lama als Inkarnation Buddhas
MAHAYANA (= Großes Fahrzeug)	Ab 200 v.Chr.; nicht mehr Mönchsreligion; theistische Grundlage; Buddha zum Gott
NIRWANA	Das Erlöschen in seliger Ruhe als erhoffter Endzustand.
PALI-KANON	Kern der buddhistischen Schriften, auch als Tripitaka (»Dreikorb«) bezeichnet; abgefasst in Pali (mittelindische Literatursprache, der heiligen Sprache des Buddha)
SANGHA	Gemeinschaft der streng disziplinierten Mönchsorden
SIDDHARTA	Vorname des Buddha
ZEN-BUDDHISMUS	Seit dem 13. Jahrhundert; wichtigste Meditationsschule des Großen Fahrzeugs; chinesisch: Chan

Aus: Johann Hirsch / Josef Mann, Weltreligionen im Religionsunterricht, AHS/BHS, Wien 1984.

Farbvorlagen

Vertreibung aus dem Paradies, Giovanni di Paolo (1445)

Sündenfall und Vertreibung aus dem Paradies,
Michelangelo Buonarroti (1475–1564)

Vertreibung aus dem Paradies, Benvenuto di Giovanni (ca. 1470).

Turmbau zu Babel, Pieter Bruegel (1563)

Foto: M. Hermsdorf / pixelio.de

Annegert Fuchshuber, Versuchung Jesu in der Wüste; © Verlag Ernst Kaufmann, Lahr

Ausschnitte aus dem Gemälde »Komische Oper« von Manfred Scharpf;
www.passion-of-art.de; © Manfred Scharpf

© Agostino Natale/toonpool.com

Foto: akg-images

Foto: akg-images / André Held

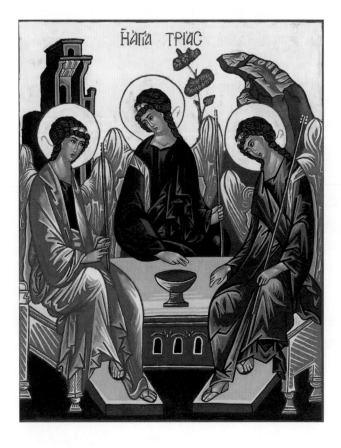

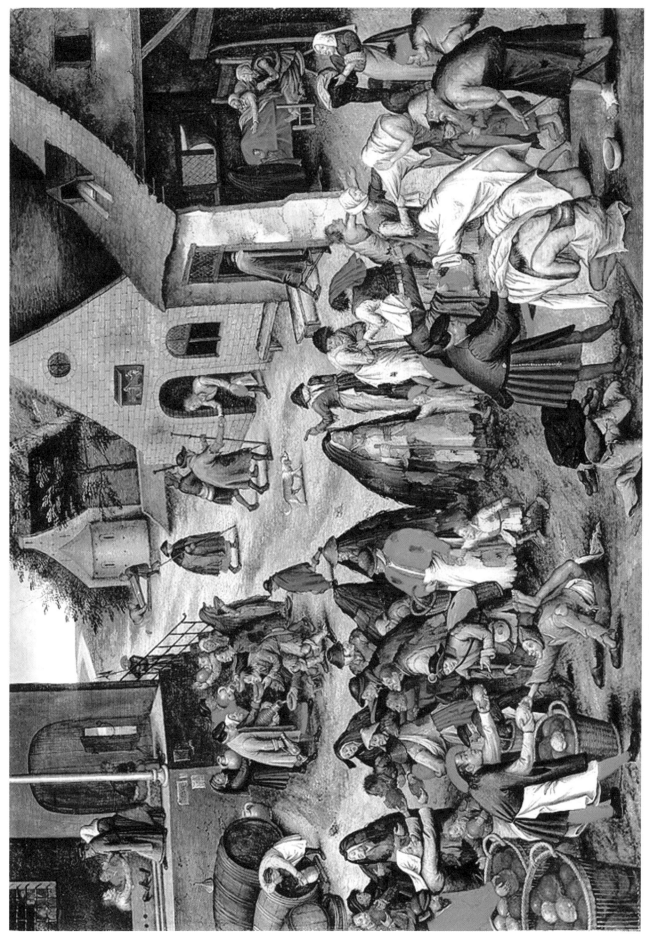

Werke der Barmherzigkeit, Pieter Bruegel der Jüngere

Wikimedia Commons/ignat

© Tibetzentrum – I.I.H.T.S., Hüttenberg, Austria.

Farbvorlagen